高等学校新形态规划教材

体育与健康(理论版)

——踏上科学健身之路

主　编　聂东风
副主编　蔺世杰
编　者　聂东风　蔺世杰　付鹏宇
　　　　赵春娜　王志峰　徐耀铎

西北工业大学出版社

西安

【内容简介】 本书从体育与健康基础知识出发,围绕基本运动技能展开,系统阐述了科学体育健身相关理论,旨在培养大学生的体育健身理念,提高大学生的体育健身意识,使其掌握科学健身的方法,感受健身文化,养成健身习惯,从而促进大学生身心健康发展。

本书可作为综合院校本科生体育基础知识教育教材,也可供体育爱好者阅读、参考。

图书在版编目(CIP)数据

体育与健康:理论版:踏上科学健身之路 / 聂东风主编. — 西安:西北工业大学出版社,2022.3(2024.8重印)
ISBN 978-7-5612-6761-5

Ⅰ. ①体… Ⅱ. ①聂… Ⅲ. ①体育-高等学校-教材 ②健康教育-高等学校-教材 Ⅳ. ①G807.4 ②G647.9

中国版本图书馆 CIP 数据核字(2022)第 038028 号

TIYU YU JIANKANG (LILUN BAN)—TASHANG KEXUE JIANSHEN ZHI LU
体育与健康(理论版)——踏上科学健身之路
聂东风 主编

责任编辑:万灵芝 陈松涛		策划编辑:杨 军
责任校对:隋秀娟		装帧设计:董晓伟

出版发行:西北工业大学出版社
通信地址:西安市友谊西路 127 号　　　邮编:710072
电　　话:(029)88491757,88493844
网　　址:www.nwpup.com
印 刷 者:陕西向阳印务有限公司
开　　本:710 mm×1 000 mm　　　1/16
印　　张:14.625
字　　数:280 千字
版　　次:2022 年 3 月第 1 版　　2024 年 8 月第 3 次印刷
书　　号:ISBN 978-7-5612-6761-5
定　　价:49.00 元

如有印装问题请与出版社联系调换

前　言

　　随着现代社会文明病和亚健康的流行,学生身体素质呈现下降趋势。体育锻炼被认为是增强体质的最积极、有效的手段之一。习近平总书记强调,少年强、青年强则中国强。少年强、青年强是多方面的,既包括思想品德、学习成绩、创新能力、动手能力,也包括身体健康、体魄强壮、体育精神。本书立足"十四五"时期一流本科人才培养方案中对体育与健康课程及教材的要求,基于学生"健康第一",德、智、体、美、劳全面发展,着眼一流本科人才培养进行编写,以"十四五"远景目标提出的"体育强国,健康中国"为方向指引,全面落实《关于全面加强和改进新时代学校体育工作的意见》中"教会、勤练、常赛"等要求,旨在进一步完善"健康知识＋基本运动技能＋专项运动技能"学校体育教学模式,构架良性的更新健康理念、提高体育意识、丰富健身知识、促进健身技能、增强体质健康、形成锻炼习惯的学生终身体育新模式。本书通过对教育部《全国普通高等学校体育课程教学指导纲要》相关理论教学要求的新时代体育与健康知识体系系统梳理与构建,配合专项运动技能课程教学,谋求体育课程的社会适应、心理健康、身体健康、运动技能、运动参与五维目标的全面实现,更好地帮助学生在体育锻炼中"享受乐趣、增强体质、健全人格、锤炼意志",培养学生爱国主义、集体主义、社会主义精神和奋发向上、顽强拼搏的意志品质,发挥以体育智、以体育心的独特功能,推动学校全面实现立德树人的根本任务,提升学生综合素质,加快推进我国教育现代化,建设教育强国和体育强国。

　　生命在于运动,健身贵在科学。本书通过系统地阐述科学体育健身相关理论,旨在培养大学生的体育健身理念,提高大学生的体育健身意识,使其掌握科学健身的方法和基本运动技能,从而促进大学生身心健康全面发展。本书分为9章,内容包括以体育与健康理念为灵丹妙药,以运动健身计划为灯塔,以健康体适能为基石,以卫生与医务监督为卫士,加上健身解惑释疑的锦囊妙计,扫清运动损伤的障碍,在运动营养与能量代谢的助推下,形成终身体育习惯,享受体育文化,收获健康幸福生活的法宝,最后夯实基本运动技能基础,促进体质健康,全面启航科学健身之路。

  本书编者长期从事体育与健康公共体育理论的实践教学与研究,在一线教学工作中积累了丰富的教学经验。本书内容构建指向学生科学健身主题,特色鲜明。本书为新形态教材,同步配有慕课及相应的教学资源,需要教学资源请登录工大书苑(http://nwpup.iyuecloud.com/#/home)下载。本书由西北工业大学体育部聂东风、蔺世杰、付鹏宇、赵春娜、王志峰、徐耀铎等6位教师编写完成。其中聂东风担任主编,蔺世杰担任副主编。具体编写分工如下:聂东风负责编写第1、8章,蔺世杰负责编写第3章,赵春娜负责编写第4、5章,王志峰负责编写第2、7章,付鹏宇负责编写第6章,徐耀铎负责编写第9章。本书的编写得到了体育部各位老师的大力支持,在此表示感谢。

  在编写本书过程中参考了相关文献,在此谨对其作者表示感谢。

  由于水平有限,书中难免存在不足之处,敬请广大读者批评指正。

编 者
2021年10月

目　录

第一章　体育与健康——科学健身之路的灵丹妙药 ………… 1
第一节　健康与现代文明病 ……………………………… 1
第二节　体育的概念与分类 ……………………………… 9
第三节　适度体育锻炼对健康的影响 …………………… 15

第二章　运动健身计划——科学健身之路的灯塔 ……………… 19
第一节　运动处方概述 …………………………………… 19
第二节　运动处方 ………………………………………… 25
第三节　运动处方的制定与应用 ………………………… 30

第三章　健康体适能——科学健身之路的基石 ………………… 37
第一节　体适能概述 ……………………………………… 37
第二节　健康体适能的构成 ……………………………… 41

第四章　运动损伤——科学健身之路的障碍 …………………… 59
第一节　运动损伤的概念与分类 ………………………… 59
第二节　运动损伤的预防 ………………………………… 67
第三节　运动损伤的处理 ………………………………… 70
第四节　常见的运动损伤 ………………………………… 75

第五章　运动卫生与医务监督——科学健身之路的卫士 ……… 81
第一节　环境卫生与个人卫生 …………………………… 81
第二节　运动性疾病 ……………………………………… 86

第六章　运动营养与能量代谢——科学健身之路的助推剂 …… 93
第一节　营养素与运动 …………………………………… 93
第二节　能量平衡与运动 ………………………………… 110
第三节　不同健身项目和健身目的人群的能量营养需求 …… 119

第七章　运动健身的解惑与释疑——科学健身之路的锦囊妙计 …… 130
第一节　运动观念的困惑与释疑 …… 130
第二节　运动过程中的困扰与应对 …… 133
第三节　日常运动健身常见困惑 …… 136

第八章　体育文化与终身体育——健康幸福生活的法宝 …… 140
第一节　体育文化 …… 140
第二节　奥林匹克文化 …… 143
第三节　全民健身与终身体育 …… 154

第九章　基本运动技能与体质健康——践行科学健身，收获健康体质 …… 160
第一节　基本运动技能概述 …… 160
第二节　学生体质健康 …… 164
第三节　柔韧素质的理论与方法 …… 171
第四节　耐力素质的理论与方法 …… 181
第五节　力量素质的理论与方法 …… 185
第六节　速度素质和灵敏素质的理论与方法 …… 198

附录 …… 205
附录一　关于全面加强和改进新时代学校体育工作的意见 …… 205
附录二　国家学生体质健康标准（2014年修订） …… 210
附录三　高等学校体育工作基本标准 …… 218
附录四　全国普通高等学校体育课程教学指导纲要 …… 221

参考文献 …… 226

第一章 体育与健康——科学健身之路的灵丹妙药

第一节 健康与现代文明病

扫码观看
同步慕课

一、人类健康与生命的挑战

新型冠状病毒肺炎(COVID-19)是2019年出现的由新型冠状病毒引起的疾病。2020年3月11日,世界卫生组织(WHO)将新型冠状病毒肺炎确定为大流行疾病。该病的爆发,使人类又一次聚焦健康问题。当前人类正面临着多重的健康与生命挑战。WHO发布的"2019年全球健康面临的十大威胁"指出,空气污染、气候变化、非传染性疾病、流感、生存环境、抗生素等都直接威胁着人类的健康与生命。

(一)空气污染和气候变化

据估计,空气污染每年导致全球700万人过早死于癌症、脑卒中、心脏病和肺病等疾病。这些死亡人数中约有90%来自低收入和中等收入国家。空气中的微细污染物可以穿透呼吸系统和循环系统,损害肺、心脏和大脑。空气污染的主要原因(燃烧化石燃料)也是气候变化的主要推动因素。

(二)非传染性疾病

以糖尿病、癌症和心脏病为代表的非传染性疾病与全球70%的死亡相关。这些过早死亡者有85%以上在低收入和中等收入国家。烟草的频繁使用、缺乏身体运动、过度饮酒、不健康的饮食习惯以及空气污染等5种主要因素造成了非传染性疾病的肆虐,这些因素同时也会引发精神健康问题。

(三)全球流感大流行

全球每年仍有25万～50万人因流感而死亡。WHO认为,全球防御措施是各个国家的卫生突发事件防范和应对系统中最薄弱的一环。WHO正不断监测流感病毒的传播情况,共114个国家的153个机构参与了全球监测和应对。

(四)脆弱、易受损的生存环境

世界上 22％的人口,即约 16 亿人居住的地方因为灾害、饥荒、战争等长期危机以及不良的环境导致他们无法获得基本的健康保障。

(五)抗微生物药物的耐药性

抗微生物药物耐药性,即细菌、微生物、病毒和真菌抵抗这些药物的能力,会让人们难以轻易治疗肺炎、肺结核、淋病和沙门菌病等感染性疾病。无法预防感染可能会严重影响手术和化疗等常规治疗程序。耐药性是由人们对抗微生物药物的滥用引起的,全球抗微生物药物人均消耗量在过去 15 年增加了 39％。

另外,威胁人类健康的因素还包括埃博拉病毒和其他高危病原体、薄弱的初级卫生保健水平、疫苗犹豫等。随着耐药病原体报告的增多、肥胖率的上升、缺乏身体活动情况的加剧、环境污染(见图 1-1)和气候变化对健康的影响,在当今社会,危害人类健康的主要疾病已经不再是传染性疾病,世界卫生组织统计显示,2019 年世界非传染性疾病死亡人数占总死亡人数的 70％,在我国更是高达83％。心血管病、脑血管病、恶性肿瘤已经成为对人类健康和生命威胁最大的一类非传染性疾病,人们把这类疾病称为现代文明病。

图 1-1　环境污染

二、健康的概念与标准

(一)对健康认识的发展

在古代,人们认为生病系神灵所致,患病是神灵的惩罚,健康由眼睛看不到的神来支配,因此保持健康和治疗疾病主要依赖求神问卜。早在公元前 571 至公元前 433 年,毕达哥拉斯就认为:"生命是由土、气、水、火四元素组成的,这些元素平衡即健康。"四种元素又由冷、热、湿、燥四种基本物性两两组合而成(见图

1-2),例如水是冷与湿的组合,火是热与燥的组合。被誉为"医学之父"的希腊人希波格拉底也认为:"人体存在血液、黏液、黑胆汁、黄胆汁四种体液元素。如果各种体液配合得当,人就健康;如果配合不当,人就生病。"即四种体液元素的比例、能量和体积配合得当,并且是合理地混合在一起时,人的健康程度就较高。当某一元素过多或缺乏时,或某一元素单独处于身体一处,与其他元素不相配合时,人体便感到痛苦。

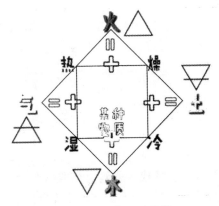

图1-2 生命四元素说

16世纪中叶,生物学家和医学家将人体结构及功能完好程度作为衡量健康的标准,将"健康"单纯地理解为"无病、无伤、无残就健康"。这种"无病即健康"的狭隘健康观,在相当长时间内局限着人们的思维。

18—19世纪,由于发生了产业革命,人口集中于城市,流动性加大,生活环境恶化,流行病不断扩散。人们发现,由理化因素、生物刺激导致的疫源疾病死亡率已退居次要位置,而与心理社会因素有密切关系,特别是同环境因素有密切关系的高血压、癌症、溃疡病、精神病等疾病明显增加,病死率升高,这些现代文明病引起了人们的关注。

(二)现代健康

世界卫生组织于1948年指出,"健康不仅是免于疾病和衰弱,而且是保持身体上、精神上和社会适应方面的完善状态"。随后,世界卫生组织又指出"道德健康"也应该包括在健康的含义中,一个人只有在身体健康、心理健康、社会适应和道德健康四个方面都健全才能算是健康的人。其中,身体健康是指身体内部和外部部位、器官、组织和细胞能够正常工作,充分发挥作用的一种良好健康状态。心理健康是指心理的各个方面及活动过程处于一种良好或正常的状态。心理健康的理想状态是保持性格完好、智力正常、认知正确、情感适当、意志合理、态度积极、行为恰当、适应良好。社会适应是指一个人的心理活动和行为,能适应当时复杂的环境变化,为他人所理解,为大家所接受。道德健康是指不以损害他人利益来满足自己的需要,有辨别真伪、善恶、荣辱、美丑等是非观念的能力,能按社会认为规范的准则约束、支配自己的行为,能为人的幸福作贡献。另外,美国学者提出健康的身体、心理、精神、社会、智力五要素说。

进入 21 世纪,世界人口的巨变给公共卫生和社会经济发展带来了许多新的挑战和机遇。尤其是期望寿命增加和病死率下降导致的世界人口老年化问题,给建设能满足老年人卫生需要和社会需要的综合系统,使其不论居住在何处都能平等地享受卫生服务带来了新的挑战和机遇。比如我国人口老龄化问题较为严重,截至 2019 年末,我国 60 岁以上人口为 2.54 亿。预计到 2040 年,我国 60 岁以上人口将达到 4.02 亿,占总人口比例将达到 28%。因此,我国一直在探索诸如开发互联网医学信息平台等各种新方法来提高人们获得综合卫生服务的可及性。

(三)健康的标准

目前世界卫生组织认定的现代人的健康标准如下:

(1)有充沛的精力,能够从容不迫地应付日常生活和工作的压力而不感到紧张;

(2)处事乐观,态度积极,不挑剔;

(3)善于休息,睡眠良好;

(4)应变能力强,能适应环境的多种变化;

(5)能够抵抗感冒和一般性疾病;

(6)体重适当,身体匀称,站立时肩臂位置协调;

(7)眼睛明亮,反应敏锐,眼睑不发炎;

(8)牙齿清洁无空洞、无疼痛,牙龈颜色正常,无出血现象;

(9)头发有光泽、无头屑;

(10)肌肉有弹性,走路感觉轻松。

三、现代文明病

现代文明病又称为生活方式病、富贵病或慢性病等,其并非由细菌或病毒所引起,而是一种由于生活上的压力与紧张,以及营养失调,再加上缺乏运动,长期积累而成的一类疾病。常见的现代文明病有脑血管病、心血管病、恶性肿瘤等疾病。现代文明病一般分为结构病、能量过剩病、神经和精神疾病三类。

(一)结构病

结构病是人的身体结构(骨骼、肌肉、韧带、关节)由于长期缺乏力的刺激或者受到的力的刺激不合理所引发的一类疾病,包括人类脊柱疾病,主要有颈椎病、腰椎间盘突出症;人类关节疾病,主要有髌骨软化、股骨头疾病、肩周炎;人类骨骼疾病,主要表现为骨质疏松。

(二)能量过剩病

能量过剩病是人体长期能量摄入相对过剩所引发的一类疾病,包括心脑血管疾病、肥胖及脂肪肝、糖尿病等。

(三)神经和精神疾病

神经和精神疾病是由于精神压力过重、缺乏必要的身体运动调节而引发的疾病。

随着现代文明病的流行,人们的健康理念也逐渐发生变化,"健康是第一财富"已逐渐为大众所接受。美国思想家R.W.爱默生(见图1-3)说过,健康是人生的第一财富。现代奥林匹克之父皮埃尔·德·顾拜旦也说:一个民族,老当益壮的人多,那个民族一定强;一个民族,未老先衰的人多,那个民族一定弱。所谓聪明的人投资健康,长命百岁;糊涂的人透支健康,早衰早亡。健康是无价之宝,有健康才能招财进宝。"健康第一"是竞争时代的需要、社会发展的需要,也是我国现实国情的需要。树立"健康第一"的理念,将对人类的发展、社会的进步,对我国在新世纪的改革与发展产生深远的影响。

四、亚健康

当人体没有达成上文的健康标准且不符合疾病标准时,人体就处于亚健康的第三状态。亚健康是指人体处于健康和疾病之间的一种状态。处于亚健康状态者,不能达到健康的标准,表现为一定时间内的活力降低、功能和适应能力减退,但不符合现代医学有关疾病的临床或亚临床诊断标准。

2006年,中国符合世界卫生组织关于健康定义的人群只占总人口数的15%,与此同时,有15%的人处在疾病状态中,剩下70%的人处在"亚健康"状态。通俗地说,就是这70%的人通常没有器官、组织、功能上的病症和缺陷,但是自

图1-3 R.W.爱默生

我感觉不适、疲劳乏力、反应迟钝、活力降低、适应力下降,经常处在焦虑、烦乱、无聊、无助的状态中,自觉活得很累。

五、健康的四大基石

人们要提高生命质量,就必须要关注健康的影响因素。2016年《柳叶刀》一篇研究论文指出,25-29岁的人患脑卒中的概率是24.88%,70-79岁的人对应数据是22.40%,表明25岁和70岁的人患脑卒中的概率并无显著差异,这说明人与人之间的健康差别,年龄不是分界线,生活方式才是一个人健康的分水岭。1992年,世界卫生组织在著名的《维多利亚宣言》中首次提出健康四大基石概念(见图1-4),即合理膳食、适量运动、戒烟限酒、心理平衡。

合理膳食

适量运动

戒烟限酒

心理平衡

图1-4 健康四大基石

(一)合理膳食

保持健康的一个重要方法就是拥有健康平衡的饮食习惯。一般情况下,合理的饮食必须包括碳水化合物、蛋白质、脂肪、维生素、矿物质和适量的膳食纤维等营养素,以保持健康。各种营养素在维持机体正常运转的过程中扮演着各自特殊而又重要的角色。碳水化合物和脂肪为身体提供能量,蛋白质帮助身体生长和修复,维生素和矿物质含有进一步支持组织和器官的重要营养物质,膳食纤维有助于确保肠道正常运作。

健康的饮食包括多种为身体提供营养的植物性和动物性食物。这些营养会给予人体能量,保持身体正常运转。食物指南金字塔(见图1-5)是一种由几部分组成金字塔形状的健康食品指南。指南的每一节都显示了每种食物的推荐摄入量(即蛋白质、脂肪、碳水化合物和糖)。健康的食物可以降低心脏病患病风险,抑制一些类型癌症的发展扩大,并且有助于保持健康的体重。因此选择健康的食物是十分重要的。

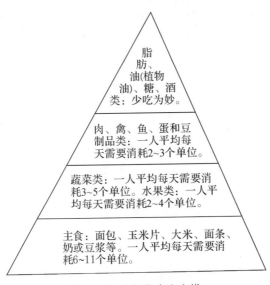

图1-5 食物指南金字塔

营养均衡的饮食包含了人体维持合理体重并且各项功能正常运转所需的热量、脂肪和营养物质。尽管许多医生建议服用多种维生素补充剂，但均衡饮食仍是必要的，因为从食物中摄取的营养比补充剂中的具有更高价值。当然，医生推荐的营养补充剂也可促进膳食平衡。

均衡饮食也有许多其他表现形式。例如，不吃肉类的素食主义者可以通过其他方式获取蛋白质以保持膳食平衡。低脂饮食仍可通过蛋白质、奶制品、农产品和谷物等食物保持营养均衡，重点是减少不必要的脂肪。

世界卫生组织就人口和个人提出以下5项建议：①通过摄取人体所需的热量以维持健康的体重；②限制脂肪的摄入，不超过30%的总热量来自脂肪；③每天至少吃400克的水果和蔬菜（马铃薯、红薯、木薯和其他淀粉根茎都不算）；④限制糖的摄入量；⑤限制所有类型盐/钠的消耗，确保食用碘化盐。

(二)适量运动

缺乏身体活动是全球十大主要死亡风险因素之一，并且在许多国家呈现出日益严重趋势，使人体非传染性疾病负担加重，影响全球总体健康水平。有规律地从事诸如步行、骑自行车或跳舞等强度合理的身体活动对健康大有裨益。无论哪个年龄段人群，积极进行身体活动的益处都大于潜在的不利。体育锻炼作为身体活动的一部分，是为维持和增强身体素质而有计划、有条理、反复进行的某些身体活动。除体育锻炼外，在休闲时间、到某些地方的来往交通或上下班途中进行身体活动也对健康有益处。此外，中高等强度的身体活动也可增进健康。

(三)戒烟限酒

1. 戒烟

烟草制品是完全或部分用烟叶作为原料制成的产品,用于抽吸、咀嚼或鼻吸。所有烟草制品都包含尼古丁这种使人精神兴奋并上瘾的成分。吸烟是导致一系列慢性病,包括癌症、肺病和心血管病的主要危险因素之一。吸烟等行为是当今世界面临的最大公共卫生威胁之一,每年 700 多万人因此失去生命,其中 600 多万人缘于直接吸食烟草,约 89 万人属于接触二手烟雾的非吸烟者。大量研究证据表明,戒烟可降低或消除吸烟导致的健康危害。任何人在任何年龄戒烟均可获益,且戒烟越早、持续时间越长,获益就越大。目前已有能够明显提高长期戒烟率的有效治疗方法,包括戒烟的简短建议、药物治疗、戒烟咨询及戒烟热线。

2. 限酒

酒精影响着个人和社会的方方面面,影响程度取决于饮酒量、饮酒方式以及在极少情况下出现的酒精品质。酒精是造成肝损伤、胎儿酒精综合征、痛风、结直肠癌、乳腺癌、心血管疾病等 200 多种疾病和损伤病症的因素。错误使用酒精还会危害他人,比如家庭成员、朋友、同事和陌生人。此外,有害使用酒精会加重整个社会的健康和经济负担。饮酒还与精神和行为障碍等健康问题的发生风险相关,例如酒精依赖、肝硬化等主要非传染性疾病,一些癌症和心血管病以及由暴力和交通事故及碰撞引起的损伤。由饮酒引起的交通事故、暴力和自杀等行为会对社会和个人造成极大的危害和损伤。另外,从营养学的角度看,酒中没有任何营养元素。由于酒含有较多的能量,特别是高度白酒,经常饮酒会造成能量过剩。同时,酒会影响人体对食物营养素的吸收,造成营养素缺乏。

《中国居民膳食指南》2016 版指出,少年儿童、孕妇、乳母不应饮酒。从健康的角度出发,男性和女性成年人每日饮酒应该不超过 25 克和 15 克酒精。换算成不同酒类,25 克酒精相当于啤酒 750 毫升,葡萄酒 250 毫升,38 度白酒 75 克,高度白酒 50 克;15 克酒精相当于啤酒 450 毫升,葡萄酒 150 毫升,38 度白酒 50 克,高度白酒 30 克。

(四)心理健康

心理健康是指心理的各个方面及活动过程处于一种良好或正常的状态。心理健康的理想状态是保持性格完好、智力正常、认知正确、情感适当、意志合理、态度积极、行为恰当、适应良好。

心理失衡导致的精神疾病比癌症、糖尿病或心脏病更常见。全球有超过 3 亿人患有抑郁症,这是导致残疾的主要原因,其中许多人还患有焦虑症状。超过

26%的18岁以上美国人患有精神疾病。来自世界卫生组织的证据表明,世界上将近一半的人口受到精神疾病的困扰,他们的自尊、人际关系和日常生活的能力都受到疾病的影响。一个人的情绪也会影响身体健康,而且不良的情绪会导致诸如药物滥用等问题。

保持良好的心理健康对于健康和长寿是至关重要的。良好的心理健康能提高人的生活品质,而不健康的心理状态使人无法尽情享受生活。

第二节 体育的概念与分类

扫码观看
同步慕课

一、体育的概念

现今世界,体育事业发展的规模和水平已是衡量一个国家、社会发展进步的一项重要标志,也成为国家间外交及文化交流的重要手段。但是各国对体育内涵的规定是根据其国情特点、文化背景去理解阐释的,国际上并没有形成统一认识。我国对体育概念的理解多年来存在分歧,一般使用苏竞存的两个概念:体育(physical education,PE)和运动(sport)。即体育是根据人体适应与变化的自然规律,有意识地用人体自身的运动来增强体质、促进身心健康的科学方法,是社会的一种文化教育活动。运动是指用来作为体力游戏娱乐的身体运动,包括竞技性的和非竞技性的运动。日本也将体育内涵分为"身体文化＞身体教育＞身体锻炼"和"身体文化＞身体运动＞体育"不同模式认识。《美国百科全书》将体育等有关概念界定为:体育是关于人体构造、身体发展的教育,包括人体的生理功能、力学原理及其有效运用的研究。运动指着重于提高身体技能和力量等各项素质的消遣或娱乐过程,其范围很广,包括个人竞技运动和集体竞技运动。

二、体育的分类

广义上的体育是指以身体练习为基本手段,以增强体质、促进人的全面发展、丰富社会文化生活和促进精神文明为目的的一种有意识、有组织的社会活动。一般认为体育由狭义体育、竞技体育、身体锻炼和身体娱乐等部分组成。

(一)狭义体育

狭义体育是通过身体活动增强体质,传授锻炼知识、技能、技术,培养道德和意志品质的一种有目的、有计划的教育过程。在我国,狭义体育一般指的是体育教育或学校体育。

在我国,学校体育是指以在校学生为参与主体的体育活动,通过培养学生的体育兴趣、态度、习惯、知识和能力来增强学生的身体素质,培养学生的道德和意志品质,促进学生的身心健康。学校体育是教育的重要组成部分,是计划性、目的性、组织性较强的体育教育活动过程。

我国各级各类学校中配备专职体育教师和运动设施,若学生在这种条件下依然未能满足体育锻炼标准,其将不被允许升学。各级各类学校每年都开展春季和秋季运动会。全国学生运动会于2014年由全国中学生运动会和全国大学生运动会合并而成,每三年举办一届,可以使有潜力的青少年进入相关体校接受专业训练和学习。

当前,我国青少年的身心健康状况不容乐观。青少年身心健康、体魄强健、意志坚强、充满活力,是一个民族旺盛生命力的体现,是社会文明进步的标志,是国家综合实力的重要方面。故此要大力加强、改进学校体育工作。

学校体育的目的是促进学生生长发育,增强学生的体质,增进学生身心健康,培养学生良好的思想道德和意志品质,促使其成为德、智、体、美、劳全面发展的社会主义建设者和保卫者。要完成此目的,学校体育需要通过体育课程、课外活动、校园体育竞赛与课余训练等形式完成以下具体任务:促进学生健康地生长发育,使学生养成坐、立、行的正确姿势;促进学生力量、速度、灵敏、耐力等身体素质的发展,增强学生走、跑、跳、投、攀等身体基本活动能力。全面锻炼学生的身体,提高身体素质和人体基本活动能力,促进身体形态结构、生理功能和心理的发展,以增强他们适应自然环境、抵抗疾病、克服困难的能力。传授体育的基本知识、技能和方法,使学生学会科学锻炼身体的方法,培养学生从事体育运动的态度、兴趣、习惯和能力,养成终身进行体育锻炼的习惯。对有发展条件的学生进行系统的业余运动训练,为国家发现和培养优秀的体育人才。结合体育向学生进行道德、品质等精神文明的教育。要教育学生认识体育对个人、民族和国家的重要意义,启发其锻炼身体的自觉性。

(二)竞技体育

竞技体育指为了最大限度地发挥和提高人体在体格、体能、心理和运动能力等方面的潜力,取得优异的运动成绩而进行的科学的、系统的训练和竞赛。

1. 竞技体育的特性

(1)竞争性:激烈的竞争是竞技体育区别于学校体育和大众体育的本质特征。竞技体育也因竞争性而具有排他性。

(2)规范性:现代竞技运动为保障运动员发挥技战术,制定了大量规则以维护比赛的正常进行。同时,运动员的技战术训练建立在规范要求的基础之上。

(3)公平性:竞技运动不偏袒任何参赛者,对比赛项目、时间、地点、场地器材、运动员参赛资格都进行了明确规定,并要求比赛相关主体遵守共同的行为规范。

(4)公开性:公开性使体育具有更强的传播能力和更大的影响力,促进了运动技战术的交流、竞争和赛事公平的推进。

(5)功利性:竞技体育具有明确的功利目的,伴随胜利会有多种形式的收益。而且比赛结果产生于对抗之中,经过社会承认,结果产生直接而迅速,不容置辩。

(6)不确定性:比赛中突发和不可预料的情况经常发生,这是竞技体育的魅力所在。

(7)娱乐性:竞技体育随着发展,竞争日趋激烈,却并未失去娱乐特征,对参与者来说胜利或仅仅是参与都可以获得心理满足,对观赏者来说可以获得轻松、自由和美感的享受。

2.我国竞技体育的发展

我国的竞技体育历经多年发展逐渐走向成熟。20世纪90年代以前,体育完全由政府资助。一些高水平的运动员由于担心退役之后的生计问题,其在职业生涯的高峰期过后就过早地离开了体育领域。但这种情况在1994年之后得到了改善,中国足球率先进行了职业化改革,紧接着篮球、排球、乒乓球和围棋也都加快了职业化进程。职业化导致商业化,这就意味着体育组织或协会转变为营利性的实体机构,从而形成体育俱乐部和职业体育联盟。如今,体育俱乐部的运营范围涉及门票销售、广告、会员、转会、商业比赛、电视转播等方面。我国运动员也开始加入海外的职业体育联盟,如篮球领域的姚明就是在2002年的美国NBA(National Basketball Association,美国男子篮球职业联赛)选秀成功后进入NBA打球的。我国电视受众最高的体育赛事是2007年海外的NBA篮球比赛中姚明与易建联的巅峰对决,当时吸引了1亿~2亿我国观众观看直播。足球是一项非常流行的运动项目,我国单项体育赛事电视收视率最高的是在广州天河体育场举行的足球赛。2015年中超联赛的平均上座率达到22 193人。羽毛球和乒乓球在我国也同样流行并普及。

3.竞技体育的分类

当前,世界体育运动竞赛通常分为三类:个人竞赛,如射箭;双打比赛,如网球双打;团队竞赛,如板球或者橄榄球。大多数体育比赛都具有娱乐性,全世界范围内有一些主要体育项目的大型职业体育联盟,也有一些小型的职业体育联盟。四年举办一届的奥运会被认为是最高级别的国际体育赛事。国际体育赛事是指参赛的运动员代表不同的国家。最著名的国际体育赛事就是奥运会,其他的国际体育赛事还有国际足联的世界杯和残奥会等。

(三)身体锻炼和身体娱乐

身体锻炼指以健身为目的的身体活动。身体娱乐是指以休闲、娱乐、发展兴趣爱好、培养审美能力而进行的身体活动。

身体锻炼是科学地利用所掌握的体育方法、自然条件和环境与卫生等因素进行发展身体、增进健康、陶冶情操、丰富余暇文化生活的身体活动过程。身体锻炼要与运动生理规律,健身的原理,个人、社会和自然环境等多方面因素相协调,以达成多领域的健康目标。

身体娱乐内容丰富、形式多样,可以自娱自乐,也可以集体有组织地进行。其能使人在身体和精神上得到休息和调整,有助于增强身心健康,是活跃社会文化娱乐生活的一个重要内容。内容选择以个人爱好为前提,如游戏、球类活动、郊游、钓鱼、打猎、登高等。身体娱乐按活动的组织方式可分为个人的、家庭的和集体的;按活动条件可分为室内的、室外的;按竞争性可分为竞赛性的和非竞赛性的;按经营方式可分为商业性的和非商业性的;按参加活动的方式可分为观赏性活动和运动性活动。开展娱乐性体育活动,有益于身心健康、陶冶情操、培养高尚品格。

在我国,传统性的体育锻炼项目是太极拳,它将力与呼吸、精神与身体融为一体,强调身心和谐,物我一体。气功是一种独特并有益于健康的中国健身方法,以意识的调整、呼吸的调整、身体活动的调整(调心、调身、调息)为手段,以强身健体、防病治病、健身延年、开发潜能为目的。在少数民族聚居区还有很多娱乐性和竞技性体育活动,如蒙古族、维吾尔族、哈萨克族的摔跤和骑马,藏族的赛牦牛,朝鲜族的跷跷板跳跃,苗族的弓弩射箭,傣族的赛龙舟。另外,2008年在北京举行的世界智力运动会上,象棋和围棋成为五种游戏项目中的两种。

三、体育的本质属性

体育的本质属性是体育区别于其他事物的本身固有的特有属性,而体育的功能则是这些属性的外在表现,它不是一元的,而是多元的,是体育在现实生活中发挥的各种作用。由于当前人们对体育的概念存在分歧,因此对体育本质的认识也是各持己见,尚未形成定论。

目前一般认为,体育是人类社会的一种身体教育活动和社会文化活动,其本质的特点就是以身体练习为手段,增强体质,促进人的全面发展,为社会发展服务。

体育在社会发展过程中,受一定的政治、经济制约,并为一定的政治、经济服务。体育具有自然和社会两重属性。

(一)自然属性

自然属性如体育的方法、手段等。体育方法指人们为了实现体育目的所创造的条件、采用的措施、选择的途径、采用的手段方式。体育手段是为了锻炼身体、增强体质、抗预疾病,以及提高运动技术水平所采用的各项活动的内容和方法的总称。体育手段的含义极其广泛,从体育实践中采用的每一单个动作到成套动作、各个运动项目以及各种锻炼方法,都可以称为体育手段。

促进身体健康的体育手段可以分为以下几种。

1. 力量练习类体育手段

它是指为了健身、提高专项技能和健美使用的手段,分为一般力量练习手段、辅助力量练习手段、专项力量练习手段、克服外部阻力练习手段、克服自身体重练习手段等。

2. 速度练习类体育手段

它是指谋求动作协调、爆发力提升的手段,强度较大而激烈,持续时间较短。

3. 耐力练习类体育手段

它用于提高心肺功能,提高有氧代谢水平,增强抵抗疲劳的能力,促进运动后的恢复和提高运动员专项成绩。

4. 灵敏练习类体育手段

它用于提高身体协调性,增强迅速改变体位、转换动作和随机应变的能力。

5. 功能恢复类体育手段

它用于提高健康水平,治疗某些疾病以及恢复高水平的运动能力。

(二)社会属性

社会属性如体育的思想、制度等,体育是社会文化教育的重要组成部分。

体育思想是指客观存在,反映于人的体育活动或行为意识中,经过思维活动而产生的体育结果或形成的体育观点及体育观念体系。体育制度则是由国家体育机构和社会体育组织制定并实施的各种规章、条例、制度和办法的总称。体育制度是在体育发展成为一项独立事业的过程中逐步建立起来的。社会制度不同,体育制度也不相同。

一般认为,对体育的社会属性的认识有以下几种观点:

(1)认为体育是社会的上层建筑。

(2)认为体育是生产力,具有促进劳动力再生产的职能。

(3)认为体育具有上层建筑和生产力的双重属性。

(4)认为体育是一种社会实践活动。

四、体育的社会功能

鉴于体育的两重属性,体育具有多种功能。体育的功能是指体育活动对社会进步和人类发展所产生的特殊作用和效能。它主要取决于两方面:一是体育本身的属性;二是个体或社会的需要。体育的功能包括社会功能和个体功能两大类,体育的社会功能主要有以下几种。

(一)体育的教育功能

教育功能是体育最基本的社会功能,就其作用的广泛性而言,它对人类社会产生的影响,是体育的其他社会功能无法比拟的。体育的教育功能是通过体育对人的身心促进与发展,来促进教育目的实现而体现出来的。体育可以促进人的良好生活习惯的形成,通过提供社会规范教育、社会角色尝试来促进人的社会化,能够促成个体个性形成、个性发展和养成进取精神。

(二)体育的政治功能

体育作为一项在全世界具有广泛影响的社会文化和教育活动,在当今社会中与政治有着密切的关系,在维护统治阶级的利益、处理国际关系和民族关系方面,具有独特的功能。体育运动可以提高国家和民族的威望和地位,体育竞争性比赛,特别是奥运会等大型国际比赛,对世界各地影响广泛,传递信息清晰,产生效果快,这是任何其他活动都无法比拟的;体育运动可以加强爱国主义教育、增强民族团结与凝聚力;体育运动可以服务国家外交,改善、促进国家间的关系,增进友谊;体育运动还可以巩固国防,促进国家安全。

(三)体育的经济功能

体育与经济相联系是伴随着现代市场经济的发展而开始的。体育运动可以提高劳动者素质,促进生产力的发展:体育能影响在生产力诸因素中起主导作用的劳动者,通过体育锻炼,劳动者可增强体质,降低伤病率,提高出勤率和工作效率,从而加速创造社会物质财富。体育运动可以促进消费,拓展经济增长点:通过提高体育场馆的使用率,体育器材、运动服装制造业的发展,体育竞赛的门票收入,电视实况转播权,广告费,纪念章、纪念币的销售,等等,直接产生经济效益,为经济建设服务。

(四)体育的文化功能

体育运动作为一种实践活动的文化价值就在于对人自身的价值,即人的全面、自由、和谐的发展,是个体人格和社会人格的和谐统一。

在新时代,大力发挥体育的功能,全力推动中国体育由"强国体育"向"体育

"强国"的战略性转变是中国体育发展的必由之路。

第三节 适度体育锻炼对健康的影响

一、强身健体功能

运动是健康的四大基石之一。毛泽东同志在《体育之研究》中说:"德智皆寄于体,无体是无德智也。"所谓生命在于运动,运动贵在科学。现代人需要有健康的体魄、健全的身心才能在竞争激烈的社会中立足,而健康的体魄来源于持之以恒的体育锻炼。适度参加体育锻炼,可以对个体产生积极影响。体育锻炼有五大功能,其中,强身健体功能是体育锻炼的基本功能。体育可以通过促进人体多个系统的健康发展来促进个体的健康。

扫码观看
同步慕课

(一)对新陈代谢的影响

体育锻炼可以提高脂质代谢过程,使血液中胆固醇含量降低,有利于预防动脉硬化症的发生;体育锻炼能消耗脂肪,使机体形成更多肌肉,因而提高消耗多余脂肪的能力;体育锻炼消耗热量,帮助保持理想的体重和脂肪百分比,有利于人们保持更健美、更健康的体态;体育锻炼可以降低血液甘油三酯水平,增强输送葡萄糖的能力。

(二)对运动系统的影响

体育锻炼能够改善骨的血液供给,使骨变得粗壮和坚固,从而提高骨的抗折、抗弯、抗压缩和抗扭转等方面的能力;体育锻炼既可增强关节的稳固性,又可提高关节的灵活性;体育锻炼可使肌纤维变粗,肌肉体积增大,因而肌肉显得发达、结实、健壮、匀称有力;体育锻炼使肌肉组织的化学成分发生变化,如肌肉中的肌糖原、肌球蛋白、肌动蛋白和肌红蛋白等含量都有所增加;体育锻炼有助于增强肌肉的耐力。长期坚持锻炼,可使肌肉的毛细血管形态结构发生变化,肌肉的血液供应量增加。体育锻炼还能保持肌张力,减少肌萎缩和肌肉退行性变化,保持韧带的弹性和关节的灵活性。

(三)对心血管系统的影响

体育锻炼可以提高心脏肌肉的收缩能力,心脏每搏输出量增多,使心脏能以较低心率来满足锻炼的需要;体育锻炼可使心肌纤维增粗、心壁增厚、心脏增大,常以左心室增大为多见,从而使供血量增大;体育锻炼可以影响血管的结构,改变血管在器官内的分布。这些变化都有利于改善器官供血,增强物质与能量的交换。体育锻炼还可以促使身体大量储备着的毛细血管开放,这对于人体组织细胞的物质代谢起着良好的作用。体育锻炼使血红蛋白和红细胞数量增加,这就增加了血液的氧容量。

(四)对呼吸系统的影响

体育锻炼能提高呼吸功能,主要表现为呼吸肌发达,收缩力增强,最大通气量和肺活量增大,呼吸差较大。如:安静时,一般人呼吸频率浅而快,每分钟男子为16~20次,而经常锻炼者呼吸深而缓,每分钟8~12次。

(五)对消化系统的影响

体育锻炼对消化器官的功能有十分良好的作用,它能使胃肠的蠕动加强,消化液的分泌增多,改善肝脏、胰腺的功能,提高消化和吸收能力,为人的健康和长寿提供良好的物质保证。

(六)对人体中枢神经系统的影响

体育锻炼可以改善和提高中枢神经系统的工作能力,改善神经系统的均衡性和灵活性,提高大脑分析和综合的能力,增强机体适应变化的能力和工作能力。

另外,体育锻炼可以治疗疾病、延缓衰老、延年益寿,体育锻炼可作为某些精神疾病的治疗手段和一些慢性疾病的辅助治疗措施,如抑郁症、焦虑症、脂肪肝、心脏病、颈椎病、肩周炎等。近年来,风靡世界的有氧健身运动(诸如韵律操、走跑练习、游泳、骑自行车等)被证明能够提高心血管系统的功能,减缓心率,降低血压,增加每搏输出量和吸氧量,从而有助于心血管系统疾病的康复。合理的运动对于疾病的预防、治疗和恢复都是有效的手段。

二、健心功能

人的心理是人脑的活动。心理健康发展,必须以正常健康的身体,尤其是以正常健康发展的神经系统和大脑为物质基础。体育锻炼能促使锻炼者身体健康地发展,为心理发展提供坚实的物质基础。这是心理发展的重要条件。同时,锻炼者为了不断提高自己的运动水平或战胜对手而进行的运动活动中,在原有心理水平基础上逐步产生新动机需要,使原有心理水平慢慢获得提高,从而推动自己心理的发展。

体育锻炼通过缓解心理压力,发展人的认知能力,完善人的性格、气质及增强人的意志品质来发挥健心作用。

(一)缓解心理压力

科学研究发现,运动本身可以促进人体的内分泌变化。大脑在运动后会产生名为内啡肽的物质,人心情的好坏与大脑分泌出来的内啡肽的多少相关。运动可以刺激内啡肽的分泌,当运动达到一定量时,内啡肽的分泌增多,在内啡肽的激发下,人的身心处于轻松愉悦的状态中,从而排遣压力和不快。

(二)发展人的认知能力

研究发现,大脑的右脑对形象知觉、空间知觉、音乐知觉等起主要作用,体育锻炼是发掘右脑潜能的重要手段。体育相关的身体协调、形象记忆、空间感等也是右脑管辖区域。体育活动多是整个身体的运动,通过活动左侧身体,诱发右脑的相应部位兴奋,可以使右脑得到充分的锻炼。

(三)完善人的性格、气质

人格是构成一个人的思想、情感及行为的特有模式,是一个人区别于他人的稳定而统一的心理品质。人格是一个复杂的结构体系,由性格和气质等要素组成。相关研究发现,人格对于体育参与、体育项目的选择都起到决定作用,通过相应的体育锻炼,人格也会随之发生改变。体育锻炼有助于锻炼者认识自我。体育锻炼的运动项目大多是集体性、竞争性的活动,自己能力的高低、修养的好坏、魅力的大小,都会明显地表现出来,使自己对自我有一个比较符合实际的认识。体育锻炼的运动项目还有助于自我教育。在比较正确地认识自我的基础上,人们会自觉或不自觉地修正自己的认识和行为,培养和提高社会所需要的心理品质和各种能力,使自己成为更符合社会需要、更能适应社会的人。

体育锻炼在促进个性的形成和发展中起着积极的作用,它不仅影响人体的生理属性,还能影响心理属性,促进身心的健全发展,同时还作为社会教化的手段来促进个性的形成和发展。参与体育锻炼需要较强的自发性和经常性,所以对个性的影响较大,可以使人具有独特的气质。

(四)增强人的意志品质

体育活动一般都具有艰苦、疲劳、激烈、紧张、对抗以及竞争性强的特点。锻炼者在参加体育锻炼时,总是伴随着强烈的情绪体验和明显的意志努力。要不断地克服各种主客观困难,坚持体育锻炼,这有助于培养锻炼者勇敢顽强、吃苦耐劳、坚持不懈、克服困难的思想作风,有助于培养团结友爱、集体主义和爱国主义精神,有助于培养机智灵活、沉着果断、谦虚谨慎等意志品质,使锻炼者保持积极健康的心理状态。

三、人际交往功能

体育锻炼能增加人与人接触和交往的机会,增强参与者的社会交往能力,改善人际关系。通过参加体育活动,尤其是集体性项目,可以广交朋友、交流信息,可以忘却烦恼和痛苦,克服孤独感,打破自我封闭,增强合作意识,使人获得自信,从而改变参与者对生活的看法、自己的个性和行为方式,逐渐形成与人交往的意识和习惯。通过关心他人、帮助同伴而获得价值感,从而促使人际关系更加和谐。

参加体育活动有利于培养参与者的群体观念、责任意识、助人为乐等精神品质,有利于培养参与者具备尊重裁判、尊重对手、遵纪守法、文明礼貌、公平竞争的品德行为,有利于培养参与者保持积极进取、奋发向上、持之以恒的精神风貌。在体育活动过程中,个体面对无处不在的各种竞争,既有对自己运动能力的挑战,也存在与他人的竞争,既有人与人之间的竞争,也有团体与团体的竞争,因此能够很好地培养参与者的竞争意识,为今后适应竞争激烈的社会起到一定作用。体育活动在人际关系方面具有促进人际交往、培养合作精神、形成竞争意识的作用,从而能够促进健康人际关系的养成与和谐发展。

四、休闲娱乐功能

休闲娱乐是人们闲暇时间里进行的自由的、自愿的、愉悦身心的活动。体育作为发展人的"自身自然"的身体活动,其在休闲娱乐中所发挥的个体和社会功能是其他休闲娱乐活动所不可取代的,于是休闲体育应运而生。休闲体育就是在闲暇时用各种方法、各种手段进行身体锻炼,开展多种形式、多样内容的身体娱乐活动,并把它作为一种现代文明社会的交往方式和交际手段。体育休闲娱乐活动并不意味着这类体育活动与其他体育活动在动作方式上有什么特别之处,而是说这类体育活动与"休闲"这一活动所需要的情趣相适应,有某种文化娱乐意义,从而使得这类体育活动从一般的身体活动变成一种休闲情趣、一种生活方式。以身体为主要媒介的体育休闲娱乐活动相较其他娱乐方式还具有"双重功效",适度的身体娱乐活动既健身又悦心。

体育具有休闲娱乐功能的主要原因在于体育活动始终关注人的"自身自然"的发展,且存在大量的人与人的交往。体育休闲娱乐功能的实现主要有两种基本途径:一是亲身参与体育活动,二是欣赏体育比赛。

五、生命美学功能

美是人的生命活力的表现。体育对人的生命之美有极大的激发促成作用。"生命美"的核心是"关怀自身",强调重视自我,重视处理与他者的关系以及重视身体体验。体育通过各种运动形式对人的生物生命之美和人的精神生命之美进行激发和磨炼,从而增强人的生命力。

总之,体育可以满足个体对生活追求的需要,充分发挥体育的个体功能,有利于提升个体健康、幸福水平,从而真正实现"每天锻炼一小时,健康工作五十年,幸福生活一辈子"。

第二章　运动健身计划——科学健身之路的灯塔

第一节　运动处方概述

扫码观看
同步慕课

一、运动处方的概念

"运动处方"这一名词在我国传播的时间不长,但是通过不同的人体运动形式来促进人体健康的做法可谓历史悠久,并且有相关的典籍记载。中国早期的资料有汉代的导引图,这幅出土自长沙马王堆三号汉墓的彩图,上面绘有四十多位不同年龄的人,他们分成四行排列练功,摆出各种姿势和动作,形象生动,动作逼真,这体现了处方思想的雏形。东汉时期的医学家华佗研究出了五禽戏来治病、健身,他在继承古代导引养生术的基础上,观察禽兽活动姿态,通过用虎、鹿、猿、熊、鸟等动物的形象和动作,并依据中医学阴阳五行、脏象、经络、气血运行规律,创编了一套养生健身功法,这是世界上最早的医疗保健体操。该套操法认为经常进行身体活动,可以使人血脉流通而不受疾病困扰,在身体不舒服的时候,打一套五禽戏,身体稍微出汗即可停止,这样就可以感觉很轻松。隋唐时期,孙思邈、巢元方等人也对气功、导引等功法进行了详细阐释。在历史的发展过程中,运用这些功法和技术干预健康的方式也更加完善。

现代意义上的运动处方概念是在20世纪50年代,由来自美国的生理学家卡波维奇(Kapovich)以健康为目的提出研究和应用的。1960年以来,康复医学发展迅速,对冠心病的康复不断地探索,使得运动处方逐渐受到重视。1969年,世界卫生组织开始使用运动处方这一术语,其在国际上得到广泛认可。

我们可以将运动处方理解为由康复医师、康复治疗师以及体育教师等,对从事体育锻炼者或病人,根据医学检查资料(包括运动试验和体力测验),按其健康、体力以及心血管功能状况,用处方形式规定的运动种类、运动强度、运动时间和运动频率,以及提出的运动中的注意事项。运动处方是指导人们有目的、有计划和科学地锻炼的一种方法。简要地讲,运动处方是针对处方对象的个人身体状况、锻炼需求,以处方的形式指导处方对象进行训练或康复的处方。

运动处方与临床医生为患者开具的药物处方十分相似,虽然运动处方与医学中的处方存在相同的地方,但也具有其自身的特点。医学处方是医生结合病人的病情、药物的特性而出具的相应处方,处方中会叮嘱病人用药方法、服药的剂量和次数等;运动处方是康复医师、体育教师等专业人员根据医学检查情况和锻炼者的实际情况,选择适宜的运动方式或内容,制定合适的运动量和强度,并提出注意事项。大量的运动实践证明,依据运动处方进行科学地锻炼,既安全可靠,又有计划性,可以在较短时期达到健身和疾病康复治疗的目的。

运动处方与医学处方的区别主要有两个方面:一方面,运动处方主要是为了提高身体运动能力、促进健康或预防疾病,而医学处方的目的则是治疗疾病;另一方面,是发挥效果的周期不同,运动处方可在人的一生中都能发挥积极作用,而医学处方在病人痊愈后就停止使用了。为达到良好的效果,人们需按照运动处方进行科学的锻炼。

二、运动处方的分类

(一)根据运动锻炼对象分类

根据运动锻炼对象的不同,可以将运动处方分为竞技训练类运动处方、体育教学类运动处方、预防保健类运动处方。

1. 竞技训练类运动处方

竞技训练类运动处方也称运动训练计划,是针对运动员所从事的专项训练、个人当前的体能或技术水平及其年龄、性别而制定的运动处方,如大周期训练计划、训练周计划、训练课计划。运动员根据运动处方(运动训练计划)进行科学训练,以提高身体素质和运动技术水平。

2. 体育教学类运动处方

体育教学类运动处方是教师在体育课的教学中,对教学班中全体学生测试的结果(包括形态、机能、身体素质、健康状况等方面的内容)进行分析比较,针对本教学班存在的主要问题,结合学校的场地器材条件和教学班的人数及学生的生理特点和心理倾向而制定的运动处方,运用运动处方进行教学来完成教学目标。体育教学中设计的运动处方应当是生动的,能使学生积极地投入锻炼中,并感到身心愉快。

3. 预防保健类运动处方

健康者和中老年人利用运动处方进行锻炼可以增强体质和提高健康水平。例如,健康运动处方——针对所有人不同年龄段的生理特点和心理特点而制定的运动处方,利用运动处方进行锻炼而达到身体健康的目的;健美运动处方——针对18～59岁的青年人、中年人而制定的,根据这一阶段人的年龄、性别、职业而制定的运动处方,利用运动处方进行锻炼,加强身体各部位肌肉、韧带的力量,使肌肉富有弹性,保持健美的体形;长寿运动处方——人到老年,机体机能衰退,制定此类运动处方时,要选择轻松、有趣、大多数老年人喜爱的活动,如气功、太极拳等,应严格控制运动的负荷量,做到循序渐进,以达到健身的效果。

(二)根据运动处方的锻炼作用分类

根据运动处方的锻炼作用,可将其分为耐力性(有氧)运动处方、力量性运动处方及伸展性运动和健身操处方三类。

1. 耐力性(有氧)运动处方

耐力性(有氧)运动是运动处方最主要和最基本的运动手段。在治疗性运动处方和预防性运动处方中,主要用于心血管、呼吸、内分泌等系统的慢性疾病的康复和预防,以改善和提高心血管、呼吸、内分泌等系统的功能。在健身、健美运动处方中,耐力性(有氧)运动是保持全面身心健康、保持理想体重的有效运动方式。

有氧运动的项目有步行、慢跑、走跑交替、上下楼梯、游泳、骑自行车、骑功率自行车、骑步行车、跳绳、划船、滑冰、滑雪与球类运动等。

2. 力量性运动处方

力量性运动在运动处方中,主要用于运动系统、神经系统等肌肉、神经麻痹或关节功能障碍的患者,以恢复肌肉力量和肢体活动功能为主。在矫正畸形和因肌力平衡被破坏所致的慢性疾患的康复中,通过有选择地增强肌肉力量,可以调整肌力平衡,从而改善躯干和肢体的形态和功能。

根据力量性运动特点可将其分为电刺激疗法(通过电刺激,增强肌力,改善肌肉的神经控制)、被动运动、助力运动、免负荷运动(即在减除肢体重力负荷的情况下进行主动运动,如在水中运动)、主动运动与抗阻运动等。抗阻运动包括等张练习、等长练习、等动练习和短促最大练习(即等长练习与等张练习结合的训练方法)等。

3. 伸展性运动和健身操处方

伸展性运动和健身操较广泛地应用在治疗、预防和健身、健美各类运动处方中,主要作用有放松精神、消除疲劳、改善体型、防治高血压和神经衰弱等疾病。伸展性运动及健身操的项目主要有太极拳、保健气功、五禽戏、广播体操、医疗体操与矫正体操等。

三、运动处方对人体的作用

首先是增进身体健康,包括两个方面:其一是预防疾病,尤其是现代文明病,如高血压、冠心病、糖尿病等;其二是改善身体状态,提高机体对环境的适应能力。

其次可以提高身体机能。通过锻炼,使肌肉力量、耐力、爆发力,以及身体的灵敏性、协调性、平衡性、柔韧性等素质和运动能力得到提高。

最后可以治疗疾病。把运动当作康复疗法的一种手段,严格地按处方进行,可以大大提高运动中的安全性,尽可能少地出现意外危险。

四、运动处方的原理

了解运动处方的原理有利于我们更好地去制订运动健身计划,让运动效益事半功倍。运动处方锻炼主要是采用以中等强度有氧代谢为主的耐力性运动,也称为有氧运动。因此,有氧运动的基本理论就是运动处方的基本理论。为了获得更好的锻炼效果,运动处方依据有氧运动的健身价值、"超量恢复原理"及"全面身心健康"的概念来制定。

首先是有氧运动的健身价值。体育锻炼的基本目的是增强体质、增进健康、提高抗病能力,而关键环节应该是提高心肺功能和心血管运输氧气的能力,这对增进健康至关重要。耐力运动对增强呼吸系统摄取氧、心血管系统载荷及输送氧的能力,以及组织细胞利用氧的能力有显著的训练作用。因此,有氧运动对机体的影响表现为生理学的、生化学的、心理学的及社会学的多方面的效果。

其次是超量恢复原理。人体对一定量的运动负荷刺激有一个适应过程,一般分为负荷、恢复和超量恢复3个阶段。在负荷阶段能量物质被大量消耗,物质代谢产物(乳酸、尿素等)堆积起来,人体机能下降,产生疲劳感。停止运动后,到了恢复和超量恢复阶段,机体内环境(热、酸碱度等)恢复平衡,肌肉内被消耗的能源物质得到补充,并在一段时间内超过原有水平,此现象称为"超量恢复"。如果在超量恢复阶段再进行下一次超负荷锻炼,肌肉内物质和肌力就会逐步积累起来,进而逐步提高机体能力和训练水平。一般来说,超量恢复常在运动后1~2天内出现。

最后是全面身心健康概念,主要是保持人体生理、心理平衡。人体每天需要一定量的营养以保证细胞生长和代谢的需要,适当地休息以放松和消除工作造成的疲劳,还需要适当地体力活动,以保持肌肉、骨骼、脏器的功能。"有氧代谢运动是保持全面身心健康最有效、最科学的运动方式"。运动锻炼很重要,但还应注意保持理想体重、合理膳食、戒烟及控制饮酒。

五、制定运动处方时应遵循的原则

在体育锻炼过程中必须遵守一定的基本行动准则和要求,即体育锻炼的原则,它是人们在长期的体育锻炼实践基础上所积累的各种经验,也是体育锻炼活动基本规律的反映。

(一)全面性原则

全面性原则是指在锻炼过程中,运用运动处方来进行各种项目方法和手段的锻炼,统筹兼顾,使身体各部位、各器官系统的机能、各种身体素质和活动能力以及心理品质都得到全面均衡的发展。对多数体育锻炼者来说,进行体育锻炼并不是单一发展某一运动能力或身体某一器官的生理机能,而是通过体育锻炼使整体机能全面、协调发展。因此在体育锻炼时,要注意运动内容的多样性和身体机能的全面提高。对于如何贯彻全面性原则,一般认为在制定运动处方时,要考虑锻炼的内容、方法及对身体锻炼的部位、顺序和效果。针对锻炼目的和身体的薄弱部位扬长避短地实施健身运动处方的内容和方法,从而获得身心的全面发展。在锻炼的恢复过程中,结合健身目标选配饮食结构,以保证营养物质与健身目标有机地结合,促使机体与健身目标协同发展。

(二)特殊性原则

特殊性原则是指在实施健身运动处方过程中,每个人按其体质状况和特点选择适当的锻炼内容、手段、方法和运动负荷,以求达到增强体质的良好效果。在贯彻特殊性原则时,还要根据每个锻炼者的体质特点区别对待,确定锻炼的强度、时间和频率,应用的手段也要根据其体质评价状态来选择有效的增强体质的方法,这是运动处方的基本原则。体育锻炼时必须根据参加者的健康状况、体力基础、技术水平、年龄和性别以及心理素质等个人特点来确定锻炼内容、手段、方法和运动强度,使锻炼计划有必要的差异。

在锻炼后的恢复期,根据自身营养和负荷量的强弱、锻炼过程中营养消耗的种类,并且结合健身目标配制饮食。这样才能促进身体的恢复,为健身提供充足能量保障。

(三)渐进性原则

运动处方的渐进性原则是根据逐步增强体质的规律,应用处方的内容和方法来锻炼身体所确定的法则。它按照循序渐进的性质、遵循超量恢复的法则来逐步提高运动负荷量。人体内脏器官系统的功能活动有一定的惰性,因此在锻炼时运动量要由小到大,技术要求由简单到复杂逐步增加,从而使其从相对安静状态进入工作状态,且机体对外界环境的适应能力和工作能力的提高,需要有一个逐步变化的过程。如果运动量提高过快,超过机体适应速度,非但不能提高功能,反而会引起运动疾病或损伤的发生。运动处方的渐进性原则是根据体质增强的规律确定的。在实施过程中要求针对个人体质状况由小到大逐步增加锻炼的难度和负荷量,渐进时间和每次渐进的量应按照负荷和有效价值所规定的时间和量来确定,并且按照这个指标安排渐进的幅度和每个阶段的持续时间。在健身锻炼中应该依照人体运动的适应性和科学性,有阶段地逐步增加锻炼的负荷量,这样身体的机能才能产生一定的变化,体质才能加强。因此,在实施运动处方的渐进性原则过程中,应按照体质适应性变化的阶段去掌握渐进的步骤。

(四)重复性原则

重复性是指用运动处方的手段来增强体质的过程,具有多次重复性。经常参加体育活动,锻炼的效果才能明显、持久,所以锻炼要经常反复,不能三天打鱼、两天晒网。虽然短时间的锻炼也能对身体机能产生一定的影响,但一旦停止体育锻炼,这种良好的作用会很快消失。一次性体育活动可以提高人体的免疫机能,增强人体的抗疾病能力,但这种作用在体育锻炼后的两三天就消失了。所以要想增强体质,就必须经常反复地参加体育锻炼。那么,反复中有哪些规律呢?首先是锻炼和间歇相结合,也就是劳逸结合。在锻炼过程中,既要有充分的运动时间,又要有适当的休息,这样才能有效地增强体质。其次是锻炼的程度与怎样合理休息才是最科学的呢?现代体育科学研究证明:在运动锻炼之后,要有充分的休息,同时施以科学的营养配比,运动疲劳才能充分消除,运动锻炼才能延续。运动锻炼的量和间歇的关系是运动强度小则反复次数多而间歇时间短,运动强度大则反复次数少而间歇时间长。间歇时间的长与短、运动强度的大与小、重复次数的多与少,不能用一个定量来规定,要以恢复的状态来调节,否则,将会给健身带来严重后果。反复性的另一规律是要长期不间断地进行健身锻炼。在实施运动处方锻炼时,可根据自己的实际情况,合理制订锻炼计划,从而达到最佳的锻炼效果。

(五)安全性原则

在实施运动处方锻炼时,首先要对自己所选用的处方内容、运动场所和运动用具等充分了解,并且要对运动场所和运动用具的安全性做全面的检查,避免伤害事故的发生。在选择锻炼负荷量时,必须根据自己的身体状况选择,切不可过强过快,要循序渐进地进行。无论何种健身方式,都应包括准备活动、身体有氧代谢运动和整理活动这三大内容。进行健身运动,切忌性急,要在轻松愉快的心情下进行,健身的效果才会更充分地体现。

第二节 运动处方

运动处方包括运动目的、运动类型、运动强度、运动时间、运动频率以及注意事项等六个要素。

扫码观看
同步慕课

一、运动目的

运动处方的根本目的是通过科学、有序的身体活动,给人体一定负荷的运动刺激,使机体产生反应与适应性变化,从而获得身心健康。具体来说,运动的目的主要有以下几方面:

(1) 促进生长发育,提高身体素质。
(2) 增强体质,提高体适能,延缓衰老。
(3) 防止某些疾病发生,保持健康。
(4) 丰富生活,调节心理,提高生活质量。
(5) 掌握运动技能和方法,提高竞技运动水平。

二、运动类型

运动类型是指依据个体运动处方的目的而采用的专门运动种类,它将决定运动处方的运动效果。运动处方的运动类型一般分为三大类:耐力性运动、力量性运动及伸展性运动。

(一)发展心肺功能的耐力性运动

发展心肺功能主要是增强肺的通气、换气和心脏的泵血功能,从而提高机体的有氧代谢能力(又称有氧耐力)。通常采用大肌肉群参与的中小强度的、长时间或长距离的周期性持续运动,如快走、慢跑、上下台阶、游泳、登山、骑自行车、跳绳、滑冰、滑雪、划船及不剧烈的球类活动等。

(二)发展肌肉力量的力量性运动

力量是指肌肉收缩时对抗阻力的能力。提高肌力的关键是给肌肉进行适宜的抗阻力练习,包括等长练习、等张练习、等动练习等。运动类型主要有采用器械或对抗自身体重的各种力量练习。例如:用哑铃做各种推、举练习,发展上肢、肩带及躯干的肌肉力量;用杠铃做挺举、抓举、弯举、蹲起等练习,发展腰背、髋部及上下肢肌肉的力量;各种形式的跳跃、仰卧起坐、引体向上、俯卧撑、纵跳等练习,发展上下肢、躯干的肌肉力量。

(三)发展柔韧性的伸展性运动

柔韧性是指人体关节活动幅度的大小以及跨过关节的韧带、肌腱、肌肉、皮肤及其他组织的弹性和伸展的能力。柔韧性愈好,做动作就越舒展、协调,并能减少运动损伤。发展柔韧性的运动类型主要有各种拉伸关节的练习、舒展躯干的运动、广播体操、器械体操、武术、舞蹈及各种健美操等。

三、运动强度

运动强度是运动量的核心,是运动处方设计中很关键但又难以掌握的环节,需要在运动中通过多次检测来确定。当然,不同类型的运动,评定运动强度的指标和方法不完全相同。

(一)有氧运动的运动强度

有氧运动的时间比较长,运动强度以功能的百分数来表示。不同个体的运动能力存在差异,因此,运动强度的设定要注意个体化,可根据心率、自我主观感觉量表(rating of perceived exertion,RPE)等来确定。

1. 心率

心率是最简便、易测的生理指标。在运动过程中,排除环境和心理因素的影响,则心率与运动强度之间存在线性关系。因此,心率是最常用的确定和监测运动强度的指标。在实践应用中,用心率评价运动强度的方法有很多,在这里我们介绍运用较为广泛、误差较小的方法。在设定运动强度前,首先要推测最大心率,可使用以下公式。

Fox 公式:最大心率=220-年龄。这是较为常用的公式,但使用的人群有限,存在一定的误差。

Gelish 公式:最大心率=207-0.7×年龄。Gelish 最大心率推测公式目前适合各个年龄段的人群。推测出个人的最大心率后可以用以下方法计算运动中的目标心率。

第一种方法是最大心率百分比法,计算公式为:目标心率=最大心率×期望心率百分比。此方法简单,方便计算。首先我们要根据最大心率推测公式计算出最大心率。

例如:一名 28 岁的健康青年男性,以 70%的中等有氧强度进行锻炼,他的目标心率应该控制在多少?

根据公式,他的目标心率为(207-0.7×28)×70%=131 次/分。

第二种方法是靶心率法。为了提高心血管系统的有氧耐力水平,运动时心率必须保持在一个有效的范围内,即靶心率。靶心率是指能获得最佳锻炼效果并能确保安全的运动心率。

下限靶心率＝(个体的最大心率－安静心率)×0.6＋安静心率

上限靶心率＝(个体的最大心率－安静心率)×0.8＋安静心率

例如：孙先生30岁，平时安静心率是60次/分，最大心率是207－0.7×30＝186次/分。下限、上限靶心率分别为(186－60)×0.6＋60和(186－60)×0.8＋60，即孙先生的靶心率区间为136～161次/分。

当孙先生进行跑步锻炼时，如果心率低于136次/分，就说明运动强度太小，没有达到增加有氧能力的目的。如果心率高于161次/分，则说明运动强度已经开始从有氧训练转向无氧训练，表明运动强度过大。因此，孙先生想发展有氧运动能力时，运动强度应保持在心率136～161次/分的区间。

2.自我主观感觉量表

运用自我主观感觉量表来进行评价，量表从个人感觉最轻松6级开始到第20级精疲力竭，每一级反映不同程度的困难状态。运动过程中，可以用主观运动强度量表与心率结合的方法评价运动强度，这样可以更准确地评价身体对运动负荷的反应，避免在锻炼过程中单一追求靶心率的盲目性。

例如，某人的靶心率为150次/分，RPE值为13。而当身体疲劳或患有轻度疾病时，再以150次/分的心率强度进行运动，就会感到非常费力和困难，这时RPE值就会增加。如果继续保持这一靶心率强度运动，就可能会出现危险。在运动实践中，可以先按适宜心率范围进行运动，然后逐步结合RPE来掌握运动强度。熟练之后，在锻炼的过程中不用停下来测心率，也能感知自己的运动强度是否合理或当时的身体状况如何。

(二)力量性运动的运动强度和运动量

力量训练运动强度通常用一次最大重复的百分比或最大重复次数(repetition maximum，RM)表示。1RM是指在一次最大用力下所能举起的最大重量。一个训练动作所能重复的次数，与所举的负荷成反比关系，负荷越重，重复次数越少。1～6RM负荷的训练为高强度抗阻训练，8～12RM为中等强度，10～15RM为低强度。设置负荷强度前，应该了解负荷强度与重复次数之间的关系。1RM百分比与重复次数之间的关系见表2-1。

表2-1　1RM百分比与重复次数之间的关系

%1RM	最大重复次数
100	1
95	2
93	3

续表

%1RM	最大重复次数
90	4
87	5
85	6
83	7
80	8
77	9
75	10
70	11
67	12
65	15

在等张练习或等动练习中,运动量由肌肉所对抗阻力的大小和运动次数来决定。在等长练习中,运动量由肌肉所对抗的阻力大小和持续时间决定。

在增强肌肉力量时,宜逐步增加阻力而不是增加重复次数或持续时间(即大负荷、少重复次数的练习)。在增强肌肉耐力时,宜逐步增加运动次数或持续时间(即中等负荷、多次重复的练习)。

(三)伸展运动的运动强度和运动量

第一种是有固定套路的伸展运动的运动强度与运动量。有固定套路的伸展运动,如太极拳、广播操、健身操等,其运动强度和运动量相对固定。增加运动量可通过增加套路的重复次数或动作幅度来达到。

第二种是一般伸展运动的运动强度和运动量。一般伸展运动的运动量可分为大、中、小三种。小运动量是指做四肢个别关节的简单运动和轻松的腹背运动等,运动间歇较多,一般在8～12节;中等运动量可做数个关节或肢体的联合动作,一般在14～20节;大运动量是以四肢及躯干的联合动作为主,可增加负荷,有适当的间歇,一般在20节以上。

四、运动时间

运动持续时间与运动强度以及运动类型关系密切。因为在运动强度达到阈强度后,一次运动的时间是由总运动量来决定,而总运动负荷＝运动强度×运动时间,即由两者共同决定,在总运动量确定时,运动强度与运动时间成反比。

美国《ACSM 运动测试与运动处方指南》指出,对大多数成年人推荐的运动量是,每天累计进行至少 30～60 分钟(每周至少 150 分钟)的中等强度运动,或每天至少 20～60 分钟(每周至少 75 分钟)的较大强度运动,或中等和较大强度运动相结合的运动。然而,每天的运动时间不足 20 分钟对健康也是有益的,尤其是那些以前经常处于静坐少动状态的人。如果运动训练的目的是管理体重,那么可能需要更长的时间(每天至少 60～90 分钟)。

五、运动频率

运动频率是指每周锻炼的次数。运动锻炼所获得的效果遵循生理学"刺激—反应—适应"原理。每一次的运动负荷对身体都是一次刺激,能够引起机体产生一定的反应,而多次适宜刺激可以使机体产生良性反应并逐渐积累,使机体产生适应,这是一个从量到质的变化过程。运动的频率过大或过小都不可能取得好的锻炼效果。

如果两次运动间隔过长,在前一次锻炼使机体产生的良性效应消退后才进行下一次锻炼,那么前一次锻炼所获得的效果就不能积累。如果两次运动间隔过短,前一次锻炼产生的疲劳尚未消除就紧接着进行下一次锻炼,则会造成疲劳的积累。长期下去还将造成过度疲劳。

因此要取得好的锻炼效果,就要合理安排每周的锻炼次数,并持之以恒。合理安排每周的运动频率,应该根据运动目的以及身体情况的不同区别对待。研究表明,以增强心血管功能、提高有氧耐力为主的锻炼,最适宜运动频率是每周 3～4 次。力量性锻炼的运动频率一般为每日或隔日练习 1 次。伸展性运动如果坚持每天练习,则会取得较好的锻炼效果。

六、注意事项

在运动处方中应根据锻炼的目的或锻炼者的具体情况提出相应的注意事项,这是运动处方中不可忽视的一部分,是确保运动安全与防止伤害事故发生的重要前提。注意事项主要包括以下几个方面。

(一) 耐力性(有氧)运动的注意事项

用耐力性(有氧)运动进行康复和治疗的疾病多为心血管、呼吸、代谢、内分泌等系统的慢性疾病。在按运动处方进行锻炼时,要根据各类疾病的病理、生理特点,每个参加锻炼者的具体身体状况,提出有针对性的注意事项,以确保运动处方的有效原则和安全原则。一般的注意事项应包括以下几方面。

运动的禁忌证或不宜进行运动的指征。在耐力性(有氧)运动处方中,应有针对性地提出运动禁忌证。如心脏病患者运动的禁忌证有:病情不稳定的心力衰竭和严重的心功能障碍;急性心包炎、心肌炎、心内膜炎;严重的心律失常;不稳定型、剧增型心绞痛,心肌梗死后不稳定期;严重的高血压;不稳定的血管栓塞性疾病等。

在耐力性(有氧)运动处方中应指出须立即停止运动的指征。如心脏病患者在运动中出现以下指征时应停止运动:运动时上身不适,运动中无力、头晕、气短,运动中或运动后关节疼痛或背痛等。

运动量的监控。在耐力性(有氧)运动处方中,须对运动量的监控提出具体的要求,以保证运动处方的有效和安全。要求运动人员做充分的准备活动。

运动人员要明确运动疗法与其他临床治疗的配合,如糖尿病患者的运动疗法须与药物治疗、饮食治疗相结合,以获得最佳的治疗效果。运动的时间应避开降糖药物使血药浓度达到高峰的时间,在运动前、中或后,可适当增加饮食,以避免出现低血糖等。

(二)力量性运动的注意事项

力量练习不应引起明显疼痛。力量练习前、后应做充分的准备活动及放松整理活动。运动时保持正确的身体姿势。必要时给予保护和帮助。注意肌肉等长收缩引起的血压升高反应及闭气用力时心血管的负荷增加。有轻度高血压、冠心病或其他心血管系统疾病的患者,应慎做强度大的力量练习;有较严重的心血管系统疾病的患者忌做力量练习。经常检修运动器械、设备,确保安全。

伸展运动和健身操应根据动作的难度、幅度等,循序渐进、量力而行。指出某些疾病应慎采用的动作。如:高血压患者、老年人等少做过分用力的动作及幅度较大的弯腰、低头等动作。运动中注意正确的呼吸方式和节奏。

第三节 运动处方的制定与应用

扫码观看
同步慕课

一、制定运动处方的步骤

(一)了解锻炼者基本情况

这是制定运动处方的最基础的依据,包括性别、年龄、职业、既往病史、家族病史(如心脏疾患、高血压、脑中风、糖尿病等)、身体锻炼习惯和现状以及睡眠、食欲、病史、运动史(主要包括运动爱好、运动习惯与方式、运动经历)等。

(二)健康诊断

通过健康诊断,了解锻炼者的健康状况,为制定运动处方提供准确依据。可采用医学检查诊断健康,目的是对锻炼者当前的健康状况进行评价,了解是否有潜在的疾病或危险因素,判断能否进行系统的负荷运动,防止运动事故发生。如有近期的身体检查证明,可直接应用。

(三)运动负荷实施

对锻炼者身体机能和运动承受能力的检测和评定。一般要进行安静状态和在定量负荷状态下的生理机能测试。主要测试指标有安静心率、血压、运动时最大摄氧量等。定量负荷多采用"递增负荷运动试验",这是利用跑台或功率自行车等进行的测试。简易、实效的方法有库珀12分钟跑。

目的主要是了解锻炼者对运动负荷的反应,评定心脏功能,发现潜在的心血管等疾病,确认是否能够参加运动锻炼;通过运动试验测得运动的最大摄氧量和最大心率,为制定运动处方提供定量依据。

(四)体力测定

主要是对锻炼者的身体素质状况进行检查评定。测定的内容包括身体各部分的肌肉力量、肌肉爆发力、有氧代谢能力、无氧代谢能力、灵敏性、协调性、柔韧性等。

(五)制定运动处方

在完成上述调查、测定及结果评价后,可依据身体锻炼的原则、方法,根据锻炼者的实际情况制定包括运动项目、运动强度、运动时间、运动频率等内容的锻炼方案。

(六)实施锻炼方案

实施锻炼方案是指按照运动处方进行锻炼。值得注意的是,在锻炼一个周期后,应该再进行身体健康检查及运动负荷和体力测定,目的有二:一方面是用以评价运动处方锻炼的效果;另一方面可以根据锻炼中的实际情况,提供反馈信息,修改、调整出新的运动处方,控制锻炼过程,从而保证健身锻炼过程与身体状况相适应,取得理想的锻炼效果。

运动处方的基本格式包含的内容有一般资料、临床诊断结果、临床检查和功能检查结果、运动试验和体力测验结果、运动的目的、运动内容、运动强度、运动时间、运动频率、注意事项、医师签字和运动处方的制定时间等信息。

二、有氧运动处方的制定

大学生有氧健身锻炼通常应包括三个阶段,即起始阶段、提高阶段和维持阶段。不同的锻炼阶段对运动强度、运动时间及运动频率都有不同的要求,我们制定运动处方时应予以注意。有氧锻炼计划的示例见表2-2。

表 2-2 有氧锻炼计划

锻炼阶段	锻炼周期	每次锻炼持续时间	锻炼强度	锻炼频率
	周	分钟	%最大心率	次/周
起始阶段	2～6	40	60	3
提高阶段	10～20	40	60～80	3～4
维持阶段	>20	25	70～80	2

起始阶段一般为 2～6 周,每次锻炼持续时间至少 40 分钟,锻炼的强度为最大心率的 60%,每周锻炼 3 次即可。提高阶段,锻炼周期相对较长,持续 10～20 周,每次锻炼至少 40 分钟,运动强度应控制在最大心率的 60%～80% 之间,每周锻炼 3～4 次。到了维持阶段,要长期坚持锻炼,每次锻炼时间不得少于 25 分钟,锻炼的强度达到最大心率的 70%～80% 左右,每周锻炼 2 次即可。有氧运动处方的示例见表 2-3。

表 2-3 有氧运动处方示例

运动处方卡

姓名:赵×   性别:男   年龄:23 岁

健康检查与评定结果:健康

体质测试结果:差

运动目的:提高心肺功能水平,增强体质,增进健康

运动项目:跑步

运动强度:目标心率 =(207-0.7×23)×60%=115(次/分)

持续时间:40 分钟/次(不包括准备活动和整理活动时间)

运动频率:3 次/周

运动方式:①准备活动(5 分钟)②慢跑(10 分钟)③快跑(20 分钟)④慢跑(10 分钟)⑤整理活动(5 分钟)。

注意事项:

①每次锻炼前应做好准备活动,锻炼后应做好整理放松活动。

②锻炼过程中若感觉到不适(如心慌、胸闷、心悸、呕吐等),要停止运动或减少运动量。

③患病期间(包括感冒、咳嗽等)应停止运动。

④每次运动都应控制心率,掌握好运动量。

⑤外出锻炼时应注意安全,冬季应注意保暖。

处方者签名:李×

2020 年 9 月 5 日

赵×体质测试结果为心肺耐力较差,需要通过体育锻炼,达到增强体质、增进健康的目的。根据这个情况,我们为他制定一个起始阶段的有氧运动处方。该处方以提高心肺功能水平、增强体质、增进健康为目的,选择跑步这样的简便可实施的运动项目,运动强度是心率不低于115次/分。每次锻炼持续时间40分钟,采用每周锻炼3～4次的频率,需要注意每次锻炼前应做好准备活动,锻炼后应做好整理放松活动。在锻炼过程中若感觉到不适,要停止运动或减少运动量。

三、力量性健身运动处方的制定

大学生力量性健身运动处方通常应包括三个阶段,即开始阶段、慢速增长阶段和保持阶段。不同的锻炼阶段对运动强度、运动时间及运动频率都有不同的要求,制定运动处方时应根据锻炼阶段、运动强度及运动时间等因素的不同,做到区别对待。力量锻炼计划的示例见表2-4。

表2-4 力量锻炼计划

锻炼阶段	锻炼周期	每次锻炼持续时间	锻炼强度	锻炼频率
	周	组数	RM	次/周
开始阶段	3	2	15	2
慢速增长阶段	12	3	6	2～3
保持阶段	>12	3	6	1～2

开始阶段的锻炼周期为3周,每个练习动作的组数为2组,重复次数为15次,锻炼频率为一周2次。在慢速增长阶段,锻炼周期相对较长,这个周期持续12周以上,组数选用3组,训练强度为6RM,锻炼频率为一周2～3次。在保持阶段,养成长期锻炼习惯,每个练习动作完成3组,锻炼强度为6RM,锻炼频率为一周1～2次,锻炼处方见表2-5。

表2-5 力量锻炼运动处方示例

运动处方卡		
姓名:张×	性别:男	年龄:20岁
健康检查与评定结果:健康		
体质测试结果:全身肌力较差		
运动目的:提高全身肌肉力量		

续表

运动处方卡
运动项目:杠铃、哑铃负重练习
运动强度:6RM
持续时间:3 组
运动频率:2～3 次/周
运动方式:①胸大肌、三角肌——杠铃卧推 ②背阔肌——哑铃俯身飞鸟 ③肱二头肌——哑铃肱二头肌弯举 ④肱三头肌——哑铃坐姿颈后臂屈伸 ⑤股四头肌——杠铃负重深蹲 ⑥比目鱼肌、腓肠肌——负重提踵
注意事项: ①进行力量练习时,必须有同伴帮助和保护。 ②力量练习前必须做好准备活动,锻炼后应做好放松活动。 ③在进行力量练习时,若感到有任何尖锐的刺痛,应立即停止练习。 ④在进行负重练习时,应尽量避免憋气,举起阶段呼气,放下时吸气。
处方者签名:李× 2020 年 9 月 5 日

田径爱好者张×体质测试结果为全身肌力较差,需通过体育锻炼发展其胸大肌、背阔肌、肱二头肌、肱三头肌、三角肌、股四头肌、比目鱼肌和腓肠肌的力量。根据体质测试结果,我们为他制定一份慢速增长阶段的力量性健身运动处方。运动目的以提高全身肌肉力量为主,选用以杠铃和哑铃为主的力量锻炼项目,运动强度选用 6RM,每个动作完成 3 组,锻炼频率为一周 2～3 次。主要的运动方式有针对胸大肌和三角肌的杠铃卧推、强化背阔肌的哑铃俯身飞鸟、提升肱二头肌力量的哑铃弯举、增强肱三头肌力量的哑铃坐姿颈后臂屈伸、发展腿部肌肉力量的杠铃负重深蹲、负重提踵等练习。应该注意在力量练习时必须有同伴的保护和帮助。

四、运动处方的实施

(一)一次训练课的流程

制定完运动处方后,就到了实施阶段。根据训练的内容安排将一次训练课分为准备部分、基础训练部分和结束部分三个板块。

准备部分的任务是做好热身活动,使机体由相对安静的状态过渡到适当的运动状态。准备阶段时间大约5~15分钟,内容一般是运动量较小的项目,如慢跑、体操或伸展性练习等,也可以根据练习的要求专门安排。使机体逐步适应运动强度较大的训练,提高中枢神经系统兴奋水平。增强氧运输系统的机能,使肺通气量、摄氧量和心输出量增加,心肌和骨骼肌中毛细血管扩张,利于提高工作肌的代谢水平。降低肌肉的黏滞性,增加弹性,预防肌肉损伤。

适宜准备活动的标志是身体发热,微微出汗,心率加快、呼吸频率明显增加。可采用活动强度较低的练习,如慢跑、拉伸性练习或太极拳等。

基础训练部分是运动处方实施的关键,其任务是通过实施运动处方的运动项目达到锻炼的目的。一种是运动处方的主项运动欲达到的目标(即达到靶心率)。运动强度一般定位为最大能力的60%~80%,维持15分钟以上。另外一种是一定活动范围的肌肉力量训练。运动强度为最大能力的70%,也就是12RM左右的力量训练,一般采用力量训练器械来进行锻炼。

结束部分的作用是通过整理活动,使身体机能由激烈的运动状态逐渐恢复到相对安静状态。采用强度较小的有氧运动,时间在5分钟以上。为防止出现意外,不能突然停止。它的原理是运动结束后,要使高负荷的心脏和肢体活动逐渐安静"冷却"下来,不能突然结束。因为此时血流仍然大量集中于四肢,若突然停止,则使回心血量锐减,可能会出现"重力性休克"。处理方式为放松体操、静态拉伸、自我按摩等。

(二)运动处方实施过程中的自我监控

为了保证运动处方的效果,我们需要对运动过程进行监控,以下是运动处方实施过程中的自我监控。

1. 通过心率的测定来进行监控

(1)基础心率。基础心率就是通常所说的晨脉。在锻炼期间,晨脉基本是稳定的,如果基础心率突然加快或减慢则表明身体有疲劳或疾病的征象;如果连续几天持续增加,则应及时调整运动负荷。

(2)运动中心率。按照"训练—适应"理论,随着训练水平的提高,完成相同负荷时,心率应该逐步下降。如果在某一时期内,完成相同强度的负荷,运动中心率增加,则表示身体状态不好或机能下降,应查明原因。

(3)运动后心率恢复时间。身体机能状况越好,运动后心率恢复速度越快。运动量和运动强度越大,心率恢复时间越长。在运动实施过程中,我们要根据不同阶段的心率来监测自己身体的状态。

2.血压也是监控身体状态的有效手段

锻炼后收缩压上升及舒张压下降明显且恢复较快,表明身体机能良好;锻炼后收缩压明显上升,舒张压也上升,且恢复时间延长,则表明身体机能状况不佳。

3.对体重的监测

一般来说,锻炼后体重的减少不超过0.5千克。如果体重呈不明原因的进行性下降,应注意是否有某种消耗性疾病或严重过度疲劳。反之,如果体重逐渐增加,皮脂增厚,则表明运动量可能过小。

4.运动后自我主观感觉也可以较好地反映身体状态

运动量适宜的标志一般是锻炼后全身微微出汗,肌肉稍微酸痛、有疲劳感,但感到舒服愉快、情绪高涨,运动后食欲和睡眠良好,并且次日精力充沛,疲劳感消除,有继续锻炼的欲望。

运动量过大的表现是锻炼后大汗淋漓、头晕眼花、气喘胸闷,脉搏在运动后20分钟还未恢复。食欲减退,睡眠不佳,运动后第二天周身酸软,并且没有锻炼的欲望。

运动量不足的反映为运动后身体无发热感,没有出汗,脉搏没有明显增加,而且在2分钟内就恢复正常。

以上这些简便的监控方法应该熟练掌握并运用到健身锻炼中。

第三章　健康体适能——科学健身之路的基石

随着科学技术和社会经济的发展，人们的生活方式有了很大的变化。人们在享受现代文明的同时，也不断面临生活、学习、工作所带来的压力，身心健康受到影响。如何通过体育运动获得良好的机体和身心状态，成为新时代青年人需要重视的问题。体育作为学校教育的重要组成部分，在学生全面发展、培养合格人才方面所起的作用不可或缺。随着社会的发展和文明的进步，学校体育的价值不断得到丰富和确认。在"健康第一"的教育思想的指导下，以运动教育为基础的教育功能与情感、健康、文化等诸多功能相得益彰，共同构筑了学校体育的价值体系。体适能作为科学健身的基石，有助于我们理解运动技能的基础，掌握体适能的基本概念，促进塑造新一代青年人的健康体魄。本章旨在介绍体适能的概念和分类，体适能的四大组成部分以及发展体适能和评价体适能的基本方法。

第一节　体适能概述

一、体适能的概念

体适能（physical fitness）是人体适应外界环境之能力，可视为身体适应生活、运动与环境（温差、气候变化或抵抗病毒等）的综合能力。体适能包含两个方面：身体健康的一般素质以及特定职业或运动所需要的特定身体能力。整体表现为具备充足精力支持身体系统有效协同开展日常工作，同时保持健康、高效不费力地开展日常活动，有余力享受休闲活动的乐趣，还具备应对突发状况的能力。对于大学生而言，具体就是能够完成自己的学习，履行自己的职责，并且仍然有足够的精力享受体育和其他休闲的活动。大学生在正常面对生活的同时，针对正常的事件可以有效地应对，如打扫宿舍、电梯停电爬楼梯、参加学校组织的集体活动等,同时也要具备面对突发紧急情况的应对能力,例如快速跑躲避危险、有效地帮助需要帮助的人等。

"体适能"是在"体能"一词中加入"适"字。"适"除了原意的"适应"外,还可以"适当"的字义解释,这样会更接近健康的定义。均衡适中的体适能水平,也符合中国古代"用中"的"养生之道",与《周易》《中庸》等古代哲学著作相通。所以说,以现代体育科学理论作为锻炼活动的依据,可培养适当的体适能水平,提高身体素质,拥有健康生活。适当的运动,是改善现代城市人的生活,达到健康生活方式的主要途径。以健康为目标,进行适当的运动,应该以现代体育科学理论为基础的"体适能"活动作为优化生活方式的首要活动,同时注意运动安全,减少因运动不适当而带来的伤害。

二、体适能的意义

随着社会进步发展,人民生活水平大幅提高,人们更加重视生活质量,越来越关注身体健康问题。在全面推行素质教育的进程中,大学生身体健康问题已经成为教育部门重点关注的问题。人们维持身体基本健康的关键是发展健康体适能,它一定程度上能提高生活、学习及工作效率。体适能主要包含四大组成部分,分别为身体成分、心血管适能、肌肉适能及柔韧适能。正确科学的体育锻炼可以使身体更加健壮,对于人类的健康意义重大。

世界卫生组织发现,各种疾病具有类似的死亡原因,健康最大的"杀手"是不良的生活方式。预防各种疾病和健康体适能息息相关,想要具有较好的健康体适能,需要利用大量的时间进行合理科学锻炼,以及具备良好的生活方式。图3-1是1971—1991年与1992—2013年期间疾病等导致病死率与心肺适能等健康体适能的相关数据,数据表明随着时代的进步,越是注重身体素质以及健康体适能的提升,可以有效地降低病死率。尽管时代促进医疗进步,但体适能不足或不优秀者仍然面对较高的病死率,应该积极促进体适能的科学发展,降低疾病风险,提高生活质量。

在健康体适能的支持下,除了拥有健康的身体之外,人们的工作效率也会逐步提高,可以享受优质的生活。当然,健康的体适能不只是身体和外形,也包括在情绪管理、社交、职业规划等方面都要有良好的适应能力,综合涵盖身体、生理、心智、社交和职业等方面。通过"约运动"进行社交,缓解生活及工作压力,高质量的管理情绪已经成为年轻人主流生活方式。良好的体质还可以让人们更好地享受休闲娱乐生活。举个最简单的例子:无限风光在险峰,但是体能较差的人可能只能在半山腰欣赏风景,充足的体能才能支撑人们登上峰顶欣赏最美的风景,这就是所谓良好的体能可以让人们享受更好的生活。

具有良好的体适能是身体健康的最重要标志之一,这是人类享受生活、提高工作效率和增强对紧急突发事件应变能力的重要物质基础。良好的体适能是身心健康的必要的生理基础,有助于提高机体免疫机能,抵御病毒侵害及细菌感染,降低慢性疾病如冠心病的发病率以及延缓其他慢性病的发展。良好的体适能使人们有更多的激情,积极地享受生活、感受生活,拥有良好的身体体适能,使人们参与户外活动的机会增加,并进一步增强体适能,促成良性的健康循环。

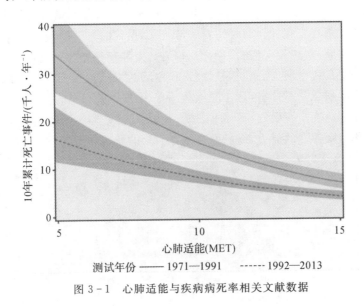

图 3-1 心肺适能与疾病病死率相关文献数据

三、体适能的分类

体适能与人体健康状态、劳动和工作能力以及竞技运动水平等有着密切的关系,但体适能各个构成要素对健康、劳动和工作能力以及竞技运动水平的影响并不完全相同。从体适能学术定义角度来看,体适能同时拥有体育、运动及休闲活动三者的属性。体适能可以是知识技术的传授,可以是借运动、游戏、竞争而达到身体适应生活的效果,也可以是欢悦地、自愿地、建设性地善用闲暇时间。生活中,大众体适能是追求个人的健康身心,满足日常生活的需要,一般不追求竞技体育中为求胜利而充分训练的训练方法。因此,可以将发展体适能的人群划分为大众群体和运动员群体。

大众只需要通过科学训练形成较强的生活、工作适应能力,避免因生活和工作轻易产生疲劳而出现力不从心的感觉。随着人类文明进程的不断加快以及科学技术水平的提升,人们的生活实践活动机会越来越少,各种高强度的工作导致许多人的社会适应能力越来越差，因此要促进大学生等普通人关注体适能的提升。体适能与健康间的关系随着年龄而变化，但同时存在于所有年龄段人群。库珀研究院所做的经典流行病学研究最早明确了健身和心血管健康之间的联系，越来越多的证据证明了健康体适能的组成因素和成人健康危险因素间的关联，如心血管病危险因素、肌肉骨骼健康、糖尿病、肥胖症等。

体适能对于大众人群来说划分为健康体适能，包含心肺适能、身体成分、柔韧适能和肌肉适能，如图3-2所示。其中，肌肉适能包含了肌肉耐力适能和肌肉力量适能。随着人类社会和时代发展与变迁，现代的科学健康观念逐步强调，健康不仅是四肢健全、没有疾病和不虚弱，而是一种在身体、精神、行为和道德意识上适应人类日常生活、工作、学习、娱乐和休闲的"身心合一"的完美状态，但这与健康体适能划分并不冲突，是在健康体适能上进一步发展的表现。健康体适能是从接触运动逐步发展的，具体见图3-3，从人们对某项运动体验开始，逐步发展成具备健康管理的能力，形成终身体育健康的意识和观念。

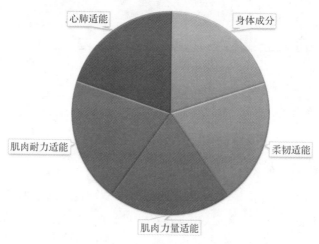

图3-2　健康体适能组成部分

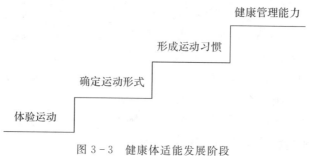

图3-3　健康体适能发展阶段

对于运动员群体而言,除了需要具备一般健康人群对健康促进有关的体能要素之外,还需要具有一些特殊的体能要素,从而帮助他们在赛场上获得最佳的运动成绩和运动表现。运动体能发展水平由身体形态、身体机能及运动素质发展情况所决定。身体形态是指机体内部的形状。身体机能是指记忆各器官系统的功能。运动素质是指机体在活动时所表现出来的各种基本运动能力,通常包括力量、耐力、速度、柔韧、灵敏和平衡。力量,也称爆发力,反映运动员瞬间产生力量的能力;耐力表现为维持运动时间的能力;速度是针对外界刺激的反应快慢以及运动表现的快速位移能力;柔韧为运动员关节活动幅度的能力,根据项目不同具有明显差异;灵敏为运动员协调身体转换运动方向的能力;平衡为运动员始终能够把身体重心维持在支撑基础上的能力。以上要素均相互独立但又密切联系,彼此制约且互相影响。发展相关要素目标是促进运动员在赛场上获得优秀的运动表现,同时减少训练和比赛中的运动损伤,因此将此类运动素质称为竞技体适能。竞技体适能与健康体适能在目标、对象、属性以及结果等方面均存在明显的差异,具体见表3-1。

表3-1 健康体适能与竞技体适能的比较

	健康体适能	竞技体适能
目标	健康	胜利
对象	大众群体	运动员群体
属性	一般	特殊
要求	适度	高度
时间	终身	短暂
结果	与努力成正比	不一定成功

第二节 健康体适能的构成

扫码观看
同步慕课

健康体适能与大众群体健康水平密切相关,表明一个人的心肺耐力、肌肉力量、肌肉耐力、柔韧性以及身体成分总体能力。本节主要介绍健康体适能每个构成部分的基本概念、影响因素、发展与评价方法以及相关注意事项,期望读者能够从本节中学习发展健康体适能的方法,促进体质的改良与提升,缓解慢性疾病,保障包括大学生在内的大众群体有效享受生活和提高工作效率,有效提升应对紧急事件的能力。在新时代、新节奏、新发展的社会中,充满生命激情,抵御病毒细菌侵害,拥抱健康美好生活。

一、心肺耐力

(一)基本概念

心肺耐力,也称心肺适能、心血管适能,主要指的是人体长时间进行有氧工作的能力。其建立在人体心脏、肺脏、血管、血液等组织基础上,表现为呼吸系统、血液系统、循环系统的最大氧量。心肺耐力与人体正常生命活动和身心健康密切相关,它反映由呼吸、血液和循环系统组成的人体血液运输系统向肌肉等组织和器官运送氧气和能量物质,向肾等排泄器官运送代谢产物,维持机体从事体力活动的能力。

(二)影响因素

首要影响因素是心血管系统。人体要想长时间在有氧状态下进行工作,首先离不开良好的心血管系统,包括心脏和血管。心脏功能是影响心肺耐力的主要生理学因素。心脏作为心血管动力器官,其收缩射血功能,为血液循环提供动力,以适应身体活动和其他工作等生命活动的需要。心脏功能强弱主要反映在心输出量(cardiac output,CO)的大小,具体为每搏输出量(stroke volume,SV)和每分钟心率(heart rate,HR)的乘积。长期锻炼可以有效提升每搏输出量,增强心率与运动能力的相互适应能力,提升心脏跳动的动力。血管是血液运输系统的管道,血管的弹性和通畅度保证我们血液的全身循环能力。血管主要包括一系列的分支管道和遍及全身的毛细血管,连接心脏,可在左心室储存部分血液以缓冲动脉血压,同时调节各器官的血流量和动脉血压,保证毛细血管血流。毛细血管因为血管壁的生理特征而可与细胞等进行物质交换,带来足够的氧气和能量物质,同时快速带走能量物质代谢产生的二氧化碳和废物。长期运动可增加外周肌组织中毛细血管分布的密度,促进肌肉组织的循环状态,增强肌肉耐力。

其次,良好的心肺耐力还跟人体的呼吸系统机能有关。所谓呼吸系统机能,主要指的是呼吸道、鼻咽喉气管以及支气管是否足够通畅,人体的肺弹性是否足够好,从而确保气体在肺当中能够充分地进行交换,使身体得到充足的氧气。同时人体运动以及其他各种生命活动所需的氧气及营养物质,甚至新陈代谢所产生的二氧化碳等代谢产物,均需要通过肺与组织的呼吸以及血液的运输进行循环排放。安静状态下,人体肺的每分钟通气量约为6~8升,高强度运动时最大通气量每分钟可达1 500升,通常情况下肺通气功能具有较大的功能储备。

最后,影响人体长时间进行有氧工作能力的,还包括细胞的有氧代谢能力。

良好的心血管系统、呼吸系统使身体获得了充足的氧气,最终需要肌肉等身体组织细胞有效地利用氧气。长期体育锻炼或有氧耐力性训练能够有效增加肌肉线粒体数量并增强氧化能力,提升肌肉运动的耐力。相关研究表明,长期从事耐力性运动能够增加血液中血红蛋白的含量,增强血氧运输能力,从而改善外周肌肉的氧气供应,提高肌肉活动的耐力。因此,心肺耐力越好,长时间工作或运动能力就越强,相关能力也会受遗传、年龄和性别影响。

(三)评价与发展的方法

心肺耐力的测评方法较多,有直接反映心脏泵血功能的最大心输出量与反映机体氧气摄取和利用能力的最大摄氧量测量,也有间接估算心肺耐力的台阶运动、20米往返跑、12分钟跑走以及功率车等各种运动负荷试验。其中间接估算方法简便易用,在大学生身体素质能力测试中的台阶运动就是其中一种。

发展心肺耐力的方法以有氧运动为主,其可刺激身体在运动过程中从外界摄取氧气。有氧运动具有强度低、速度慢、距离长、持续时间长等特点,运动过程中周期性需要全身大肌肉群参与。主要形式有长时间的慢跑、长距离的骑行、游泳,以及街头流行的广场舞与健走等。该类运动能有效提升心肺耐力、降低心血管系统疾病的发病率和代谢性疾病的发病率。

有氧运动以提高心肺耐力为主,在运动过程中为了激发身体机能,需要保持50%~85%储备心率来获得较好效果。其中,储备心率是实际最大心率和静息心率之差,最大心率=220-年龄,而静息心率是指在静息、不活动的安静状态下,每分钟心跳的次数。有氧运动时间和强度因人而异,一般根据运动强度确定运动时间,例如以跑步形式开展需要维持20分钟以上,步行需要持续30分钟以上。针对肥胖等人群,需要通过多个短时间累积达到相应时间以保证心肺耐力的有效发展。有氧运动每周开展的频率以3~5次为佳,倘若刚开始进行有氧运动的人群需要保障机体的有效恢复,可控制为运动一天休息一天的形式,习惯后逐步保持每周3次或更多,通过有氧运动充分提高心肺耐力。

二、肌肉适能

(一)基本概念

肌肉适能是指机体依靠肌肉收缩克服和对抗阻力维持身体运动的能力,包括肌肉力量和肌肉耐力。肌肉力量,也称最大肌肉力量或者绝对肌肉力量,特指肌肉收缩产生最大收缩力的能力。肌肉强壮有助于保持身体姿态,预防关节扭伤、肌肉疼痛和机体疲劳等,有助于一般人群保持工作的续航能力。肌肉耐力是肌肉承受某种适当负荷时运动重复的次数以及持续时间长短的能力,反映肌肉持续收缩抗疲劳的能力。

为深入理解肌肉工作原理,较好地训练和发展肌肉适能,需要明确肌肉相关概念和生理学基础。原动肌是在完成某一动作中起主要作用的肌肉或肌群。拮抗肌是与原动肌作用相反的肌群,或称对抗肌。固定肌是将原动肌定点骨加以固定的肌群。中和肌是用于抵消原动肌多余功能的肌肉。肢体运动是多块肌肉共同作用于关节的结果,在运动中多块肌肉或肌群表现了协同作用的关系。最大重复次数是肌肉或肌群作用于某个动作,直到疲劳时能够完成的最多次数。最大力量是肌肉或肌群在一次收缩时所产生的最大力量。

肌肉适能的表现是建立在肌肉的生理学基础上的。肌肉块是由肌细胞组成的肌纤维,肌纤维通过肌膜包裹形成肌束,许多肌束聚集在一起构成一块肌肉。结实的肌肉由其横纵肌管系统决定。关节运动是肌肉通过肌腱链接骨并通过神经中枢信号控制肌肉收缩实现,肌肉的收缩是建立在生物电传导的基础上,基于神经-肌肉接头结构实现刺激信号的兴奋传递,利用肌细胞组成的肌丝结构实现肌丝滑行收缩及放松。因此,肌肉是由具有收缩功能的肌细胞构成的人体最大的组织,肌肉收缩和舒张是维持人体肌紧张、维持身体姿势和各种肢体运动的基本动力,而肌肉在其活动过程中所表现出来的收缩力量、耐力和动态功率输出等是整体性反映肌肉功能的重要指标,这些指标在健康体适能研究领域被定义为肌肉适能。

(二)影响因素

影响肌肉适能的因素较多,运动生理学通常将这些因素发挥作用的部分分为肌源性因素和神经源性因素两类,以及其他影响因素,如年龄、性别和阻抗训练等都是通过以上两类因素发挥作用的。

1. 肌源性因素

首先是肌肉质量。肌肉质量特指肌肉组织的数量,通常以机体或者某块肌肉拥有肌肉组织的重量来表示。由于正常情况下直接检测肌肉质量比较困难,因此通常以肌肉横断面积大小来表示肌肉质量。肌肉横断面积通常由横切某块肌肉所有的肌纤维而获得,它是由肌纤维的数量和粗细来决定的,通常以"平方厘米"或"平方微米"表示。无论男性还是女性,由于其肌肉横断面积与相应肌肉的最大肌力大小成正比,因此在一般条件下肌肉的最大横断面积最大,肌肉力量也最大。

其次是肌纤维的类型。骨骼肌纤维可依据其收缩特性不同分为快肌和慢肌两大类。快肌纤维有以下特点:直径较大,肌浆少,肌红蛋白含量少,呈苍白色;肌浆中线粒体数量少和容积小,但肌质网发达,对钙离子的摄取速度快,从而反应速度快;快肌纤维接受脊髓前角大运动神经元的支配,神经传导快;收缩力量大。慢肌纤维有以下特点：直径较小，肌浆丰富，肌红蛋白含量高，呈红色；肌浆中线粒体直径大，数量多，周围毛细血管网发达；支配慢肌纤维的神经元是脊髓前角的小运动神经元，传导速度慢；肌纤维数量少，肌红蛋白横桥少，收缩力量小。快肌纤维能产生更大的肌肉收缩力和更强的无氧供能能力，但肌肉耐力和有氧供能能力不如慢肌纤维。因此，肌肉中快肌纤维百分比高的人，肌肉收缩力量也大，而慢肌纤维百分比高的人则肌肉耐力较好。一般情况下，人体四肢肌肉的快、慢肌纤维类型百分比大致相等。受遗传和后天训练因素的影响，耐力项目运动员的肌肉通常含有较高比例的慢肌纤维，而短跑和爆发力大的项目的选手则拥有较多的快肌纤维，由此造成不同项目运动员的肌肉力量的项目特点。此外，受肌肉力量训练的影响，快、慢肌纤维横断面积和收缩力量均可以相应增加和提高，但是力量训练通常主要引起快肌纤维面积百分比和肌肉力量的改变，而肌肉耐力训练一般引起慢肌纤维的选择性肥大和肌肉耐力的改善，快肌纤维和慢肌纤维的适应具有明显的练习特异性效应。

激素也是影响肌肉适能的肌源性因素。睾酮是肌肉生长最直接的刺激因素，是由男子的睾丸和肾上腺皮质分泌的，女子肾上腺皮质和卵巢也有少量分泌。睾酮可以通过促进肌肉蛋白质的合成，促进肌肉肥大，从而提高肌肉力量。由于睾酮在人体内的分泌数量不同，因此，在一定程度上造成不同年龄、性别的人群肌肉力量大小的不同。生长激素是影响肌肉蛋白质合成的另外一个重要的激素。短期注射生长激素可以引起人体肌细胞氨基酸摄取增加，蛋白质合成加快；长期使用可使生长激素缺乏症患者肌肉质量和肌肉力量增加。甲状腺素是肌纤维类型强力的调节因子，血中甲状腺素超过正常值时，会造成快肌纤维百分比增加；血中甲状腺素量减少时，则会造成慢肌纤维百分比增加。

2. 神经源性因素

中枢神经系统动员肌纤维参与收缩的能力，称作中枢激活，它具有两种基本表现规律。肌肉在进行最大用力收缩时，并不是所有的肌纤维都参与收缩，动员参与收缩的肌纤维数量越多，肌肉收缩力越大；反之，收缩力越小。有研究发现，缺乏训练的人完成最大随意肌肉收缩时，只能动员60%左右的肌纤维参与收缩，而训练水平良好的人动员能力可高达90%以上。肌肉完成不同强度水平的收缩时，中枢神经系统会选择性地优先募集激活阈值水平不同的运动神经元参与收缩，即低强度水平的收缩优先募集低阈值的小α运动神经元，而高强度水平的收缩则可募集包括大、小α运动神经元在内的更多的运动神经元参与收缩，这就是运动神经元募集的"大小原则"，或者称为"顺序性募集"。

中枢神经具有对肌肉活动的协调和控制能力。人体活动是需要多个运动环节参与的多环节复杂运动，需要由包括主动肌、协同肌和拮抗肌等在内的许多肌肉共同活动来实现。中枢神经对肌肉活动的协调和控制体现在两方面：一方面，中枢神经系统对主动肌与对抗肌、协同肌、固定肌之间的协调和调控，使得上述肌肉群在参与工作时能各守其职，协调一致，从而发挥更大的收缩力量。另一方面，包括对单块肌肉内部运动单位活动同步化的控制。研究发现，运动单位活动的同步化也是抗阻训练提高肌肉力量的有效机制之一。情绪高度兴奋时，会导致肾上腺素、乙酰胆碱等生理活性物质大量释放，这也是影响肌肉力量的重要因素。人在极度激动或危险紧急情况下，发挥超大力量的现象已众所周知。生理学家认为，这种现象可能是因为人在极度兴奋时，肾上腺素大量分泌，使肌肉的应激性大大提高，同时，更重要的是中枢发出了强而集中的神经冲动，从而迅速动员"储备力量"，使运动单位成倍地同步动员并投入工作。

3. 其他影响因素

年龄因素，肌肉力量的发展有明显的增龄性变化规律。一般规律是 10 岁以前，随着人体的生长发育，无论男性或女性，肌肉力量一直缓慢而平稳地增长，而且两者区别不大。女性从 11～12 岁和男性从 13～15 岁起，肌肉力量开始分化，男性增长速度加快而女性增长缓慢。青春期过后，肌肉力量仍在增长但其增长速率很低，女性达到最大肌肉力量是在 20 岁左右，男性在 20～30 岁之间。40 岁以后人体大部分肌肉的力量开始衰退。50 岁以后，每 10 年肌肉力量下降约 12%～15%。以相关研究为例，肘关节屈肌和膝关节伸肌在向心和离心收缩状态下的峰力矩（作用力使物体绕着转动轴或支点转动的趋向）均随着年龄的增加而下降。一般认为，生长发育过程中肌肉力量的增长，主要与中枢神经控制能力自然发展和肌肉横断面积的增加等因素有关。而 50 岁以后肌肉力量随年龄增长而减小的主要原因是肌肉质量降低或者肌肉横断面积减小。此外，还有研究认为出现这种现象也与中枢神经系统的运动神经募集能力和协调控制能力下降、肌肉代谢能力下降、2 型肌纤维数量减少和萎缩等因素有关。以中枢神经系统的运动单位募集能力为例，老年人完成最大肘屈肌和肘伸肌等长运动试验时，其屈肌的中枢激活比值分别较青年人低 11% 和 5%。

性别因素，正常成年男性肌肉重量约为体重的 40%～45%，而女性则占 35%。若以绝对值表示肌肉质量，通常成年女性上肢肌力比男性低约 50%，下肢肌力低约 30%。而以体重和去脂体重相对值表示肌肉力量时，有训练的男性、女性之间的差异较无训练者小。16 周的抗阻训练虽然对男性和女性肌肉肥大与肌肉力量绝对值的影响不同，但是如果以训练前为参照，则力量训练引起的肌肉肥大和肌肉力量增加是没有性别差异的。显然，肌肉力量绝对值的性别差异，主要由肌肉生理横断面积或全身肌肉体积的性别差异等因素所决定。

(三)评价与发展的方法

肌肉适能评价主要通过肌肉力量、肌肉耐力以及肌肉功率进行评价。日常运动和训练中,肌肉力量通常根据收缩形式不同而有不同名称,主要包括等长肌力(阻力＝收缩力)、等张肌力(阻力＜收缩力)和等速肌力(阻力矩＝收缩力矩)。等长肌力又称静态肌力,简称静力,在体育锻炼和日常生活的许多活动,如竞技体操的"十字支撑"和"直角支撑"、武术的"站桩"、日常生活中的"静坐"中发挥重要作用。

等长肌力的测定主要包括握力、背力、臂力和腿部力量等,常用的测量手段主要包括握力计、背力计和测力计,也可以用自动化程度较高的等速肌力测定仪和张力传感器进行检测。等长肌力的测定通常指的是最大等长肌力,测定过程中一般进行2～3次,取最好的成绩。等长肌力测定的优点是方便、省时且不需要昂贵设备。但缺点是易受关节角度大小的影响,有学者建议应以多角度测量结果反映肌肉静态抗阻的能力。

等张肌力俗称动态肌力,由等张收缩而得名。严格地讲,人体肌肉对抗阻力收缩时,由于关节角度、收缩速度等因素的变化,在整个运动范围内,肌肉以相同的力量进行收缩是不可能的,即不存在严格意义上的等张收缩,更谈不上严格意义上的等张肌力。然而,由于习惯,目前人们仍使用这一术语反映动态肌力。在运动训练和肌力评价中,常用的等张肌力测定包括卧推、挺举、负重蹲起等,而等张肌力的评价通常以能够一次成功举推的最大力量,即 1 次重复重量(1RM)的大小表示。不同肌群 1RM 测定的起始重量通常略低于 1RM 重量,在成功完成该负荷的测定后,休息 2～3 分钟,继续推举新的重量直至 1RM 重量。根据所测肌群的不同,每次增加重量的幅度不要超过 1.2 千克或 1.5 千克。等张肌力测定的优点是方便、省时,不需要昂贵的设备,且测定过程和结果与动态肌肉活动有较好的兼容性,但其不足之处是测量过程中较易造成肌肉的损伤。

肌肉功率,又称动态功率输出能力,是肌肉收缩克服的阻力与收缩速度的乘积,即 $P=W/t=Fv$。爆发力是肌肉功率的一种特殊表现形式,特指快速运动条件下的肌肉功率输出能力。肌肉功率的检测方法通常根据其检测的目的,分为一般性肌肉功率检测和爆发力检测两大类。肌肉功率测量是被测肌肉开展抗阻运动并测量肌肉的运动速度,根据肌力和运动速度的时序曲线评价肌肉功率的水平。研究表明,其最大输出功率和最适收缩速度一般在 40%～60%最大随意肌力水平之间。一般性肌肉功率检测是根据被检肌肉在不同运动阻力条件下肌肉收缩速度的测量来计算动态肌肉输出功率、绘制运动阻力与肌肉功率关系曲线,然后根据该曲线的包罗面积大小等来定量评价其肌肉功率整体水平。其最大输出功率和最适收缩速度通常出现在 40%～60%最大随意肌力水平之间。

肌肉耐力反映肌肉在亚最大负荷条件下的持续运动能力，通常根据肌肉收缩形式的不同，分为等长肌肉耐力、等张肌肉耐力、等速肌肉耐力等类型。等长肌肉耐力是静态运动能力的基础，在人体运动中对悬垂、倒立、平衡等固定、支持和保持身体姿势的运动发挥重要作用。采用等长测试评价肌肉耐力通常是检测和记录肌肉持续工作的时间，所选择的负荷重量通常介于 30%～60%之间，也可以通过检测机体维持某一身体姿势的时间长短来评价肌肉耐力。等张肌肉耐力测试方法很多，通常依据检测肌肉不同分为上肢（引体向上）、躯干（仰卧起坐）和下肢（蹲起）肌肉耐力测试，通常以有效完成练习的数量来加以评价。此外也可以通过计算肌肉耐力指数，来对不同部位的肌肉耐力加以评价，此时选择的负荷强度约为 20RM，然后通过公式计算肌肉耐力指数：肌肉耐力指数＝负荷强度/体重。

改善肌肉适能训练需要遵循超负荷、特异性和安排练习原则。超负荷是改善肌肉适能训练的一个基本原则。超负荷不是指超过本人的最大负荷能力，而是指肌肉适能训练的负荷应超越平时采用的负荷，其中包括负荷的强度、负荷量和频率。简而言之，必须要给身体一定水准以上（比平常高负荷的重量）的运动，刺激肌肉细胞使其适应成长增加力量，而使其更为强壮。力量训练的特异性或者专门化是指被训练肌肉对不同代谢性质、收缩类型和练习模式的力量训练会产生一种特定反应或适应的生理学现象，它是影响肌肉适能训练效果的一个重要因素。发展肌肉力量的抗阻练习应包括直接用来完成某一技术动作的全部肌群，并尽可能使肌肉活动的类型、能量代谢类型、肌肉收缩速度、力量练习的动作结构以及时间-动作关系与专项力量和专项技术的要求相一致。练习的顺序可以直接影响训练的效果。在一次力量训练课当中，大肌肉群训练在先，小肌肉群训练在后。原因是小肌肉群在力量训练中较大肌肉群更易疲劳，会在一定程度上影响其他肌群，乃至身体整体工作能力。肌肉力量训练时应遵循多关节运动在前，单关节运动在后的原则。训练单一肌群时大强度练习在前，小强度练习在后。

负重抗阻训练是改善肌肉适能的基本手段，与练习强度、次数和组数等多种负荷因素有关，可用"PIRTS"来描述。P 即 Percentage，是最大负荷或肌力百分比，是强度大小的指标，通常以"最多重复次数"（RM）多少来表示，也可以用最大肌力百分比来表示。I 即 Interval，是每组练习之间的间歇时间，其长短会显著影响力量练习时的肌肉代谢、激素和心血管反应（间歇和重复训练）。R 即 Repetition，是每组练习的次数，次数的多少与强度有关，适当的次数和强度，可以用于不同目的的训练（肌肉力量、爆发力或肌肉耐力）。T 即 Time，是每组练习的总时间，反映动作速度的快慢，可以影响中枢神经控制、肌肉肥大和能量代谢等多种生理反应，初学者采用低速或中速，优秀者采用高速。S 即 Set，是练习组数,其多少取决于抗阻训练的目的,一般情况下练习组数可选择3~6组之间。具体训练负荷见表3-2。

表3-2 发展肌肉适能的负荷参考方案

训练参数	肌肉耐力	爆发力	最大肌力
强度(% 1RM)	40%~60%	60%~80%	80%~100%
重复次数	20~40	6~15	2~6
练习组数	3~6	3~6	3~6
训练频率(次/周)	3	3	3
间歇休息时间	<30秒	30秒~1分钟	2~3分钟
肌肉能量代谢方式	有氧代谢	有氧和乳酸代谢	磷酸原和乳酸代谢
肌肉持续收缩时间	2分钟	1.5~2分钟	<1.5分钟

肌肉训练后往往会产生训练效应,包括肌肉壮大、神经肌肉运动控制能力增强和同步训练效应。肌肉壮大是力量训练引起的常见的肌肉形态学改变,与肌肉力量增加有密切的关系。力量训练引起的肌肉壮大主要是指肌纤维增粗、横断面积增加。然而,肌肉壮大不能完全解释力量训练中所表现出的所有生理学现象。如力量训练使男性、女性肌肉力量增加百分比相似,但女性肌肉体积增加不及男性;少儿与老年人通过力量训练,肌力增加明显,但是肌肉体积变化不明显。再如"交叉转移"现象,一侧肢体的肌肉力量训练不仅可以引起被训练的肢体肌肉力量增强,还可以使对侧未接受训练的肢体肌肉力量增加。这些都说明肌肉横断面积或肌肉体积不是决定肌肉力量大小的唯一生理学因素。

神经肌肉运动控制能力增强是力量训练引起肌肉力量增加的另一个重要因素。从肌肉生理学角度出发,人体对外来运动刺激的适应在时间上分为4个阶段:肌肉运动神经控制的改变;能量和肌肉蛋白质储备的增加;神经-肌肉调节功能的改变;不同系统之间的协调一致工作。以肌肉力量训练为例,在刚开始训练的2~3周后,肌肉就开始对训练负荷产生适应,此时人体的力量出现增长趋势,但肌肉横断面积还没有改变。这说明,此时肌肉力量的增加并不是肌肉结构发生了变化,而只是支配肌肉收缩的运动神经出现了变化。其主要的表现形式是提高中枢神经对外周运动单位活动的募集能力,改善运动单位活动的同步化程度和不同肌群活动的协调性等。随后在肌肉适能训练的4~5周后,肌肉横断面积开始发生改变,此时不仅肌肉收缩力增加,而且收缩时间也延长,肌肉的最大力量和力量耐力都得到提高。继续进行肌肉训练,进入第3阶段,神经-肌肉系统的调节功能得到提高,运动神经对肌肉的支配更加精确,肌力增强,同一动作的耗能减少,效率提高。当肌肉适能进入第4阶段时,神经-肌肉系统提高的同时,与其他系统的配合更加协调一致。

同步训练特指不同性质的训练内容在同一训练单元中同步进行的训练方法,如肌肉力量-爆发力同步训练、肌肉力量-耐力同步训练等。力量-爆发力同步训练对于发展爆发力的效果优于单一性爆发力和单一性力量训练的效果。超等长-爆发力同步训练,不增加最大肌肉力量,但是增加最大摄氧量、动态功率和最大无氧运动速度。有研究表明:优秀耐力性项目运动员有氧运动能力突出的同时,也具备一定的无氧运动能力,这体现了同步训练的必要性。

三、柔韧适能

(一)基本概念

柔韧适能(柔韧性)是健康体适能的重要组成部分,是人体的各个关节所能达到的最大的活动幅度或活动范围。它是指在不造成身体伤害的前提下,身体各个关节的活动幅度以及跨过的韧带、肌肉等软组织的弹性和伸展能力。柔韧性包括两方面:一是关节活动幅度的大小;二是跨过关节的韧带、肌腱和肌肉等软组织的伸展性。关节的活动幅度主要取决于关节本身的结构,身体关节的差异也使得柔韧程度不同。其中,骨结构不能改变,运动训练改变的是跨过关节的韧带、肌腱和肌肉等软组织的伸展性。

柔韧适能一般根据专项特点、运动状态、活动表现和身体部位进行分类。根据专项特点,柔韧适能分为一般柔韧性和专项柔韧性。所谓专项柔韧性,是专项运动或专项锻炼发展所需要的特殊柔韧性,具有较强的专项性,同时在身体的柔韧程度中幅度和方向具有明显的体现,而一般柔韧性是一般运动技能发展所需要的能力。根据运动状态表现,分为动力柔韧性和静力柔韧性。动力柔韧性是指肌肉、肌腱、韧带根据动力动作需要,拉伸到最大限度,随即利用弹性回缩力完成动作的特性,例如爆发力前的拉伸。静力柔韧性则无明显运动,表现为静力拉伸。动力柔韧性与静力柔韧性之间无明显关联。根据肌肉活动表现及完成过程是否存在辅助,可分为主动柔韧性和被动柔韧性。主动柔韧性是自我主动运动中表现的柔韧水平,被动柔韧性是在一定外力协助下所表现的,相应发展柔韧适能的方法也产生主动拉伸和被动拉伸。根据身体不同部位,分为上肢柔韧性、下肢柔韧性和躯干柔韧性。

(二)影响因素

柔韧适能建立在身体关节和跨过的韧带、肌肉等软组织的结构基础上,年龄和性别不同,人体关节以及韧带、肌肉等软组织会发生变化,所以柔韧适能受到关节结构、周围组织(关节囊、韧带、肌腱等)紧张度、肌肉群黏滞性、年龄和性别等因素的影响。身体局部柔韧适能与相对应的关节相关,与其他关节无关。具体有以下影响因素。

(1)关节结构及其周围组织:骨关节结构是人体生理生长规律逐步进化而形成的完善结构,这种结构是被限定的,它决定了关节活动的幅度,主要影响因素是关节面的结构,它是影响柔韧适能诸因素中最不容易改变的因素,基本上由遗传决定。构成关节的关节面相差越大,关节活动幅度就越大,表现为柔韧适能就越好。这一因素是限制柔韧适能的先天因素,体育锻炼对该因素的影响不大。关节周围通过韧带、肌腱、肌肉加固支撑人体的整体结构。关节周围的组织越多,限制关节运动的因素就越多,虽然关节的稳固性增加,却使身体柔韧性下降。反之,关节囊越大,周围韧带、肌肉、肌腱等组织的伸展性就越好,关节运动幅度就越大,柔韧适能就越好。体育锻炼主要通过增加关节周围组织的伸展性,提高机体的柔韧适能。不良姿势和长时间地保持坐姿、站姿或肢体固定会导致肌肉和韧带萎缩而限制关节活动范围。有规律地拉伸活动可使肌腱和韧带保持活力和弹性。同样,肌肉块过大或脂肪过多都影响柔韧性的提高。在肌肉相互作用过程中,关节周围的肌肉可分为主动肌和与之作用相反的对抗肌,主动肌和对抗肌的协调能力主要取决于神经系统对肌肉收缩和放松能力的控制与调节。体育锻炼可以改善大脑对对抗肌之间的协调能力,从而使柔韧性得到提高。肥胖导致脂肪堆积,限制全身活动的自由度灵活发挥,主要由于皮下脂肪过多,肌肉收缩力量相对弱,加之脂肪的体积比肌肉大得多,占了较大部分空间,从而影响柔韧性的可发展的空间。除此之外,受伤的皮肤也会影响关节活动幅度,感受较为明显的为烫伤后的皮肤组织,受伤的皮肤组织不能和其他健康的皮肤一样保持活动度而影响其柔韧性。

(2)机体内、外环境的温度:肌肉温度升高时,新陈代谢加强,供血增多,肌肉的黏滞性降低,从而提高肌肉的弹性和伸展性,使柔韧性得以提高。体内温度的调节用于补偿外界环境对机体产生的不适应。当外界温度低时,必须做好充分的准备活动,提高肌肉温度,从而提高柔韧性;当外界温度过高时,机体靠排出汗液降低温度,以免肌肉过早出现疲劳而降低关节的柔韧适能。

(3)年龄和性别:初生儿柔韧性最好,随着年龄的增大、骨的骨化以及肌肉的增长,韧带逐步增强,柔韧性逐步被限制。个体10岁以前柔韧性较好,10岁以后会相对降低。因此,10岁以前给予儿童应有的柔韧性练习,使其柔韧性的自然增长非常明显,提高柔韧适能的基础。10～13岁是个体性成熟前期,肌肉韧带的弹性、伸展性仍有较大的可塑性,这个时期给予适当的柔韧性练习,仍可获得较好的效果,并对生长发育有一定的促进作用。在体操项目选才和培养选手的过程中表现较明显,是否适合开展体操项目练习以及能否培养成专业运动员,均是从"娃娃"抓起。个体10～13岁以后再发展柔韧性,将会使人经受较大痛苦、费时长、收效慢、易受伤。13～15岁为个体生长期,骨骼生长速度超过肌肉生长速度,柔韧性有所下降,不要过分进行柔韧性练习,以免拉伤。16～20岁个体身体发育趋向成熟,可加大柔韧负荷和难度,在已有的基础上有限地提高柔韧适能。而性别影响主要由生理及解剖特点决定,女性的柔韧性通常比男性好。其原因主要是男性的肌纤维较粗,横断面积大,天生雄性激素水平高,因此肌肉收缩力较大,肌纤维强而有力;女性的肌纤维细长,横断面积小,女性的雌性激素水平较高,因此肌纤维的收缩力较男子弱,但关节的灵活性和伸展性要好于男性。

(4)其他因素。不爱活动的人比经常运动的人柔韧性差,甚至心理因素中的过度紧张均会影响肌肉的协调性,进而影响柔韧性。还有较为明显的因素是疾病,尤其是骨关节方面的疾病,关节炎和骨质疏松症都可以降低人体在完成动作过程中的关节最大活动幅度。在关节炎中,风湿性关节炎和骨关节炎是最常见的疾病。前者在女性中多见,可以影响多个关节的活动;后者占关节炎的90%～95%,在关节软骨受到破坏或损伤时发生,治疗比较困难,常见部位是膝关节。骨质疏松在大多数绝经女性中常见,这与遗传、环境、饮食和生活习惯有关。多发部位为髋、腕和椎骨(网状骨质)。在脊柱中,骨质疏松可以导致脊椎骨压缩,脊椎弯曲加大,活动范围减小。有研究证明,负重训练可以有效地增加网状骨质的密度。

(三)评价与发展的方法

测量人体关节和跨过的韧带、肌肉等软组织的结构活动度是柔韧适能评价的主要内容,在对人体各部位进行测量与评价时,最重要的环节就是准确选择测试器材和标定各关节活动范围的基准线。基准线是否准确,是事关采集的数据能否与标准值进行对比的关键,也是未来提供运动处方的证据以及确定干预练习或康复程度的重要对照值。主要的测量方法是直接测量,通过莱顿弯曲度测量仪、通用测角计和临床测角器等测量关节活动范围。间接测量则是采用线性测量技术通过测量身体运动环节移动的距离来测定关节活动度,例如带尺和坐位体前屈测试仪等。坐位体前屈测试仪主要测定受试者髋关节的柔韧适能以及大腿后群肌肉和韧带的伸展能力,为了减少臂长和腿长等人体测量学差异带来的影响,坐位体前屈测量技术也在不断发展。柔韧适能的测试无论是间接测量还是直接测量,首先要考虑测试环境的温度,根据不同季节、气候条件选择测试环境。但无论测试是在室内还是室外进行,测试前都应该进行适当的准备活动,而且要使参加人员的准备活动统一化、标准化。要在测试方案中对准备活动进行详细的说明和限定,包括准备活动的类型、持续时间及所侧重的关节、肌肉、韧带的伸展幅度等。

可以通过科学的锻炼方式提高跨过关节的肌肉、肌腱、韧带等软组织的伸展性来实现柔韧适能提高的目的。提高伸展能力主要通过自我主动和被动协助开展,综合肌肉运动状态以及本体感受神经控制的伸展,发展方法主要有静态伸展、弹震式伸展和本体感觉神经肌肉伸展法(proprioceptive neuromuscular facilitation,PNF法),具体见图3-4。

(a) (b) (c)

图3-4 发展柔韧适能的方法示意图
(a)静态伸展; (b)弹震式伸展; (c)PNF伸展

主动或被动的静态伸展法是一种较为流行且简单易行的方法,它是缓慢地将肌肉、肌腱、韧带拉伸到有酸、胀和痛的感觉位置并保持姿势维持一段时间,保持时间一般为10~30秒或10次腹式呼吸所需时间。静态伸展方法由拉伸主体自我控制力量,较为安全,适合活动少和未经训练的人,可以降低拉伤发生概率。

主动或被动的弹震伸展法是指有节奏、速度较快的、幅度逐渐加大的多次重复一个动作的拉伸方法,应使所施加的力量与被拉伸关节组织相适应,如果超过肌肉的承受范围,容易导致拉伤。该方式用力切忌过猛。

本体感觉神经肌肉伸展法起源于神经肌肉瘫痪病人的康复治疗,近年被应用于正常人改善肌肉柔韧性,主要包括慢速伸展—保持—放松法、收缩—放松法和保持—放松法三种,相关方法包含收缩肌和拮抗肌交替收缩和放松过程。

柔韧性是人体完成大幅度运动的外在表现,主要体现在关节的活动和肌肉、韧带、肌腱的伸展性和弹性上,也是进行各项运动的重要身体素质之一。全面发展全身各关节、韧带的柔韧适能,能改进运动技能,增大动作幅度,提高协调性和动作质量。柔韧性的提高可以增加肌肉收缩前的初长度,对提高动作速度、增加肌肉力量十分有益。较好的柔韧适能,对完成难度高、突然用力的技术动作来说,既可明显减轻运动器官的负担,又可以避免或降低伤害事故的发生率,从而延长运动寿命。为了提高身体的柔韧适能,提高运动能力,同时又要避免运动损伤的发生,确保安全,在进行柔韧性训练时必须遵守以下原则:做好充分准备活动；要与呼吸相配合；运动前、后都要做拉伸运动；拉伸的动作要缓慢而温和；交替拉伸不同部位的肌群；拉伸幅度要适度。

四、身体成分

(一)基本概念

身体成分(body composition)是组成人体组织、器官各种化学成分的总和，总重量为体重。1942年，Behnke等将人体体重分为脂肪(fat)与去脂体重(fat-free mass, FFM)两部分。其中，脂肪又可进一步分为储脂和基本成分脂。储脂是指人体在代谢过程中储存起来的脂肪成分；基本成分脂是指构成人体细胞和组织结构成分的脂类物质，包括构成细胞膜的磷脂类以及结合在神经、脑、心脏、肠、肝和乳腺等器官和组织中的脂类物质。去除全部脂肪后的体重一般称为去脂体重，而去脂体重和基本成分脂两部分之和称作瘦体重。

体脂含量特指体内脂肪的总质量，通常以其占体重的百分比表示。体脂含量越多，体脂百分比越高。从健康的角度出发，成年男性脂肪百分比一般介于10%~25%，女性介于18%~30%。成年男性脂肪百分比＞25%或者女性脂肪百分比＞30%通常被认为是肥胖。脂肪占体重百分比的标准见表3-3，适用于所有年龄人群。

表3-3 脂肪占体重百分比的标准

分类	体脂率	
	男子	女子
最低脂肪量	3.0~5.0	11.0~14.0
运动员	5.0~13.0	12.0~22.0
较理想含量	12.0~18.0	16.0~25.0
潜在危险量	19.0~24.0	26.0~31.0
肥胖	25.0及以上	32.0及以上

(二)身体成分与健康

体脂分为必需脂肪(基本成分脂)和储存脂肪两种类型。前者主要用来维持机体正常的生理功能，主要存在于神经、肌肉、骨髓、心脏、肝脏和大小肠等组织内。男性的必需脂肪约占总体重的3%，女性的必需脂肪约占总体重的12%。必需脂肪数量缺乏时，会降低健康水平，导致不孕不育症、抑郁、体温调节障碍甚至死亡。后者主要是用于保温、缓冲机械撞击，以及作为能源储存备用，存在于皮下和主要脏器周围的脂肪组织中。成年男性储存脂肪的正常比例约为12%,女性约为15%。体脂过多会造成肥胖。腹部内脏周围储存脂肪过多的肥胖者患高血脂、高血压、心血管疾病、2型糖尿病和卒中的危险性,会高于储存脂肪堆积在臀部和大腿部的肥胖者。肥胖儿童面临心肺功能降低、肢体行动困难、智力水平降低、反应迟钝等问题,而且儿童肥胖也是培养成年疾病的温床,埋下成年肥胖及多种相关疾病的祸根。体脂过少也会危害人类健康,如因长期节食、营养不良、厌食症及其他疾病造成体脂过少时,人体会出现代谢紊乱、身体功能失调(如闭经),严重者可导致死亡,这些疾病除体脂过少外,瘦体重也减少,体适能下降。

身体成分失衡主要表现为过度肥胖和过瘦。其中过度肥胖的原因包括以下几种:①年龄增长。随着年龄增长,瘦体重流失,同时脂肪含量增加。②缺乏运动。过多热量没有通过运动形式释放,反而以脂肪的形式储存。③不良的饮食习惯。暴饮暴食、爱吃甜食和肥腻食物以及不定时地补充垃圾食品导致体重增加。④不良的行为习惯。不健康的生活方式使身体面临严峻考验,诸多人往往在情绪不佳时暴饮暴食以及过度地依赖手机等电子产品而缺乏运动导致身体过度肥胖。过瘦的原因主要是进食过少导致营养不良、消化系统出现问题导致吸收能力降低、内分泌系统失调等疾病或遗传因素均导致身体成分不均衡。

(三)评价与应用

身体成分的量化评价可客观反映体脂重量以及体脂百分比。身体成分的测量和评价也一直被医生、教练员和体质专家作为评价健康、运动能力和体质的主要依据。测量身体脂肪含量的唯一方法是通过解剖把脂肪组织与其他身体组织成分分离开来,但这显然不切实际。而目前既能评估总体脂含量,又能反映体脂分布情况的常见方法有身高体重指数(body mass index,BMI)、皮褶厚度测量法和腰臀比。

BMI是用体重(千克)除以身高的平方(米^2)所得的结果,这是目前国际上常用的衡量人体胖瘦程度、是否健康,以及比较分析体重对不同身高所带来健康影响的一个标准。不同地区由于人种不同,标准略有差异,相关标准及疾病风险见表3-4。

表3-4 不同地区BMI标准及相关疾病危险性

BMI分类	WHO标准	亚洲标准	中国参考标准	相关疾病发病的危险性
偏瘦	<18.5	<18.5	<18.5	低,但疾病危险性增加
正常	18.5~24.9	18.5~22.9	18.5~23.9	平均水平
超重	≥25.0	≥23.0	≥24.0	

续表

BMI 分类	WHO 标准	亚洲标准	中国参考标准	相关疾病发病的危险性
偏胖	25.0~29.9	23~24.9	24~26.9	增加
肥胖	30.0~34.9	25~29.9	27~29.9	中度增加
重度肥胖	35.0~39.9	≥30.0	≥30.0	严重增加
极重度肥胖	≥40.0			非常严重增加

皮褶厚度测量法用来推断全身脂肪、判断皮下脂肪发育情况。人体脂肪分布有一定的规律,通常50%~70%存在于皮下,皮褶厚度反映总体脂含量的程度会受年龄、性别、脂肪总量及测试部位和技术的影响。随着人年龄变化,体脂厚度出现规律变化。不同人群受遗传因素、生活环境、饮食习惯等影响,体脂分布有所差异并呈现各自特点。皮褶厚度测量法是最常用的评价身体成分的方法。它具有快速、无创伤、廉价的特点,并在众多研究中显示出了相当高的准确性。一般情况下,同年龄女性皮下脂肪要多于男性。女性常测部位有肱三头肌、髂前上嵴和大腿部位的皮褶厚度,男性常测部位有胸部、腹部和大腿部位的皮褶厚度,一般测试右侧,测量示意见图3-5。

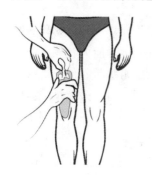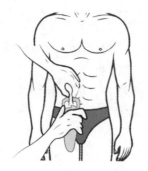

图3-5 皮褶厚度测量示意图

腰臀比(waist-hip ratio,WHR)是考虑脂肪堆积在腰腹部比大腿和臀部对身体危害要大的原因而进行评价的。腹部肥胖引发糖尿病、高血压、冠心病、卒中、高脂血症等疾病风险高,因此腰臀比可评价身体健康程度。腰臀比是腰围和臀部的比值,当男性腰臀比大于0.9、女性腰臀比大于0.8时,可诊断为中心性肥胖,也称腹型肥胖,会影响健康,因此应予以注意,其临界值随年龄、性别差异存在不同。健康男性一般在0.85~0.9之间,健康未育女性腰臀比一般在0.67~0.8之间。腰臀比可反映冠心病、高血压等疾病风险。

身体成分指标可用于营养状况监测和生长发育评价,在临床和基础研究中具有重要价值。体脂含量是身体成分的重要指标,在减肥、健美和改善体态等方面都有十分重要的意义。

作为减肥的依据,体脂含量不仅可以作为划分身体成分等级的标准,也可以作为确定是否需要减肥的依据。当体脂达到所在年龄段的体脂多和偏多等级时,建议采取减肥措施。当体脂含量达正常范围的高限以下时,是否采取减肥措施,可以按照本人意愿确定;当体脂含量达临界值时,建议采取减肥措施。

作为量化减重达标的依据,美国学者 Lamb 提出可以通过目标体脂百分比方法来确定目标体重。计算目标体重的步骤如下:①根据已知的现实体重和体脂百分比计算出去脂体重,去脂体重=现实体重×(1-体脂百分比)。②找到相应年龄阶段的目标体脂百分比,即从各个等级范围内自愿选择确定。③根据公式计算目标体重,目标体重=去脂体重/(1-目标体脂百分比)。

作为评价学龄儿童青少年发育状况的依据,教育部公布了小学、初中、高中以及大学生根据身高标准体重评分来判断营养不良、较低体重、正常体重、超重和肥胖 5 个等级得分的标准。根据每个学生的评价结果,给出健康指导意见。

作为确定减肥锻炼效果的依据,在运动减肥实践中常常会有这样的现象,即在运动锻炼一段时间后,锻炼者会因体重没有明显地减轻而怀疑运动减肥的效果。实际上减肥和减体重不是一回事,尤其是有氧运动配合抗阻力量锻炼不仅可以减少体脂,还会促进肌肉粗壮,使瘦体重增加。

(四)能量平衡与体重控制

能量摄取与能量消耗之间的关系决定了能量的平衡状态。若能量摄入小于消耗,即能量负平衡,表现出体重下降;若能量摄入大于消耗,即能量正平衡,额外的能量会以脂肪的形式储存于体内,表现出体脂量增多,体重增加。正常健康成年人通常保持能量平衡状态,体重维持恒定。人体每天的能量消耗由三部分构成,基础代谢占 60%~70%,食物热效应占 10%,体力活动占 20%~30%。保持能量平衡和体重恒定的基本原则就是以"量入为出"和"量出为入"来安排能量的摄入量(饮食量)和消耗量(体力活动量)。

体重控制的原则就是遵循能量平衡的原则,只有控制好运动量和饮食量,才能有效地、健康地对体重进行控制。

运动在体重控制中的作用:①运动减肥,以减肥为目的控制体重的运动,常采用中小强度的有氧运动。运动过程中不但增加了能量消耗(常常是安静时的数倍、十几倍),而且主要消耗的是体内的脂肪。值得关注的是在运动结束后的数小时内,机体代谢活动仍处于较高水平,这样又额外消耗一些能量,而且还是脂肪供能,有利于减肥。②运动有增加瘦体重的作用,通常采用的运动方式是抗阻力量锻炼。在蛋白质营养充分的前提下,这类肌肉锻炼能够促进骨骼肌蛋白质的合成,使肌肉体积增大,瘦体重增加。对于初练者,运动强度和运动量要循序渐进,瘦弱者先选用慢跑、乒乓球、游泳、俯卧撑等小运动量身体练习,随着身体运动状态的调整和适应,及时增加肌肉力量练习,特别是促进体形恢复的大运动量健美练习,这样既有利于局部肌肉塑造,又有利于瘦体重的增加。

饮食在体重控制中的作用:①减体重,减体重应以减少体脂重为主。减、控体重者主要是超重和肥胖者,还有一些爱美的女性和特殊职业者,如运动员、演员和模特,为了职业需要,也要减、控体重。饮食在减、控体重中发挥着重要作用。进食量、食物结构、进食次数、进食速度等饮食习惯和嗜好都与肥胖有关。通常减肥膳食的基本特征是低能量,主要是降低脂肪和糖类的摄入量,而保持蛋白质的摄入量。平衡的低能量膳食中,蛋白质、糖类和脂肪提供的能量应分别占总能量的15%～20%,60%～65%和20%左右。在食物选择上,严格限制高热量、高糖类、高脂类食物的摄入,要保持一定量的奶制品、海产品和大豆制品摄入,保证优质蛋白质的摄入,必要时可适当补充蛋白粉。另外,每克酒精含29千焦能量,应限制饮酒。适量增加蔬菜、水果和粗粮,可增加维生素、矿物质和膳食纤维的摄入量。科学合理地安排进食应该做到:一日三餐饮食规律,防止漏餐和暴饮暴食;做到早吃好、中吃饱(七成)、晚吃少;就餐时先喝汤,后吃饭;细嚼慢咽,延长进食时间,有助于获得饱食中枢的信号;水果放在餐前吃;特别是不在睡觉前以及非饥饿状态进食。最好使用小容量餐具,减少进食量,或实行分餐以限制食量。炒菜少油盐,多采用煮、煨、炖等烹调方法。减少饮用含糖饮料,养成饮用白水和茶水的习惯。通过这些措施,有助于减少食物和能量的摄入,有助于减体重和减重后控制体重。②增体重,增体重应以增加瘦体重为主。肌肉是瘦体重的主要成分,肌肉力量练习可以使肌肉变得更加强壮有力。骨骼肌的粗壮与蛋白质密不可分。因此,增体重对蛋白质的需要量增加,应占摄入总能量的12%～15%,优质蛋白质应占总蛋白质量的30%以上,如瘦肉、鱼虾、奶蛋和大豆制品等,以期在不增加蛋白质数量的同时,增加蛋白质的吸收利用率。然而蛋白质也不可摄入过多,蛋白质为酸性食物,摄入过多会引起体液偏酸,导致酸碱度平衡紊乱,肝、肾负担加重,钙丢失增加。要注意提高体内的碱储备,膳食中要保证充足的富含钾、钠、钙和镁等电解质的蔬菜、水果等。为了提高肌肉力量锻炼的效果,还可补充一些营养品,如补充肌酸可以增加肌肉重量,对增粗肌肉、加强肌肉力量有一定作用。切记,补充肌酸不是对每个人都有效果,而且要适量。大剂量使用肌酸可引起肌肉发胀等副作用,还可使体内肌酸合成系统受到抑制。另外,还可选择补充一些氨基酸类和蛋白质类营养品,但要注意保持氨基酸的合理平衡,不可滥用,否则会造成氨基酸失衡,非但不起营养品的作用,反而还会加重机体的负担。膳食中要有富含糖类的食物,如谷类、薯类和粉条等,以确保骨骼肌中充足的糖原。

第四章　运动损伤——科学健身之路的障碍

第一节　运动损伤的概念与分类

扫码观看
同步慕课

运动损伤是指在体育运动过程中所发生的各种损伤,是运动中由于外部或内部的力量或暴力造成的身体损伤或持续的创伤。运动损伤可以分成急性损伤和过劳性损伤。在运动损伤的类型上有一个总的趋势,前些年大部分是急性损伤,如骨折、错位、韧带拉伤和肌肉的撕裂伤等。现在这些损伤仍然常见,但过劳损伤如应力骨折、肌腱损伤却大量增加,这无疑是由于现代运动的要求提高、耐力项目增多,骨骼肌结构上的负荷量增加造成的。

根据运动损伤的特点可以将其分为以下几种。

一、急性损伤

急性损伤可以由外力引起,也可以由内力引起。外力引起如突然的打击或队员之间的碰撞,或者器械的碰撞。内力引起如韧带拉伤和肌肉的撕伤。

急性损伤可以根据损伤的特定部位划分为骨骼、软骨、关节、韧带、肌肉、肌腱、黏液囊、神经和皮肤的损伤;按损伤的种类可以划分为骨折、错位、拉伤。

二、过劳性损伤

过劳性损伤是由于运动量过度负荷导致局部过劳,或者是由许多细微损伤逐渐积累形成的损伤,也有由于急性损伤处理不当转化而来的陈旧性损伤。过劳性损伤已经成为运动医学日益严重的问题,并给临床医生带来了三大挑战——诊断、治疗和理解损伤如何发生。诊断需要全面地了解病发的过程、本质和疼痛的部位,同时要全面评价潜在的危险因素。过劳性损伤的原因通常分为两种，即外部因素（如训练、场地、鞋、设备以及环境因素）和内部因素（如韧带损伤、腿长不一样、肌肉不平衡、肌肉软弱、柔韧性差以及身体成分的影响）。

三、机械性损伤

运动损伤与外部机械力和损伤时的内部组织特性有关系。组织都具有一定的抵抗作用力的能力，组织越结实，承受作用力的能力越强。作用力可以是压力也可以是拉力，这些力可以来自体外，也可以来自体内，可以是单一力，也可以是复合力。

对组织产生作用的力被称为应力，它在体内会引起形变或围度改变。形变也被称为机械应变，所有的人体组织都有伸缩性，这一特性使组织可以产生形变。组织形变的大小与所受力量的大小及受力方向有关，组织的弹性有一定的限度，超过这一限度将导致组织损伤。

引起运动损伤的常见的力有三种：拉力、挤压力和剪力。拉力是将组织拉长的力，如扭伤、拉伤、撕脱骨折。挤压力是组织无法完全吸收的作用力损伤。当组织受到挤压时产生稳定的巨大压力并持续一定的时间，就会形成损伤。挤压可以发生在肌肉、骨、软骨承受直接压力时，例如关节形变、骨折以及挫伤等。剪力是作用于同一组织而方向相反的力。当剪力力量大于组织的承受力时，就会发生损伤，例如皮肤的擦伤、椎间盘损伤等。

四、软组织损伤

软组织泛指区别于骨骼的人体组织，组织是细胞与细胞间质组合而成的。人体基本的软组织主要包括上皮组织、肌组织、结缔组织和神经组织，而几种组织相结合，又可以组成器官，例如人体的皮肤、皮下组织、肌肉、肌腱、腱鞘、筋膜、韧带、关节囊、滑膜囊、软骨、神经、血管等。

软组织损伤分为非收缩组织（如皮肤、关节囊、关节软骨、韧带、神经等）损伤和收缩组织（如肌腱、骨附着点等肌肉组织等）损伤。

（一）皮肤损伤

皮肤损伤多为开放性损伤，其定义是由于外力作用于身体软组织，使之连续性遭到破坏，许多形式的力都可以破坏皮肤的完整性。引起皮肤损伤的力有摩擦力、挤压力、撕裂力、切割力等。

损伤可按照引起发生的机械力分类，见表4-1。

表 4-1 软组织损伤

主要组织	类型	机械力	表现
皮肤	急性	摩擦	水疱
		挤压/挫伤	淤血
		撕裂	切伤/裂伤
		刺入	刺伤
肌肉/肌腱	急性	挤压	挫伤
		牵拉	拉伤
	慢性	牵拉/剪力	肌炎/肌腱炎
		牵拉	肌腱炎/腱围炎
		挤压/牵拉	滑囊炎/钙化——骨化性肌炎

不同损伤的具体情形如下。

摩擦性水疱：连续摩擦导致水分在皮下或表皮内聚集的现象。

擦伤：皮肤受到外力摩擦，导致表皮和真皮的缺损，大量毛细血管暴露的现象，皮肤组织被擦破出血或有组织液渗出。

皮肤淤血：由于挤压或撞击导致皮下出血，局部表现为淤血和挫伤。

裂伤：皮肤发生不规则撕裂。

皮肤撕裂：皮肤被撕脱下来。

切伤：皮肤被利器切割。伤口创面比较整齐。

刺伤：皮肤被尖锐物体刺入。

(二)骨骼肌损伤

骨骼肌由具有收缩特性的细胞和纤维组成。肌纤维具有收缩性、兴奋性、传导性和弹性。骨骼肌具有一定的形态、结构、位置和辅助装置，执行一定的功能。人体的肌肉根据分布、结构和功能特性的不同可以分为平滑肌、心肌和骨骼肌。

骨骼肌损伤主要有以下几种类型。

1.急性肌肉损伤(例如挫伤、拉伤)

(1)挫伤：软组织受到钝性外力的突然撞击，导致局部发生挤压出血等损伤。损伤的程度取决于撞击力量的大小，轻者仅仅伤及皮肤，重者可导致血肿形成(血肿是组织内血管损伤后血液和淋巴液流入组织间隙，并在组织内凝固，形成血块)。损伤的愈合过程取决于损伤程度和局部出血量的多少。

严重损伤常常有以下表现：局部受到猛烈撞击；撞击引起疼痛和暂时性的麻

木,这说明局部运动神经和感觉神经受到了挤压;在局部触摸到硬块,这往往是由于血肿引起;局部出现淤血或颜色改变。

(2)拉伤:肌肉收缩时所遇阻力过大或者过度被动拉长所造成的肌纤维拉伤、部分断裂或完全断裂,称为肌肉拉伤。拉伤的原因主要有:肌肉的力量和柔韧性差,达不到完成动作的要求,容易拉伤;准备活动不充分,肌肉的生理状态尚未达到适应活动所需的状态,表现为肌肉的局部温度尚未升高,肌肉黏滞性较高等;协调性差,导致主动肌和拮抗肌同时用力;电解质平衡紊乱,如导致肌肉的兴奋性改变;长时间的训练导致负担重的局部产生疲劳积累,也容易发生拉伤;气温过低、湿度太高、场地不良等原因都可造成肌肉拉伤。

损伤程度可分为:轻度损伤,局部疼痛,肌肉力量有轻微的下降,局部轻微肿胀、淤血、压痛;中度损伤,除有上述症状外,程度上严重一些,肌肉力量明显下降;重度损伤,肌肉功能丧失,在肌肉上能触摸到凹陷。

常见损伤部位有缝匠肌、腓肠肌、股四头肌、髋关节屈肌、髋关节内收肌、背肌、三角肌、肩袖肌群。

2.肌腱损伤

肌腱位于肌肉的两端,连接肌腹与骨之间,主要由平行致密的胶原纤维结缔组织构成,色白坚韧,并有感觉神经末梢分部。肌腱传导肌腹收缩所产生的力而牵拉骨骼,使之运动。肌腱本身不具有收缩能力,但能抵抗很大的张力。由于肌腱对拉力的承受能力是肌肉的两倍,所以拉伤常常发生在肌腹、肌肉肌腱结合部。肌腱被拉长的长度超过自身长度的6%~8%时会发生断裂。长期的肌肉牵拉会导致纤维细胞向肌腱的渗透,导致局部胶原纤维数量增加,使肌腱强度增强。反复的细微损伤会引起慢性肌肉拉伤,导致胶原纤维的数量减少,使肌腱强度下降。胶原纤维数量减少的现象发生在参加运动的初期和活动受限时。因此,运动要讲究循序渐进,在损伤的康复阶段要尽早进行活动。

3.肌肉痉挛与损伤性痉挛

肌肉痉挛(指持续一段时间的连续性肌肉收缩)和损伤性痉挛(指的是损伤导致的骨骼肌反射性持续收缩)都会导致肌肉或肌腱的损伤,常常会引起明显的疼痛。多发部位有足底部的趾屈肌、小腿三头肌。

痉挛的发生与下列因素有关:①电解质紊乱,大量出汗、补水不及时导致电解质紊乱,肌肉兴奋性改变。②肌肉力量及柔韧性差,动作难度或者负荷超出了身体的承受能力。③肌肉疲劳,导致动作协调性下降,用力不合理或者过度。④寒冷刺激,冷环境会导致肌肉兴奋性增高,使肌肉容易发生强直收缩。

4.肌肉过度疲劳问题

在生理状况下和训练中,肌肉出现过度疲劳是常见的现象之一。许多运动员或者教练员都认为没有疼痛,训练效果就不会有提高。肌肉的负荷过度表现为肌肉酸痛、柔韧性下降以及疲劳。肌肉过度疲劳的特殊表现有肌肉酸痛、肌肉僵硬和肌肉痉挛。

肌肉酸痛分两种情况,急性肌肉酸痛和延迟性肌肉酸痛。急性肌肉酸痛:这类酸痛在训练后立即出现,停止训练后疼痛也停止。这类情况与局部循环障碍导致肌肉缺血、酸性物质及一些代谢产物堆积,神经末梢受到刺激有关。延迟性肌肉酸痛:出现在训练后,并且在以后的2～3天疼痛会加重,其程度要明显比急性酸痛严重。完全消失大约需要一周的时间。

预防肌肉酸痛的方法:剧烈运动前进行充分的准备活动;运动后进行整理活动;训练水平低下的人更要注意活动前后的伸展运动。酸痛明显处,在伸展后可用冰袋冷敷并进行冰按摩5～8分钟。

5. 慢性肌肉损伤

慢性肌肉损伤多数是由于长期的慢性积累而引起的,反复的急性损伤也可以引起。另外,动作错误和长期负荷超过机体的生理负荷能力,最终也会导致慢性肌肉损伤的发生。这类损伤的特点就是负荷过度导致细微损伤。慢性肌肉损伤是典型的伴随有增生、纤维化和瘢痕形成的过程。常见的有肌炎、筋膜炎、肌腱炎、滑囊炎、异位钙化和萎缩等。

五、关节损伤

间接连结又称为关节,是骨连结的最高分化形式,骨与骨的相对面间无直接连结,相对骨面互相分离,其间有充以滑液的腔隙,其周围借结缔组织相连结,因而通常具有较大的活动性。关节的主要结构有关节面、关节囊和关节腔。

关节损伤的一个重要因素是韧带和关节囊的弹性组织特性。这种弹性与胶原纤维的伸展性有关,而这种伸展性又与组织的运动速度有关,持续的压力和牵拉可导致韧带和关节囊组织的退化,间歇性刺激可以提高承受力,当扭力超过胶原纤维的承受能力时,可导致关节囊和韧带损伤。关节损伤可以分成急性关节损伤和慢性关节损伤。

(一)急性关节损伤

活动关节的主要损伤有扭伤、急性关节炎和关节脱位。

1. 扭伤

在运动损伤中,扭伤是最常见的运动损伤,它由于关节受到扭转而发生,常常导致关节韧带的部分或完全撕裂,关节囊以及滑膜损伤,是关节活动超出了其生理活动范围所致。扭伤引起的出血或关节积液会导致关节肿胀。

根据损伤的程度,扭伤可以分为三级。

一级扭伤：出现疼痛、部分功能丧失、轻度局部压痛、轻度或者不出现肿胀、检查时不出现异常活动。

二级扭伤：疼痛、中度功能障碍、肿胀，有时出现关节轻度不稳。

三级扭伤：疼痛明显、关节功能丧失、明显关节不稳、压痛和肿胀。常常合并有关节半脱位。

2.急性关节炎

急性扭伤可使关节滑膜发生急性炎症，对滑膜的刺激可引起关节腔内液体增多并发生肿胀，使关节在运动时出现疼痛、压痛。处理得当时，出血可被吸收，肿胀和疼痛会减轻。

3.关节脱位

关节脱位是仅次于骨折的导致运动员不能训练的严重损伤。发生关节脱位最多的部位是手指，其次是肩关节。

诊断关节脱位有以下几个重要因素。①关节功能丧失：运动员常常诉说有从高处落下或受伤关节受到猛烈外力撞击的过程。②常常出现局部畸形：发达的肌肉容易掩盖发生的畸形，检查时要特别注意检查正常的骨性标志，并与正常一侧相比较。③肿胀和局部压痛会立即出现：第一次发生关节脱位，常常会伴随局部韧带撕裂或止点处撕脱，严重时可出现撕脱骨折或骨骺分离及长骨颈部的完全骨折，所以在局部第一次发生关节脱位时要非常仔细地检查。发生过脱位的关节将容易发生再脱位，这是因为发生过脱位的关节的周围组织会被拉长或撕裂，导致关节稳定性下降。由于损伤过的关节周围的组织较为松弛，所以经常脱位的关节脱位时，疼痛往往不明显。

（二）慢性关节损伤

关节的慢性损伤是由微细损伤和负荷过度而引起的。青少年常见的一类损伤是骨骺损伤。引起关节慢性损伤的一个重要因素是肌肉对关节运动速度控制能力下降，所以要预防这类损伤，就要避免慢性疲劳和在疲劳状态下进行体育活动，或者在运动时要使用护具来帮助减少外力的冲击。

（1）软骨骨炎：此损伤发生的原因还不清楚。骨炎如果发生在关节被称为骨关节病，如果发生在骨的突起部位被称为骨突炎。引起软骨骨炎的一个主要原因是骨骺的血液循环供应障碍导致无菌性坏死。另一种情况是损伤导致部分关节软骨骨折，甚至出现深及周围骨组织的裂痕。

（2）创伤性关节炎：此损伤常常是由于微细损伤的积累所致。关节表面的反复损伤会导致骨质增生、肌肉痉挛、运动时出现摩擦感等。关节的反复拉伤导致的关节不稳、关节受力改变、关节面损伤等都可以导致关节损害。关节表面脱落的物体也可以刺激或引起关节炎。运动员损伤后没有进行合理的固定或在损伤没有完全恢复的情况下过早恢复训练也可能导致关节炎。

（3）滑囊炎、滑膜炎：构成关节的周围软组织也会发生慢性损伤。滑囊是位于肌腱与骨之间用来减少摩擦的结构，它主要位于关节内或关节周围，可以发生急性或慢性的炎症，多发于膝关节、肘关节和肩关节。关节扭伤后，微细损伤反复发生时可导致慢性滑膜炎。关节炎常常伴随有滑膜炎。反复发生关节损伤和损伤后处理不当，也可导致慢性炎症。慢性关节炎的局部会充血和肿胀。关节滑膜会出现组织的退行性改变。滑膜出现不规则的增厚、渗出和纤维化。导致关节活动受限，关节摩擦音。

六、骨骼损伤

骨是一种器官，骨组织主要由骨细胞、胶原纤维和基质等构成。骨具有一定的形态和构造，坚硬而有弹性，有丰富的血管和神经，能不断地进行新陈代谢和生长发育，并具有改建、修复和再生的能力。经常锻炼可促进骨骼系统的良好发育和生长，长期缺少运动则导致骨质疏松。

骨由骨质、骨膜和骨髓构成。

（1）骨质：由骨组织构成，它是骨的主要成分，分为骨密质和骨松质。骨密质质地致密，耐压性较大，分布于骨的表面。骨松质呈海绵状，由许多片状的骨小梁交织排列而成，配布于骨的内部。

（2）骨膜：由纤维结缔组织构成，包括骨外膜和骨内膜。除关节面外，被覆于新鲜骨表面的骨膜称为骨外膜，含有丰富的神经、血管和淋巴管，对骨的营养、再生和感觉有重要作用。

（3）骨髓：填充于骨髓腔和骨松质的间隙内，分为红骨髓和黄骨髓，红骨髓有造血的功能。

骨的五项基本功能为支持功能、运动功能、保护功能、造血功能，以及储备钙和磷的功能。骨为机体提供支撑和构成人体轮廓，与软组织一样，它也会发生损伤。由于骨由有机质和无机质组成，有机质使骨具有一定的弹性，它可以发生轻微的弯曲，但是由于无机质成分的特性，骨的脆性较大，而且吸收振动的能力较差。骨的抵抗牵拉力量要差于挤压力。骨结构的许多因素会影响骨的强度，骨的形状和位置的改变也可以影响骨的解剖强度。空心的柱状结构是对抗弯曲力和扭转力的最佳结构，实心的柱状结构对抗上述力量的能力要差得多。

骨的损伤可以分为骨膜炎、急性骨折、疲劳性骨折、骨骺损伤。

（1）骨膜炎：这种运动损伤，主要是挫伤，可导致骨膜发生炎症。它多表现为肌肉止点处的明显压痛，可因为急性损伤而发生，也可以因为慢性损伤而形成。

（2）急性骨折：骨和骨小梁的完整性和连续性中断称为骨折。按照骨折部位皮肤黏膜的完整性可以分为闭合性骨折和开放性骨折。闭合性骨折是指骨折部位皮肤黏膜保持完整,骨折断端与外界不相通。开放性骨折是指骨折部位皮肤黏膜破裂,骨折断端与外界相通的骨折。开放性骨折容易因感染而引发骨髓炎或败血症。

引发急性骨折的原因可以是暴力直接作用于骨骼的某一部位,使该部位发生骨折;也可以是暴力作用部位以外的部位发生骨折。肌肉的突然用力或局部反复受到异常应力的作用也可以导致骨折。

(3)疲劳性骨折:长期、反复地直接或间接力作用于骨骼的某一部位导致的骨折。疲劳性骨折可能与下列因素有关:肌肉收缩导致局部负荷过度;肌肉疲劳后导致应力分布的改变;有节奏的反应应力集中作用在某一部位。除了这些应力因素外,骨折的发生与身体姿势和足的情况有关,例如扁平足易发生应力性骨折。

(4)骨骺骨折:儿童和青少年进行体育活动时会发生三种骨骺生长部位的损伤,包括骨骺生长软骨损伤、关节骨骺损伤和粗隆损伤。损伤多发年龄在10~16岁之间。

七、神经损伤

运动可以导致多种神经损伤,最为常见的是由于牵拉而导致的神经末梢的损伤。切伤也可损伤神经,导致损伤愈合过程变得复杂。骨折和关节脱位也可导致神经受到牵拉和挤压。

引起神经损伤的两种主要外力是挤压和牵拉,损伤的性质分为急性和慢性。一般来说物理损伤会导致疼痛,这也是炎症反应的一部分。任何神经损伤都会直接影响机体的感觉,例如神经突然受到牵拉或者刺伤,会产生尖锐的烧灼感,并向肢体放射,同时会伴有肌肉力量的减弱。神经炎这种慢性神经损伤是由于各种力量的反复或长时间刺激所引起的,后果可以是轻微的神经损伤到严重的肢体瘫痪。

八、身体的机械特性与慢性损伤

人体是一个非常复杂、高效的有机体,在运动过程中,机体要克服多种力的作用。在考虑机体的损伤问题时,除了考虑机体的机械特性外,还要考虑遗传、先天性特点及后天性缺陷等因素。解剖结构的异常以及身体成分的不同,都可导致某类损伤多发。身体的机械特性与慢性损伤包括细微损伤和使用过度综合征、身体姿势不良。

细微损伤和使用过度综合征是引起损伤的原因之一。日常和反复的应力会导致细微的损伤,这些损伤使运动能力下降。发生的原因可能是持续或反复应力作用于同一骨、关节或软组织、关节超常范围的活动等。

身体姿势不良也是引起运动损伤的常见原因之一。两侧肌肉、软组织或骨的形态不平衡可导致姿势不良。在运动中许多不对称的动作会加重机体的不对称程度,这时机体会寻求建立新的平衡,使机体的姿势不良进一步加重从而增加损伤的机会,或使损伤变成慢性。应认识到姿势不良的危害性,尽量矫正和处理好姿势不良。习惯性的错误动作常常也会导致局部负荷过度性损伤。

第二节 运动损伤的预防

扫码观看
同步慕课

关于运动损伤预防的原则,从技术上可以分为一级预防、二级预防、三级预防。一级预防就是提高健康水平,防止损伤发生。二级预防就是早期诊断,早期正确治疗,防止功能丧失(即治疗)。三级预防的重点是减少或纠正存在的功能障碍,防止潜在疾病的发生(即康复)。

在运动实践中,及时地提供损伤预防的建议非常重要,可以用常用的预防损伤的技术,比如对运动员的踝关节进行支持带加固,也可以使用针对运动员的专项技术,在伤前消除潜在的致伤因素。

正确运动生物力学是损伤预防中的主要因素,其他有助于预防损伤的重要因素是准备活动,如伸展,充分恢复,心理和损伤预防,营养和损伤预防,运动保护器材,如绷带和粘膏支持带,等。

一、准备活动

准备活动是为身体运动做准备。不同种类的运动要有不同的准备活动。合理的准备活动,必须包括一般性准备活动和专项性准备活动两个方面。一般性准备活动常有跳、慢跑、牵拉、抗阻力量练习法等。专项性准备活动,应该包含即将从事的运动所涉及的人体运动。

准备活动的时间应为 15~30 分钟,强度应依照项目而定,有些出汗但不疲劳是主观测定强度的一个指标,准备活动的效果可持续 30 分钟,所以不应过早进行准备活动。

二、伸展

柔韧性是身体素质的一个重要方面,加大关节的柔韧性可以减少肌肉韧带的损伤及肌肉的酸痛。伸展法有两种:第一种是静力伸展法,就是关节被动运动到极限,静力伸展可以有效地预防运动损伤;第二种是动力伸筋法,就是由肌肉收缩达到关节运动最大值。动力伸筋法有利于动作的完成。

在运动的过程中,运动员可以做三种类型的拉伸运动:一种是静力性拉伸,另一种是弹震式拉伸,第三种是本体感觉神经肌肉拉伸。

(一)静力性拉伸

这种练习方法是缓慢柔和的,30~60秒的持续拉伸。运动的幅度是以运动者自己感觉不到难受为准。在持续的时间内被拉伸的肌肉由紧张变为松弛,接着关节的运动幅度可以加大一点,也没有痛苦的感觉。再持续30~60秒,关节的运动幅度再加大一点,直到感觉疼痛为止。这时如果持续拉伸就有可能造成损伤。这种拉伸方法是提高柔韧性的最好方法。

(二)弹震式拉伸

在弹震式拉伸中,筋肉被拉伸到接近极限,再由弹射力进一步牵拉筋肉。弹震式拉伸涉及弹跳运动,与保持拉伸时间无关。因为弹震式拉伸可激活牵张反射,所以许多人推断,弹震式拉伸可能会加大损伤的概率,但到目前没有研究报告支持这一断言。弹震式拉伸可以用在伸筋的最后阶段,这之前应该有准备活动及静力性拉伸。

(三)本体感觉神经肌肉拉伸

本体感觉神经肌肉拉伸是一种拉伸技巧,它通过在关节的运动范围内拉伸已收缩的肌肉,尝试更充分地吸收本体感受器的动作。在整个运动范围内拉伸后,肌肉放松并静息,直到再次被拉伸。本体感觉神经肌肉拉伸的不足之处是肌肉可能会被过度牵拉。这种类型拉伸最好在其他人的帮助下完成。

牵拉有以下原则:
(1)准备活动后拉伸。
(2)运动前后拉伸肌肉。
(3)拉伸肌肉要缓慢柔和。
(4)要拉到肌肉紧张位置,但不感觉到疼。

牵拉有以下好处:
(1)改善柔韧性、肌肉耐力和肌肉力量。
(2)减少肌肉疼痛。
(3)改善肌肉和关节的灵活性。
(4)带来更高效的肌肉运动和运动流畅性。
(5)改善外貌和自我形象、改善体型和身姿。
(6)在运动中执行更有效的热身和舒缓运动。

三、充分恢复

恢复手段对于预防损伤及提高成绩都有益处,不及时采用恢复手段会影响运动的技术动作,产生疲劳。训练计划中应包括恢复,应有休息日、放松日、紧张周、放松周。放松恢复的方法有整理活动、温泉按摩、营养补给和心理放松等。

按摩可以消除训练后肌肉紧张,增加肌肉运动幅度,增加血流、营养供应,改善软组织功能。按摩也可以让医师了解队员的肌肉状态,早期发现损伤,预防损伤。

四、心理和损伤预防

过度心理紧张可以使肌肉紧张而影响技术动作,加大损伤危险性,紧张的肌肉使主动肌和被动肌之间的协调失衡。注意力不集中也是造成损伤的一个因素,使运动员的反应力下降。心理淡漠也易造成损伤,失去运动兴趣,准备活动也不愿意去做,技术动作易出现错误。

五、营养和损伤预防

营养不良可以加大损伤的危险性。例如糖供应不足,加大蛋白质、脂肪的分解,蛋白质分解使肌肉受影响导致软组织损伤。水得不到及时补充,可加大血液的黏稠性而造成肌肉损伤。水可以影响关节液,从而影响关节软骨等。体重也是一个损伤的因素。减体重对于许多项目都很重要,不正确地减体重可影响营养摄入,而加大损伤的概率。

六、运动保护器材

正确选择和使用运动保护器材,对防止许多损伤的发生有重要的作用,比如足球、曲棍球、橄榄球等运动员都应选用适当保护器材。任何时候保护器材的选择和购买,在运动员的健康防护安全等级中都是一个主要的决定因素。

七、绷带和粘膏支持带

绷带和粘膏支持带对于保护和治疗受伤运动员起着非常重要的作用,其中的每一种技术都需大量的实践才能做到熟练应用。

(一)绷带

如果绷带运用得当,可以在运动创伤的恢复过程中起到非常重要的作用。但如果不仔细或不正确地使用绷带,则可能导致伤者不适,污染伤口,或阻碍创伤的修复和愈合。因此,绷带必须运用得当,既不能太紧影响循环,也不能太松而导致辅料滑脱。

运动创伤时所需要的包扎类物质主要有纱布、棉布和弹力绷带。

纱布有三种用途:作为伤口的无菌垫料;作为保护局部水疱的保护垫;作为固定辅料和局部加压的保护垫。

棉布主要用于踝关节包扎和三角巾包扎。它的主要优点是柔软、方便,并且可以反复洗涤。三角巾由于其方便、快速,故在创伤急救中发挥重要作用。三角巾主要用于上肢的悬吊。运动训练中主要使用两种悬吊法:颈臂悬吊带和颈肩悬吊带。

弹力绷带由于具有弹力而在运动医学中广泛应用。可延伸的特点使其适用于任何部位。使用弹力绷带,运动员可以进行各种活动而无任何限制。在需要限制出血和水肿的时候,可用弹力绷带加压,同时还可以保护软组织。

(二)粘膏保护支持带

粘膏保护支持带用于运动损伤,其作用包括固定伤口处的辅料,固定弹力绷带,以控制内、外部的出血,保护受伤部位免受运动引起的重复损伤。

支持带的另一个重要用途是预防急性损伤,这可由限制机体活动和固定某些特殊设备而实现。

使用粘膏支持带的时候应注意以下事项:

(1)如果需要使用粘膏的部位是关节,将其用于需要固定的位置。如果是肌肉组织,留出肌肉收缩和伸展的余地。

(2)避免连续缠绕。围绕同一部位用粘膏反复缠绕可能导致压迫。

(3)粘膏放于皮肤上后,应迅速将其抚平。这可由双手的手指、手心和手的根部来完成。

(4)使用粘膏应能显示出皮肤平滑,自然轮廓,否则会产生皱褶而刺激皮肤。

(5)在需要最大支持力的部位,粘膏应直接黏附于皮肤上。

(6)皮肤处于治疗引起的极热和极冷的状况下,禁止使用粘膏。

第三节 运动损伤的处理

一、运动损伤的急救处理

运动损伤的现场急救是指对运动现场出现的意外或突发伤病事故进行紧急的、临时性的处理。迅速而正确的急救,不仅能够抢救伤员的生命、减轻其痛苦和预防并发症,而且可以为下一步治疗创造良好的条件。

扫码观看
同步慕课

进行现场急救,应遵循一定的原则:第一,要以抢救生命为第一要务。有些严重的损伤,例如骨折、关节脱位、严重的软组织损伤合并内脏损伤等会由于出血、剧烈疼痛而引起休克,发生溺水、昏迷的伤员可能会出现呼吸、心跳停止等,对于这些情况,如果不及时抢救会威胁生命,因此,在现场急救时,应首先注意有没有这些情况,做到先抢救生命。第二,进行急救要有时间概念,要争分夺秒地进行抢救,做到以最快的速度准确判断病情,迅速进行现场处理,及时转送医院。第三,抢救人员要有高度的责任心、正确熟练的急救技术、沉着冷静的心理素质、良好的组织能力和亲切和蔼的态度,这样在进行急救时才能全面周到,争取时间。

急救人员切忌急躁粗暴、惊慌失措、顾此失彼,这样不仅延误抢救时间,削弱急救效果,还会对伤员的心理状态产生不良影响。

急救常常出现于以下情况:①当前健康运动者的损伤(头、胸、腹、脊柱、四肢的损伤等);②以前确诊疾病的加重(心脏病、哮喘、糖尿病、高血压等);③以前未意识到的疾病的出现(无症状的冠状动脉疾病)。

因此,我们必须对急性损伤的处理有充分的认识,并熟练掌握急救措施和常识。

最初运动急救工作的成功要求有全面的准备工作,这需要对可能发生的运动紧急事件有事先判断,并且为此做好充分的准备,包括人员和救护训练。

所有运动项目都有一些人员至少具有第一救助资格是很理想的,这对接触性运动项目、伤残运动、耐力运动尤其重要。急救事件可能发生在人员聚集的业余或娱乐性运动中,因此鼓励每个人都能够接受正确的第一救助训练。

1. 急救处理

救护人员一旦到达受伤人员的身边,必须对病人做出快速的基本检查,包括使用 ABC 的评定(A:气道;B:呼吸;C:循环)。如果受伤人员处于俯卧位,需要通过专业手法将其改为仰卧位。还可以通过受伤人员对语言刺激的反应来评定其意识状态。

A. 气道

部分气道的塌陷伴有持续性的呼吸杂音,通常是大脑或者是颅面损伤的结果。清理上呼吸道的血块、分泌物、呕吐物、残牙或者其他碎片是很重要的。清理时,可以戴上手套,将手指伸到受伤人员的咽部进行清理。如果怀疑颈椎损伤,要避免受伤人员的头部有成角度的倾斜。

B. 呼吸

救护人员应该感受是否有气体进出病人鼻腔,如果受伤人员呼吸通畅,并且没有颈椎损伤,可以让其转换到侧面,用颈和下颌支撑,称为"恢复位"。

如果受伤人员没有自主呼吸,需要行人工呼吸,在保持病人呼吸道通畅和口部张开的位置下进行操作时,用按于病人前额的手的拇指与食指捏住病人的鼻孔,另一手将病人的下颌微微抬起,保持呼吸道通畅。抢救者深吸一口气后,张开口紧贴病人的口,要将病人的口全部包住,快而深地向病人口内吹气,直至病人胸部上抬。每次吹入的气量约为500~600毫升,通气频率是10~12次/分。通过口对口吹气,或者在允许和有经验的情况下,可以使用口罩和面罩装置。口对口有传播传染性疾病的危险,因此口对面罩的操作方式更好一些。在开始通气后要观察在肺膨胀过程中胸壁是否对称。

C. 循环

静动脉可以在喉结和胸缩乳突肌之间触摸到,如果可以触到则心脏收缩,血压至少为60毫米汞柱,如果不能触摸到动脉搏动,应该进行体外心脏按压。

进行心脏按压,病人应仰卧于硬板床或地上,然后抢救者应快速找到心脏按压的部位。心脏按压的部位解剖学结构位于胸骨中下1/3段,初学者可以大约地识别部位在两乳头连线与前正中线的交点。操作者应该位于患者的右侧,操作者的纵轴与患者的纵轴垂直。按压的时候操作手纵轴与前正中线呈垂直状态,掌根部与胸骨重叠,另一手叠加在操作手上,手指尽量不要触碰胸壁,以免力的分散造成骨折。按压时操作者手掌不要离开胸壁,按压与放松比一般是1:1。按压的频率一般是100~120次/分,按压深度是5~6厘米。

2. 心肺复苏

任何导致意识丧失的创伤都需要进行ABC评价,如果肺部呼吸消失,脉搏触摸不到,则需要行心肺复苏。这包括呼吸和末梢心脏压力的恢复。按压频率:100~120次/分,操作时按压与吹气的比例为30:2。按压30次后,观察患者口中有无异物,如有异物,将其取出。然后缓慢吹气2次,每次吹气应保持1秒钟。吹气量大约在500~600毫升,使其胸部上抬。连续进行5组重复动作。如果患者自主呼吸、心搏未恢复,则继续进行心肺复苏。

二、运动损伤的常规处理

运动损伤的处理有多种有效的方法,但单一治疗不可能对所有的损伤都完全有效。比较理想的处理方案是各种处理方法的有机组合,以取得最佳的治疗效果。

(一)初步处理

伤后24小时是急性软组织损伤处理的最关键时期。软组织损伤通常伴有血管损伤,因此,损伤组织周围血液淤积,并压迫相邻组织,从而引起组织缺氧,进一步加重损伤。损伤愈合期间组织肿胀,压力增高,可引起疼痛,导致肌肉痉挛。因此,损伤早期应尽量减少损伤部位出血。

适当的处理方法可以概括为休息、冰疗、加压包扎和抬高患肢。

(1)休息:受伤后应立即停止运动,损伤部位若继续活动,可加重损伤部位出血和局部肿胀。严重的损伤,损伤部位需要完全放松休息。例如,下肢损伤可以借助于拐杖行走;上肢损伤则可以用吊带悬吊。

(2)冰疗:损伤后立即进行冰疗可减轻疼痛,并引起局部血管收缩,从而减轻出血和肿胀。冰疗可降低组织的代谢率,从而降低其对氧和营养物质的需要量。冰疗还可以减轻炎症和肌肉痉挛。

冰疗可采用多种方式。在纱布包扎的损伤部位,可用湿布或毛巾包裹碎冰块,放在损伤部位周围。可以用可以反复使用的冷冻凝胶袋、不需要预先冷却、靠化学反应瞬间制冷的速溶冰袋,或在冰水桶里浸泡等。如果没有冰块,可用冷水替代。损伤急性处理期间,尤其是缓解局部疼痛常用冷雾剂,但是这些喷雾剂对深层组织似乎没有效果。

在损伤初期,习惯上通常每1~2小时进行一次冰疗,每次15分钟。损伤24小时后,冰疗的频率可逐渐降低。在损伤后期,冰疗也可以作为治疗手段使用。在组织循环受损的部位或对冷刺激过敏的病人,禁止使用冰疗。

(3)加压包扎:损伤部位用绷带加压包扎可减少出血,从而可尽量减轻肿胀程度。绷带包扎应从出血部位的远端开始,每圈覆盖上一圈的1/2,绷带应缠绕到距损伤区域的边缘至少有一个手掌的宽度。加压包扎最多不能超过20分钟,否则会因循环障碍引起局部组织坏死。

(4)抬高患肢:抬高患肢,可减少损伤部位的出血,从而减轻肿胀程度,并促进局部静脉和淋巴回流。上肢损伤部位可用吊带悬吊抬高,下肢可放在椅子、枕头上抬高下肢,并且必须保证下肢高于骨盆水平位置。

损伤初期(伤后24小时)应避免以下处理:热疗,热摩擦或涂抹热的涂抹油、酒精,中等强度和大强度运动,大力按摩。

(二)运动或固定

大多数中度、重度软组织损伤传统的处理方法是进行固定,时间一般为几天到六周。但现在发现长时间的固定会带来一系列的组织损害,使关节僵硬、关节软骨变性、肌肉萎缩无力且僵硬。

1.固定

完全固定主要用于骨骼损伤,尤其是急性骨折,损伤部位固定48小时也有助于减轻疼痛和肿胀。固定可使用硬支架、充气夹板胶带、热塑性材料等,最常用的是石膏模型。塑模石膏的缺点是相对较重,易于损坏且不能防水,但是它容易成模,这对某些骨折比较适用。对于无移位的骨折和软组织损伤固定,最好采用玻璃纤维模型固定,玻璃纤维模型材料较轻、坚固而且能够防水。

2. 保护运动

保护运动是指运动时使用保护支持带,以防止损伤肢体在某个方向运动,避免使损伤组织承受过大的应力刺激。同时未受伤的结构可以活动,这是保护性固定和完全固定的区别。使用保护支持带限制运动,在保护损伤韧带的同时,还能保证运动员进行足够的运动,以防止关节僵硬,维持肌肉力量,并改善关节软骨的营养供应。

3. 持续被动运动

手术后可进行持续被动运动。可以在专门的持续被动运动仪器或等动收缩设备上进行。由于过度疼痛而不能进行主动关节运动,或为保证损伤愈合而关节运动幅度受限时,尤其需要进行持续被动运动。持续被动运动还可改善关节软骨的营养供应并减轻关节僵硬。

(三)冷疗和热疗

1. 冷疗

冷疗是应用比人体温度低的物理因子(冷水、冰、蒸发冷冻)刺激治疗伤病的方法。冷疗能使局部血管收缩,减轻充血,降低组织温度,抑制神经感觉,具有止血、退热、镇痛、预防或减轻肿胀的作用。

冷疗主要用于急性损伤或过劳伤的治疗,冷疗非常便宜,取材方便而且有效。冷疗有多种方式,可将冰袋放在损伤部位的皮肤上,冰袋的种类有湿布或毛巾包裹的碎冰块,可反复使用的凝胶冰袋或者化学冰袋等是最便宜和有效的方法,必要时冷疗应每1~2小时进行一次,每次15分钟。半融冰或冰水桶可用于末端损伤,例如脚踝的损伤。冷雾剂用于皮肤的快速制冷,主要做临时的冷麻醉。

2. 热疗

热疗是应用比人体温度高的物理因子(传导热、辐射热)刺激治疗伤病的方法。

体表热疗可减轻疼痛,促进损伤愈合,在软组织损伤的处理中广泛应用体表热疗,可不同程度地升高组织温度,增加胶原组织的生长性,减轻肌肉痉挛,止痛,使组织充血,并且加快新陈代谢。具有消肿、散瘀、解疼、止痛、减少粘连和促进损伤愈合的作用。急性损伤24小时以内禁止热疗。热疗可采用多种方式,例如温水淋浴和洗澡、热袋、石蜡和红外线等。

第四节 常见的运动损伤

一、挫伤

挫伤是指身体某部遭受钝性物体的撞击或者打击而导致的局部软组织的闭合性损伤。

扫码观看
同步慕课

(一)原因和原理

运动时互相冲撞或被踢打,或身体某部碰在器械上皆有可能发生局部性挫伤。挫伤多发生于体操、篮球、足球、武术、散打、拳击、跆拳道等接触性运动项目中。外力直接撞击会导致局部软组织、肌肉等发生挤压伤,严重时可以导致肌肉撕裂或者断裂。肌肉紧张时造成的挫伤往往比放松时的表浅,这是因为紧张的肌肉缓解了外力传导至骨面的力度,可减轻对深部组织的创伤。

(二)征象

单纯肌肉挫伤会导致局部出现疼痛、肿胀、皮下瘀斑、压痛和功能障碍等症状,血肿严重者可以出现波动感。例如头部挫伤可出现脑震荡,或出现剧烈头痛和喷射状呕吐等颅内高压的症状;胸、背挫伤可出现呼吸困难,以及血胸和气胸的症状;腹腰部挫伤合并内脏损伤可出现休克症状等。

轻度挫伤:皮肤,皮下组织损坏,局部出现疼痛、肿胀。淋巴管和小血管破裂为主要病理变化。肢体活动基本正常。

明显挫伤:局部明显肿胀,出现皮下淤血,关节活动障碍,局部可以摸到肿块,血肿严重者可以出现波动感。四肢挫伤时在关节处不能屈曲90度,下肢跛行,起立或爬楼梯都会有疼痛。

严重挫伤:可引起肌肉部分肌纤维损伤或断裂,组织内出血产生血肿或并发脑组织和内脏器官的损伤。广泛肿胀,摸不到肌肉的轮廓,关节屈曲更受限,下肢跛行明显,非用拐不能走路,有时关节内有积液。

(三)处理

对于一般挫伤,可采用急性闭合性软组织损伤处理原则,以冷水冲洗浸泡,冷镇痛、气雾剂或冰袋冰敷,弹力绷带加压包扎。挫伤严重伴有局部血肿明显者,应局部冰敷并加压包扎之后送医院进一步处理。伴有并发症的肌肉挫伤,如果严重休克或者内出血,应立即送往医院救治。头部挫伤伴有脑震荡或喷射性呕吐,腹部和睾丸挫伤伴有休克者,应首先进行急救处理,并及时送医院抢救治疗。

一般的挫伤,受伤 24～48 小时之内,为了避免重复损伤动作应限制活动。伤后 2～3 天可以进行行走、慢跑,恢复肢体活动范围,以不引起明显伤处不适为宜。痛基本消失后,加入肌肉力量训练,恢复两侧肌肉力量平衡,注意局部损伤肌肉的柔韧性练习,逐步恢复训练大概需要 1～2 周的时间。

(四)预防

在对抗性项目中注意自我保护,身体接触的瞬间收缩肌肉可以有效地缓解冲击力对局部造成的损伤。使用器械训练时掌握正确的使用方法,需要他人协助的项目,必须在有专人保护的情况下进行训练。使用合格护具对减少损伤也有一定效果。提高自我保护意识与能力,纠正错误动作,禁止粗野动作。

二、肌肉拉伤

肌肉主动剧烈收缩时遇阻过大或过度被动过度拉长所造成的肌纤维拉伤,部分断裂或完全断裂称为肌肉拉伤。在田径、球类运动中多见,以大腿后群肌肉、股四头肌和腰背部等肌肉多见。

(一)原因和原理

骨骼肌是人体进行运动的动力来源,都跨越一个以上关节,肌肉收缩使肢体产生位移运动。骨骼肌由肌腹、肌腱以及肌腹肌腱交界处构成,其中肌腹肌腱的交界处是相对薄弱的部位,容易发生拉伤。

肌肉拉伤后,即刻会出现发红、发热的状态,是因为局部毛细血管开放,导致局部的血流加快,血流量和能量供应增加。拉伤的部位还会出现肿胀、疼痛等反应。肌肉、肌腱属于再生能力较差的组织,对损伤部位只能进行瘢痕修复,导致该部位容易再次损伤。

拉伤常因准备活动不足、肌肉疲劳、用力过猛或动作错误等原因造成,主要有以下几种。

(1)肌肉的力量和柔韧性差,肌肉力量和柔韧性达不到完成动作的要求,容易拉伤。

(2)准备活动不充分,肌肉的生理机能尚未达到适应运动需要的状态。表现为肌肉的局部稳定性尚未升高,肌肉黏滞性较高等。

(3)训练水平不够,肌肉的弹性和力量较差。

(4)疲劳或过度负荷使肌肉能力降低,力量减弱,协调性下降。

(5)错误的技术动作或运动时注意力不集中,动作过猛或粗暴。

(6)气温过低、空气湿度过大、肌肉僵硬、场地和器械的质量不良等。

体育运动中肌肉拉伤多发生于腘绳肌、股四头肌、股内收肌、腰背肌、腹直肌和小腿三头肌。

根据肌纤维损伤的程度不同,肌肉拉伤可分为三级。

第一级:挼伤,仅有小束肌纤维撕裂,其周围的筋膜完好无损。肌肉在抗阻力收缩或被动牵拉时有痛感,在开始的24小时内,可见到轻度肿胀与皮下瘀斑。

第二级:部分断裂,有较多数量的肌纤维断裂,筋膜可能也有撕裂,肌肉与肌腱连接处有部分断裂。

第三级:肌纤维完全断裂,受伤时有剧痛,并能摸到明显的缺失,拉伤的肌肉功能丧失。

(二)征象

伤部疼痛、肿胀、压痛,可以有肌肉紧张或痉挛,触之发硬,功能受限或障碍。肌肉轻度拉伤有时会与运动后的延迟性肌肉酸痛相混淆。一般肌肉拉伤患者大多有外伤史,症状在受伤即刻或稍后的时间出现,疼痛的性质趋于锐痛,疼痛范围小,最痛点常局限于伤处,继续活动时症状可加重。

(三)处理

发生肌肉拉伤后应立即以冷水冲洗浸泡,冷镇痛、气雾剂或冰袋冰敷,弹力绷带加压包扎,局部制动。30分钟后去除冷敷,改用海绵或棉花加压包扎,减少伤肢的活动,抬高伤肢休息。怀疑完全断裂时,应在局部加压固定患肢的情况下,立即送医院处理。

轻度拉伤可采用针刺疗法,会取得显著疗效。肌纤维部分断裂者,在伤后早期按闭合性软组织损伤的处理原则进行冰敷、加压包扎、将患肢放于肌肉松弛的位置。48小时后开始按摩,手法要轻缓。应将患肢改置于使肌肉牵张位固定一周,以避免受伤的肌肉瘢痕粘连或挛缩,导致日后肌肉被动伸展不足。

轻度肌肉拉伤,只有少量的肌肉纤维断裂,不用停止训练,可以边恢复边训练,但应该减少运动量和运动强度,避免重复受伤动作,以损伤部位疼痛加剧为限度逐渐增加运动量,直至正常训练强度。

中度至重度肌肉拉伤,早期以休息恢复和治疗为主,局部肿胀消退,疼痛减轻就可以进行恢复性运动。恢复运动应遵循以下顺序:先静力性练习,再无负荷的动力性练习,最后负重的静力性练习与动力性练习相结合。

每一次的康复练习结束后,都必须做充分的牵拉训练,避免损伤部位发生粘连。

(四)预防

在运动前应做好科学的准备活动,其中准备活动中的静态拉伸各组大肌肉群是十分重要的。尤其是在寒冷季节,应该适当延长准备活动的时间。运动结束后进行放松活动,可以采用静态和动态交替的放松拉伸方式,有利于肌肉疲劳的快速消除。加强易伤肌肉的力量和伸展性练习,使拮抗肌组的力量达到相对平衡,是防止肌肉拉伤的有效措施。除此之外,合理安排运动量、纠正和改进动作和技术上的缺点等,均有助于预防肌肉拉伤的发生。

三、急性腰扭伤

由于腰部用力超过腰部软组织(肌肉、筋膜、韧带等)的生理负荷量所造成程度不同的纤维断裂或小关节微动错缝,称为急性腰扭伤。急性腰扭伤有各种原因,例如跌倒、突然变向或者其他损伤导致的腰部疼痛,多持续不超过六周,这类损伤比较复杂,可累及肌肉、筋膜、韧带和关节。

(一)原因和原理

核心稳定力量不足,身体负重过大,超过所能承受的范围时,会发生腰部肌肉和筋膜的撕裂伤。运动过程中动作错误、用力过猛也是致伤的常见原因。腰部的过伸或过屈活动超越了棘突的功能范围,可导致继棘间韧带损伤或棘突骨膜炎。场地湿滑导致失去重心也是常见的致伤原因。碰撞导致身体失去重心,往往是急性腰扭伤的重要原因。在非接触类的项目中,突然地转身、变向启动,也可能导致重心不稳造成扭伤,例如篮球防守中的移动、排球的防守救球等。

(二)征象

如有明显的受伤,严重受伤时有撕裂感,伤后腰部有不同程度的肿胀、疼痛和皮下瘀斑。受伤后活动受限,背部肌肉紧张。疼痛和动作的关系如下。

(1)腰背肌拉伤者弯腰和侧屈时疼痛。

(2)棘上韧带损伤者过伸、过屈脊柱都可感疼痛,而侧屈时疼痛不明显。

(3)损伤的局部一般有明确的压痛点,肌肉损伤以第三腰椎横突压痛明显。

(4)棘突发炎和棘上韧带损伤,则以腰背部中线棘突和棘间隙压痛明显。

(三)处理

急性腰扭伤后,要对局部进行冷敷,限制运动。急性疼痛期应卧床休息,腰部垫一薄枕,以便放松腰肌。也可与俯卧位相交替,避免受伤组织再受牵扯,以利修复。轻度扭伤需体息2~3天,较重扭伤需休息一周左右。此外,外贴活络止痛膏内服活络止痛药、火罐疗法、理疗及局部封闭均有一定疗效。

(四)预防

(1)腰背肌肉力量练习,负重练习效果更好,要充分做好准备活动,经常对腰部进行自我按摩,避免突然用力的动作。

(2)采用合理技术动作和用力方式,在提拉重物时应屈腿直腰再起立,以避免腰部肌肉筋膜损伤。

(3)避免长时间坐位不动,注意用力过程中呼吸的控制。

(4)加强核心稳定性力量训练,提高身体控制能力。

(5)注意场地设施的安全性检查,地上的水、沙子要立即进行清理。

四、腰椎间盘突出症

椎间盘是上下椎体间的软骨性组织,由软骨板、髓核和纤维环组成。腰椎间盘突出症主要是指下腰部椎间盘的纤维环破裂和髓核组织突出,压迫和刺激相应水平的一侧或两侧坐骨神经根所引起的一系列症状和体征,又可称腰椎纤维环破裂症或腰椎髓核脱出症。主要是指下腰椎,尤其是腰3～4、腰4～5、腰5、骶1和椎间盘的纤维环破裂和髓核组织突出。腰椎间盘突出症是一种常见的腰腿痛疾病,多发于20～45岁的青壮年。在运动创伤中,常见于举重、体操、跨栏排球、投掷、游泳等项目的运动员。

(一)原因和原理

椎间盘的厚度在脊椎各段并不一致,腰椎最厚,胸椎最薄。在椎间盘发生退行性变的基础上,当腰椎间盘突然或连续受到不平衡外力作用时,均能使椎间盘的纤维环破裂和髓核组织突出。椎间盘随着年龄增长组织水分减少而失去弹性,椎间隙变窄,周围韧带松弛等一系列退行性改变是造成椎间盘纤维环容易破裂的内因,急性或慢性损伤为发生腰椎间盘突出的外因。

(二)征象

腰痛和坐骨神经痛是椎间盘突出症最主要的症状。

(三)处理

本病处理的目的是还纳突出的髓核,增强腰背肌力量。可选用下列方法还纳。

(1)悬吊牵引还纳法:患者双侧腋部挂在双杠上,悬吊牵引5～10分钟后,由医者将其身体向前后推晃摆动。

(2)牵拉按压还纳法:患者俯卧,在患者胸部和耻骨部垫枕,助手二人分别牵拉患者腋部和踝部对抗牵拉。在维持牵拉的情况下,医者双手重叠按压震动受伤的腰椎部。

(3)电动间歇牵引还纳法:利用电脑控制的牵引机,仰卧屈髋进行间歇性牵引还纳。

(4)功能锻炼:复位待疼痛缓解后,即可开始做仰卧5点、3点或4点支撑的拱桥练习。安排适当的活动量,功能锻炼需每天坚持,直到痊愈为止。

五、踝关节扭伤

踝关节扭伤较为常见,占关节韧带损伤的首位。踝关节的韧带主要有3条,即内侧副韧带、外侧副韧带和下胫腓韧带。内侧副韧带的纤维比较致密、坚强,故单纯内侧副韧带损伤较少见,一旦损伤,则往往造成内踝撕脱骨折。外侧副韧带较内侧副韧带薄弱而分散,所以外侧副韧带,尤其是距腓前韧带和跟腓韧带损伤较常见。

(一)原因和原理

体育运动中常常出现场地不平整,碰撞或因跳起、落地时失去平衡或不慎踩在他人脚上的情况,均可使踝关节过度内翻、跖屈或外翻而造成踝关节韧带损伤。如果落地姿势不正确,身体重心向内侧偏移,使踝关节突然外翻,会导致内侧三角韧带损伤。

(二)征象

韧带韧带损伤部位有疼痛、压痛、肿胀、活动受限。有明显的踝足突然跖屈、内翻或外翻的扭伤史,损伤后踝关节外侧或内侧疼痛,走路及活动关节时最明显。踝关节外侧或内侧迅速出现局部肿胀,并逐渐波及踝关节前部及足背。可出现皮下瘀斑,伤后2~3天最为明显。距腓前韧带受伤,压痛点在外踝前下方;距腓后韧带受伤,压痛点在外踝尖偏后下约1厘米处;三角韧带损伤,压痛点在内踝前下方或内踝尖下方。

(三)处理

伤后立即给予冷敷加压包扎,抬高患肢并固定,适当休息。新伤固定时应将损伤韧带置于松弛位。注意损伤部位的肿胀、瘀血程度,如果肿胀瘀血明显,可增加冷敷时间和次数,以达到减轻肿胀、疼痛的作用。受伤24~48小时以后,可在踝关节周围用轻轻的推磨、揉、揉捏、切法、理筋等手法按摩。

踝关节伤后的功能恢复以及伤后的运动包括恢复关节活动度及柔韧性、踝关节力量练习、踝关节平衡能力的练习以及踝关节灵活性的练习等。

(四)预防

(1)进行踝关节稳定性力量练习,例如提踵练习、平衡垫上站立练习。
(2)运动前应充分做好准备活动,搞好场地设施维护和提高自我保护能力。
(3)运动时合理地使用护具,伤后训练时合理使用粘膏支持带、护踝等护具。
(4)运动员在进行有身体接触项目运动时,严禁粗野动作。
(5)掌握落地不稳时的自我保护方法。

第五章　运动卫生与医务监督——科学健身之路的卫士

第一节　环境卫生与个人卫生

扫码观看
同步慕课

环境是人类和生物赖以生存的地方,由自然环境和社会环境两大部分组成,两者紧密联系、相互影响,共同作用于人体。环境和人类是相互对立、相互制约、相互依存又相互转化的,环境既是人类生长发育所必需的物质和能量的来源,又是一切感觉、反射活动的源泉,还是新陈代谢产物和废弃物的净化场所。人类通过调节自身以适应不断变化的外界环境,同时,人类的生活、生产活动也不断地改造环境,创造有利于自身生存和发展的环境条件。

一、运动环境对人体健康及运动能力的影响

(一)冷环境对人体健康及运动能力的影响

冷环境一般指气温在 0 ℃ 以下的环境。人们之所以能在寒冷的环境中劳动和生活,除了必要的衣着保护外,更重要的是依赖于自身的调节和适应能力。坚持在冷环境中运动,可改善人体对寒冷的适应能力,提高耐寒力,有利于身体各系统机能的进一步加强。

1. 机体对冷环境的适应

研究表明,人处在较冷气温中几个星期后,寒颤的发生会推迟。适应的人可以增加非寒颤产热过程,以保证产热,使寒颤减轻。非寒颤产热过程主要来自人体脂肪组织产热和运动产热。

2. 寒冷环境中的运动能力

寒冷环境中进行体育活动会因外周血管的舒张而降低身体对寒冷的绝缘能力,但是运动中旺盛的新陈代谢率会使体内产热量增加,仍然能够保持与热平衡的相适应。经常在冷环境中锻炼可以加速对寒冷的适应。

3. 在寒冷环境中运动时的疾病预防

如果长时间暴露在寒冷的环境中,低温的刺激会使机体发生损伤,一般分为局部性损伤(冻伤)或全身性损伤(冻僵),在冬季或寒冷地区运动的人应该十分注意机体的保暖,运动前增加热身活动可以提高机体的新陈代谢能力,使机体做好抵御寒冷的准备。

(二)热环境对人体健康及运动能力的影响

环境温度对运动能力的影响主要表现在两个相矛盾的方面,一方面是要充分的血液供应以保证肌肉代谢所需,而另一方面代谢产生的热,又必须尽快通过血液从深部组织传递到皮肤表面散热,这样一来又无法满足收缩中的肌肉对氧的需求。

1. 体温调节与热适应

在高温与热辐射的长期反复作用下,人体会在一定限度内逐渐产生对这种特殊环境的适应,主要表现在体温调节、水盐代谢和心血管机能方面的改善。热适应锻炼所需的时间与锻炼的强度和气候条件有关,一般约需要5~7天。

2. 热环境中的运动能力

人体进行体育运动时的最佳体温是37.2℃,骨骼肌的温度是38℃。在温度适宜的环境中,体温会因体内产热量增加而升高到40℃,剧烈运动时可能还要高。因此要避免在高温高热的条件下进行体育锻炼。

3. 预防运动中的热疾患

人体的热适应有一定的限度,如果超过人体适应能力的范围,可引起正常生理机能紊乱,造成运动热疾患的发生。为了避免这种情况,热环境中的体育锻炼应尽量选择在早上和傍晚较凉爽的时候进行,并安排有规律的饮水和休息时间。

二、运动卫生

运动卫生,包括个人卫生、精神卫生和运动训练的卫生。了解并研究运动卫生的基本内容及其与人体健康、体育锻炼效果之间的相互关系,对保护和增进运动者的身体健康,更好地指导各类体育运动参与者,尤其是在培养青少年具有良好的个人卫生习惯、注意个人精神卫生和选择良好的运动环境的能力等方面具有重要的意义。

个人卫生是体育卫生的重要组成部分,体育运动参加者的个人卫生状况不仅对促进个人健康、预防疾病具有重要作用,还能提高身体锻炼的效能和对伤害事故的预防水平。

(一)建立合理的生活制度

生活制度是指对一天内的睡眠、饮食、工作或学习和体育锻炼等各项活动作出基本固定的时间安排。

人的一切活动都是在大脑皮质的支配下进行的,大脑有关神经细胞建立有规律的活动秩序就是大脑皮质活动的"动力定型"。例如,有了定时进行体育活动的习惯,到了相应的时间,神经系统的兴奋性会增高,在神经体液的调节下,呼吸系统、循环系统以及机体的代谢能力,也会随即加强,以适应体育活动的需要。

1. 保证充足的睡眠

睡眠是人的一种生理需求,约占人生的1/3的时间,皮质细胞中由于工作所消耗的能量物质可在睡眠中得到恢复。睡眠不足可使大脑皮质工作能力下降,长期睡眠不足可使大脑皮质细胞的功能失调,严重影响身体健康。人每天应保证一定的睡眠时间,年龄越小需要睡眠的时间也越长,一般来讲,成年人每天应有8小时的睡眠,中学生约有9小时的睡眠,小学生则需要10小时左右。身体活动量较大时,应适当增加睡眠的时间。

2. 养成良好的饮食卫生习惯

良好的饮食卫生习惯,对保证消化系统的正常生理活动和营养物质的吸收具有重要的意义。对体育运动参加者来说,还应该注意进餐与体育运动之间应有一定的时间间隔。

3. 坚持参加体育锻炼

体育锻炼是以增强体质为目的的身体活动过程,通过体育锻炼能促进机体的新陈代谢,增进身体健康。因此,在每天的生活中应保证有一定的体育锻炼时间。少年儿童正处在生长发育时期,每天安排适当的体育活动,对促进他们的正常生长发育具有重要的意义。

4. 经常进行自然力锻炼

自然力锻炼是指利用日光、空气和水等自然条件进行的一种身体锻炼。自然力锻炼对于提高机体对外界自然环境的适应能力和对疾病的抵抗力有积极的作用。自然力锻炼还能增强中枢神经系统的调节功能,改善心血管、呼吸、皮肤等器官系统的功能,促进新陈代谢,从而达到增进人体健康的目的。例如,空气浴、冷水浴、日光浴等。空气浴主要是利用空气的温度、湿度、流速以及离子的作用来刺激皮肤,反射性地引起体表血管的收缩和舒张,借以改善体温调节功能。冷水浴主要是利用水的温度、压力和化学作用等进行身体锻炼的一种方式。冷水浴有提高神经系统的兴奋性,可使呼吸加快、心脏搏动加强,体表血管收缩以及加速人体物质代谢过程等作用。日光浴主要是利用日光光谱射线对机体的作用来增进身体健康的一种锻炼方法。紫外线有杀菌和预防佝偻病等作用。日光浴时,头部和眼睛应避免太阳的直射。

(二)穿着应清洁、舒适、美观

人的穿着主要有服饰、鞋帽等,它们对人体起着保暖和防止外界不良因素侵害的作用。进行体育运动时应选择舒适、松软、透气性好的和有利于运动能力发挥的服装。体育锻炼时的鞋子应轻便、柔软、富有弹性和具有良好的通风透气性能,并符合运动项目的特点。

(三)保护好皮肤和牙齿

皮肤除了能保护机体免受外界侵害外,它还是一个感觉器官,皮肤里分布着丰富的神经末梢、大量的汗腺以及皮脂腺。当汗腺和皮脂腺的开口被封堵时,就有可能因细菌的繁殖而发生疖肿和毛囊炎,所以体育锻炼后应洗澡,以保持皮肤清洁。牙齿间经常会留有食物残渣,因此餐后要用温水漱口,以保证口腔的卫生。

(四)女性月经期的体育卫生

月经是女性正常生理现象,在月经期间人体一般不出现明显的生理机能变化,因此月经正常的女性在月经期间可以参加适当的体育活动。通过这些活动,不仅可以改善盆腔的血液循环,减轻盆腔的充血现象,而且运动时腹肌和骨盆底肌的收缩与放松活动,对子宫所起的柔和的按摩作用还有助于经血的排出。此外,丰富多彩的体育活动还可以调节大脑皮质的兴奋和抑制过程,从而减轻全身的不适反应。

女性经常参加体育锻炼,不仅可以促进身体的生长发育、增进健康、提高身体各器官和系统的机能水平,能更好地胜任对身体要求较高的工作任务,还可以使身体各部分的肌肉组织得到协调、均衡的发展。特别是通过体育锻炼能使腹肌、腰背肌、盆底肌的肌肉力量增强,这对于女性妊娠期的身体健康和顺利分娩都有很大好处。

月经期间不适宜游泳,避免做剧烈的大强度的或震动大的跑跳动作,以及使腹内压明显增高的屏气和静力性动作,以免子宫受到过大的震动或由于腹内压过于增高,而使子宫受压受推,造成经血过多或引起子宫位置的改变。日常应加强腰腹肌和骨盆底肌的锻炼,这样既可以防止在运动中发生子宫位置的变化,又可预防在月经期发生疼痛等不适反应。对于月经紊乱以及痛经和患有内生殖器炎症的女性,在月经期间应暂停体育活动。

三、精神卫生

一个人的健康包含身体、精神和环境适应三个方面的良好状态。人类为了更好地适应环境,在生活过程中不断地对所感知到的环境刺激做出相应的心理和生理反应。精神卫生的概念是维护和增进个体的精神健康水平,培养健全的人格,完善良好的社会适应能力以及防治心理障碍和心理疾病。精神卫生与人体的生理活动和社会实践有着密切的联系。注意个人精神卫生,应加强自身的思想修养,陶冶道德情操,提倡精神文明。在社会活动中应该努力做到胸襟开阔,乐观开朗,勤于奋斗,敢于开拓,愉快活泼。在社交活动中要正确地对待自己和别人,严于律己,宽以待人,并乐于助人。注意个人精神卫生,还必须加强学习,培养自己广泛的兴趣爱好,提高自己对美好事物的欣赏能力,从而使生活丰富多彩,对生活充满信心。

精神健康的标准如下:

(1)智力正常。智力是人的观察力、注意力、想象力、思维力和实践活动能力的综合体现,智力正常是人正常生活的最基本的生理条件。

(2)善于协调与控制情绪,保持心境良好。

(3)具有坚强的意志品质。意志是人意识能动性的集中体现,是个性重要的精神支柱。健康的意志有以下特点:目的明确合理,自觉性高,善于分析情况,果断有毅力,心理承受力强,自制力好,不放纵任性。

(4)人际关系和谐。乐于与人交往,既有广泛的人际关系,又有知心的朋友。在交往中保持独立而完整的人格,不卑不亢。能客观评估别人,取人之长,补己之短,宽以待人,友好相处。交往中积极态度多于消极态度。

(5)能动地适应和改造现实环境。有积极的处事态度,对社会现状有较正确的认识,其心理行为能顺应社会文化的进步趋势,勇于改造现实环境,以达到自我实现与奉献的协调统一。

(6)保持人格的完整与健康。人格完整与健康的标志:第一,以积极进取的人生观作为人格的核心,并以此有效地支配自己的心理行为;第二,具有清醒的自我意识,不产生自我同一性混乱;第三,有相对完整统一的心理特征;第四,人格的各个结构要素不存在明显缺陷与偏差。

(7)行为符合年龄特征。心理健康者应具有与同年龄多数人相符合的心理行为特征。

四、运动训练卫生

运动训练卫生应遵循以下基本原则。

1. 循序渐进的原则

在学习运动技能时,要由简单到复杂、由易到难逐步地学会和掌握某项运动技术,在运动量的安排上也要由小到大逐渐增加,每次训练课都要做适当的准备活动和整理活动。运动技能的形成过程具有一定的生理学规律,所谓的运动技能实际是条件反射的形成。

2. 系统性原则

运动训练必须系统进行多次重复才能巩固运动技能,达到高度训练水平,才能巩固肌肉和内脏器官之间的协调性。

3. 全面性原则

指全面提高身体素质,包括速度、力量、耐力和灵敏性,全面提高身体素质对掌握和发挥技术有利,是创造优异成绩的重要条件。

4. 个别对待原则

进行运动时,必须注意参加者的健康状况、身体素质、技术水平、年龄性别和心理状态等个人特点,根据这些来制订不同的运动训练计划。

扫码观看
同步慕课

第二节　运动性疾病

运动性疾病一般是指机体对运动不适应,造成体内调节平衡的功能紊乱而出现的一类疾病、综合征或功能异常。常见的有过度紧张、运动性贫血、运动性蛋白尿、运动性腹痛、运动性中暑等。本节我们主要介绍常见运动性疾病的发生原因与发病机理、症状与体征、诊断、处理方法及预防措施。

运动性疾病发生于运动锻炼或者运动训练中的内脏器官,出现的症状多以运动训练为主要原因,严重程度往往与运动负荷量密切相关,有些会随着运动的停止而逐渐好转。

一、过度紧张

过度紧张是指运动者在比赛或训练时,运动负荷超过了机体的承受能力而引起的生理功能紊乱或病理现象,常在训练或比赛后即刻发生。主要表现为心功能衰竭、上消化道出血和暂时性中枢神经功能障碍。过度紧张的轻重程度差异较大,可涉及某一系统或几个系统,多发生在中长跑、马拉松、自行车、足球、拳击、篮球和短跑等运动项目中。

(一)原因与发病机制

过度紧张的发病机制很复杂。运动强度过大,因为受伤、疾病、身体疲劳导致身体机能下降,运动前准备活动不充分,都可以引发过度紧张。主要有以下几种表现:

1. 晕厥型

一般认为晕厥型的产生是脑缺血造成的,由于供血量的减少或脑血管痉挛而引起的。

2. 脑血管痉挛型

脑血管痉挛型发病机制可能与某些脑血管先天畸形或运动时脑部供血障碍有关。

3. 急性胃肠道综合征

急性胃肠道综合征的病理机制可以用胃局部血液循环障碍来解释。因为激烈运动和情绪紧张时，交感神经占优势，胃肠血管收缩，循环血量大大减少，导致胃黏膜出血性糜烂或溃疡。

4. 急性心功能不全和心肌损伤

急性心功能不全和心肌损伤的发病者可能是因胸部受到直接打击，血管运动神经反射作用引起心脏循环系统休克，也可能是患有某些心脏病。还有观点认为是运动直接引起心肌出血、水肿、炎症、心脏急性扩张等变化，而导致心肌缺血、心肌梗死、急性心力衰竭。

(二)症状与体征

1. 昏厥型

主要表现为意识性意识丧失，昏倒前伴有头晕、耳鸣、眼前发黑、乏力、面色苍白、出冷汗等。昏倒后，意识丧失、手足发凉、脉率增快或正常、血压下降或正常、呼吸减慢或加快。清醒后，全身无力、精神不佳，常伴有头痛、头晕、恶心、呕吐等。

2. 脑血管痉挛型

表现为运动员在运动中或运动后即刻出现一侧肢体的麻木，动作不灵活，常伴有剧烈的头痛、恶心、呕吐等。

3. 急性胃肠道综合征

表现为剧烈运动后即刻或不久，出现面色苍白、恶心、呕吐、上腹痛、头痛、头晕，较重者可呕出咖啡样呕吐物，大便化验潜血试验阳性。

4. 急性心功能不全和心肌损伤

表现为运动中或运动后不久，出现头晕、眼花、步态不稳、面色苍白、发绀、呼吸困难、极度衰弱、恶心、呕吐、咳嗽、咳血、胸痛，甚至意识丧失。检查时心律不齐、脉率快而弱、血压下降等。

(三)处理方法

出现过度紧张均应该中止运动，病情较轻者，让其平卧，注意保暖，进食易消化的食物。

脑血管痉挛出现暂时性肢体活动障碍，应尽快联系急救人员。使伤者平卧或者头低脚高位休息。注意是否有呼吸、心跳异常现象，如果出现，尽快开始心肺复苏。

发生急性胃肠道综合征者,尤其发生胃出血后应休息观察,进流质、半流质饮食或者软饮食,必要时可用止血药。注意观察第二天大便颜色,如果为黑色,说明有上消化道出血。停止训练,休息。

急性心功能不全者,应立即采取半卧式,现场给予吸氧。半昏迷者针刺或点掐人中、百会、涌泉等穴。伴呼吸、心跳停止者,立即进行人工呼吸和胸外心脏按压,同时呼救,转送医院进一步抢救。保持呼吸通畅,解开过紧的上衣、裤带。

(四)预防措施

预防的关键是做好身体机能评定,运动者参加训练或参加激烈比赛前应做全面的体格检查,以排除某些潜在性疾病(如心血管系统、消化系统等)。根据身体机能水平,选择合适的运动强度,在运动员伤病后恢复训练初期尤为重要。还应遵守科学训练和比赛的原则。做好充分的准备活动,避免运动强度突然增加过快,运动后要使身体各部分达到充分的放松。训练或比赛时加强医学观察。出现异常感觉时需要查明原因,有慢性疾患,如溃疡病、肠胃炎、心电图异常者要特别注意。

出现问题后,恢复训练的时间要听从医生的建议,在症状消失后,逐渐提高运动强度和运动量,并且要注意每次训练后的身体反应。

二、运动性贫血

循环血液的红细胞计数或者血红蛋白浓度低于正常时称为贫血。一般血红蛋白的降低,常伴有红细胞的减少。贫血通常是一种症状,而不是具体的疾病,但许多原因不同的贫血常有类似的特殊临床表现和血细胞形态学方面的变化,所以也可以归纳为一种综合病症,例如缺铁性贫血、再生障碍性贫血、运动性贫血。

运动性贫血是指直接由运动训练所造成的血红蛋白量低于正常值的贫血。

(一)原因与发病机制

引起运动性贫血的原因及机制复杂,基本上有造血不良、红细胞过度破坏以及急、慢性失血等,多数学者认为与以下因素有密切关系。

1. 血红蛋白合成减少

血红蛋白合成需要足量的铁、蛋白质、维生素 B_{12} 和叶酸等。主要是大强度负荷运动时,体内铁、蛋白质、维生素 B_{12} 和叶酸丢失,造成血红蛋白合成原料不足。运动员的贫血约半数为缺铁性贫血。

2. 红细胞破坏增加

剧烈运动时,由于肌肉的极度收缩挤压或牵伸造成相应部位的微细血管的溶血或红细胞的破坏增多，同时由于脾脏收缩释放较多溶血卵磷脂，使红细胞破坏增多。剧烈运动时，血酸度增加，耳茶酚胺分泌增多，可引起红细胞膜滤过性和变形性改变，加速了网状内皮系统对红细胞的破坏，因此红细胞寿命缩短。

3. 运动项目

研究结果表明，田径，尤其是长距离竞赛运动员、马拉松运动员出现贫血的概率大大高于其他项目的运动员，体操运动员也多见贫血，这可能与他们控制摄取量以维持较轻体重有关。

4. 失血

剧烈运动时若引起胃肠道出血、血尿、血红蛋白尿、组织或内脏损伤，女运动员月经过多等都会造成不同程度的急、慢性失血。

(二) 症状与体征

运动性贫血的症状轻重，取决于贫血产生的速度、贫血的原因和血红蛋白浓度降低的程度。一般表现为皮肤苍白、面色无华、疲倦乏力、头晕耳鸣、记忆力衰退、注意力不集中等。心肺系统则有贫血造成血氧减少，运动时易出现气促、心跳加快，运动后出现心悸，严重者心尖部可以听到杂音等表现，还可能发生浮肿。安静时心率加快。神经系统可出现头痛、头晕、失眠、反应力下降等症状。女性剧烈运动易出现月经紊乱或闭经。

(三) 处理方法

(1) 饮食疗法。传统治疗贫血的方法是饮食疗法，通过补充铁、蛋白质、维生素等造血原料纠正贫血。

(2) 合理安排运动量。出现运动性贫血后，应停止大中强度的运动，以治疗为主，待血红蛋白值上升后，再逐渐恢复运动强度。

(3) 适当采用药物治疗。常用治疗贫血的药物，有硫酸亚铁、富血铁、叶酸、维生素 B_{12} 等。还可以通过中医药的调理来改善运动性贫血。

(四) 预防

(1) 平衡膳食。平衡膳食应包括七大类食物：谷物、食用脂肪粒、肉蛋鱼类、根茎薯类、奶类、水果类、蔬菜类。应该克服偏食和挑食的不良习惯。

(2) 定期监测。经常参加大强度运动时，应定期检测血红蛋白和血清铁蛋白，做到早发现、早预防。尤其是在参加大强度运动初期，耐力运动员、女青年运动员更应定期检查。

三、运动性腹痛

运动性腹痛是胃肠道主要症状之一，是由运动引起或诱发的腹部疼痛。中长跑、马拉松、自行车、篮球、排球和体操运动等项目发生率较高。

(一)病因与发病机制

1. 腹内疾病

肝炎、胃炎、胆囊炎、泌尿系结石阑尾炎等腹内某些急慢性疾病,由于运动时内脏血管的收缩缺氧生成代谢产物的刺激,被膜炎症、胆管平滑肌的痉挛性收缩都可以引起腹部疼痛。特别是肝胆疾病,在剧烈运动时更容易出现腹痛。

肝脏淤血:其发生原因可能与运动中心血管功能不协调有关。开始运动时,由于准备活动不充分,就加快速度和加大强度,致内脏器官功能在还没有提高到应有的活动水平上,就承担了过分的负荷。特别是心肌收缩力较差时,心腔内压力增加,下腔静脉回心血量受阻,进一步导致下腔静脉压力升高,肝静脉回流受阻,使被膜上的神经受到牵扯,因而产生肝区疼痛。疼痛的性质多为钝痛、胀痛和牵扯性疼痛。主要疼痛区在右上腹部。

呼吸肌痉挛:呼吸肌包括肋间肌和膈肌,当其痉挛时多感到季肋内部和下胸部锐痛,与呼吸活动有关,患者往往不敢做深呼吸。

2. 腹外疾病

常见的有右下肺炎、胸膜炎等腹外疾病引起反射性或牵扯性腹痛。

3. 胃肠功能紊乱

运动时体内血流量重新分布,胃肠道血流量相对减少(约为安静时的30%~40%),运动前饮食不当(过饱、过饥或者食用产气食物、含纤维素过多的食物、过量冷饮)都会引起腹痛。运动时腹部受凉等也可引起胃肠道蠕动紊乱,使胃壁、肠壁和肠系膜神经受到牵扯,胃肠道平滑肌发生痉挛,而引起腹痛。

4. 腹部挫伤

拳击、足踢、冲撞等钝性暴力作用于腹部,造成单纯腹壁挫伤而出现腹痛等。

(二)症状与体征

运动性腹痛的主要症状是腹痛。但是腹痛的程度、腹痛的部位、腹痛的性质,可因运动负荷的大小、病变脏器所在的部位、引起腹痛的原因不同而表现各异。

(三)诊断

首先,了解腹痛的性质、腹痛的部位、腹痛的出现与运动强度的关系,区别是由腹内还是腹外疾病引起的腹痛,是否有外伤史,一般物理诊断可采用听诊、触诊、叩诊、腹部穿刺等。其次,进行腹透B超、肝功能化验、血化验检查等。

(四)处理方法

(1)对因腹内、外疾病所致的腹痛,主要对原发疾病进行治疗。

(2)对于仅在运动时加快速度后才出现腹痛的情况,可适当减慢跑速,调整呼吸和运动节奏,用手按压疼痛部位,常常有助于缓解疼痛,若无效,疼痛剧烈时应停止运动。

（五）预防措施

合理安排进餐与运动的时间，运动前做好充分的准备活动，运动中注意呼吸节奏，避免腹部损伤。加强全面身体素质训练，提高机体的适应能力。

四、运动性中暑

运动性中暑属于急性的物理病因疾病，是由于外界环境中的物理因素（高温）影响人体器官和系统的技能活动而引起的急性疾病。

（一）原因与发病机制

健康人的体温经常保持在37℃左右，受体温调节中枢控制。人体与外界环境间通过传导、辐射、对流和蒸发几种方式不断地进行热交换，即吸热和散热。周围环境温度越高，人体通过辐射散热的作用越弱。当气温达到35℃以上时，蒸发出汗是唯一的散热途径。蒸发的快慢又与空气的湿度及流动的速度有直接关系。体温调节功能失调、汗腺功能衰竭导致汗闭，发生热射病。高温环境下运动时日光直接照射头部，阳光中的射线长时间作用于头部可穿透颅骨，引起脑膜充血、水肿而发生日射病。高温环境下剧烈运动时，出汗过多，水盐代谢紊乱，血中氯化钠浓度降低，引起肌肉兴奋性增高，导致肌肉痉挛。如果未及时补充水盐饮料可导致脱水，血液浓缩，血液黏稠度增高，血容量不足，引起周围循环衰竭而发生中暑。

1. 体温调节

血液循环和汗腺功能对调节体温起主要作用。

2. 中枢神经系统

高温对中枢神经系统有抑制作用，导致注意力不集中，对外界反应迟钝，动作准确性和协调性差。

3. 心血管系统

由于散热的需要，皮肤血管扩张，血液重新分配，同时心搏输出量增多，如果心脏负担加重，最终导致心功能减弱、心搏输出量减少，输送到皮肤血管的血液量减少而影响散热。

4. 水盐代谢

出汗是高温作业中的主要散热途径，大量出汗伴有盐丢失。丢失水分过多，可引起循环障碍而发生热衰竭。丢盐过多和补盐不足，可引起肌肉痉挛而发生热痉挛。

（二）症状与体征

（1）中暑痉挛（热痉挛）：四肢肌肉、肌腹等发生痉挛，血及尿中的氯化物减少。

(2)中暑衰竭：明显脱水表现，皮肤苍白、出冷汗、软弱无力、脉搏细快、呼吸表浅急促、血压下降、意识模糊或者昏迷，同时伴发热痉挛。

(3)热射病(中暑性高热)：轻症有疲乏、头昏、头痛、口渴、多汗，伴有体温升高、脉搏和呼吸加快。重症时，症状恶化，或发病很急，皮肤灼热而无汗，体温可达 40～42℃。意识模糊，以致完全昏迷，周围循环衰竭，血压下降，瞳孔缩小，对光反射迟钝。不及时抢救有死亡危险。

(4)日射病：轻症者头痛、头昏、恶心、呕吐等。重症者出现昏迷、体温不高，或仅仅有轻微升高。

(三)诊断

运动性中暑较容易诊断，在炎热天气下剧烈运动或长时间运动，原健康者骤然出现虚脱，首先应该想到的是运动性中暑。约 20% 患者可能持续几分钟或者数小时的先兆症状，如头晕、无力、恶心、头痛等，基本上可诊断为运动性中暑。

(四)处理方法

患者可分为轻症和重症。轻症患者，经过休息和一般对症处理即可好转。重症患者应立即离开中暑的环境并进行积极抢救。

(1)对于中暑痉挛与中暑衰竭者：静脉注射生理盐水或葡萄糖，意识清醒者，可口服含氯化钠的饮料。痉挛者可牵伸痉挛的肌肉使之缓解。

(2)热射病者：采用迅速有效的全身降温，积极使用物理降温和药物降温法，可用冷水浴冰帽、酒精擦浴等。严重的热射病患者，若抢救不及时，有死亡的危险。

(3)日射病患者：采用头高脚低位，头侧向一边，头部用冰袋或冰水湿敷。

(五)预防措施

(1)作息时间。高温季节合理安排运动时间，耐力性运动宜安排在上午 9 点以前和下午 4 点以后。

(2)运动服装。高温季节运动服和保护装置穿着过多会妨碍散热，应穿利于排汗散热的服装。

(3)防暑降温饮料。高温季节运动，应准备一些防暑降温饮料，例如低渗含糖盐饮料。

(4)普及中暑知识。运动员了解中暑早期的症状，如口渴、大量出汗或皮肤干燥、汗毛竖起、头部血管跳动明显、注意力不集中、四肢乏力、步态不稳、头昏眼花等，能够酌情终止运动。高温季节应加强医务监督，身体欠佳、饥饿、疲劳、肥胖者不宜在高温环境中进行剧烈运动。

第六章　运动营养与能量代谢——科学健身之路的助推剂

第一节　营养素与运动

扫码观看
同步慕课

所谓营养，即指人体为了维持生存而从外界摄取必要的材料，而这些材料就被称为营养素。具体而言，营养素（nutrient）就是食物中可以给人体提供能量、构成机体和组织修复以及具有生理调节功能的化学成分。

营养素包括糖类、脂类、蛋白质、矿物质、维生素、水和膳食纤维（见图6-1）。其中，由于糖类、脂类和蛋白质在体内的数量和每日摄入量较多，又被称为宏量营养素，也叫能量营养素。微量营养素是维生素和矿物质的总称。水和膳食纤维以及其他生物活性物质为其他营养素。

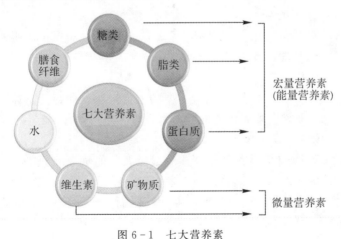

图6-1　七大营养素

食物是营养素的载体。食物如果能提供与所食能量成正比的充足维生素和矿物质,称为营养素密集食物,如全谷类食品;有些食物营养素含量较为单一,除了提供能量外,几乎不含其他营养素,称为非营养素密集食物,如油脂、酒类、精制糖等;还有一类食物称为宏量营养素代用品,即加入食物中的低能量配料,可能对健康有益,如降低能量、减少龋齿,主要是脂肪和糖的代用品。

各种营养素的功能既独立又密切相关,单一食物不能满足人体对各种营养素的需求。其中,碳水化合物、蛋白质、脂肪是机体的主要结构成分及能量来源,而维生素、矿物质和水对机体物质能量代谢以及内环境的变化有重要影响。

如今已确认的人体必需营养素有42种,包括蛋白质中的9种氨基酸、脂肪中的2种不饱和脂肪酸、1种碳水化合物、7种常量元素、8种微量元素、14种维生素以及水。这42种营养素中的任何一种都不能缺乏,否则会出现相关的营养缺乏病。

下面分别介绍七大营养素与运动的关系。

一、糖类与运动

提到糖,人们会联想到甜甜的食物,那么甜的物质一定是糖吗?其实很多糖类是不甜的,比如淀粉、肌肉中的糖原和膳食纤维,而诸如木糖醇、阿斯巴甜等甜味剂其实并不属于糖。那么什么是糖类呢?糖类是一类由碳、氢、氧三种元素组成,含有多羟基的醛或酮的有机化合物,又称为碳水化合物(carbohydrate)。糖类食物被消化成单糖后在小肠吸收,进入血液成为血糖。血糖再进入肝脏、肌肉或其他组织后,转变为糖原或其他非糖物质。

(一)糖类的营养功能

在生活中常听到"抗糖"或"低碳水"饮食减肥,这种观点正确吗?对身体是否有危害呢?其实,糖类在维持生命活动和运动中是非常重要的(见图6-2)。

1.储存和供给能量

糖类是人体从膳食中最经济、最主要的能量来源。葡萄糖是体内唯一一种能在无氧和有氧条件下均可供能的营养物质,人体每日所需能量的55%~65%来源于糖类的供应。

(1)糖类是人类生存的最基本物质和最重要的能量来源,是大脑、肌肉等全身器官活动的主要能量来源,也是最快速、最经济的能源物质。

(2)糖类在运动强度增加时能起到能量池的作用。糖原储备和血糖水平对运动非常重要,当糖贮量减少时,不仅使机体的耐力下降,也影响其速度,使机体的最大输出功率下降。

(3)糖类以糖原的形式储存于肌肉(肌糖原)和肝脏(肝糖原),人体内肌糖原约为300~400克,肝糖原约为80~100克。糖类可转变为甘油和脂肪酸或合成脂肪储存在体内,也可转变为氨基酸及其他单糖(如核糖、脱氧核糖或半乳糖)。这些物质是体内许多重要物质的必需原料。

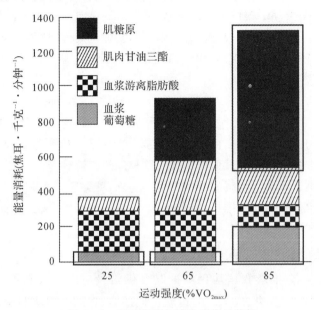

图 6-2　运动强度与糖类的能量消耗

2.构成机体成分

(1)糖与脂形成的糖脂是细胞膜与神经组织的结构成分之一,对维持神经组织系统的机能活动有重要作用。

(2)糖与蛋白质结合的糖蛋白也是细胞膜的重要结构成分,而且是一些具有重要生理功能的物质(如抗体、酶和激素)的组成成分。

(3)核糖及脱氧核糖是细胞核酸的重要组成成分。

(4)黏多糖广泛存在于细胞间质和结缔组织中,是构成软骨、肌腱和韧带止点的成分。

3.节约蛋白质作用

(1)摄入足够的糖类,可以防止体内和膳食中的蛋白质通过糖异生作用转变为葡萄糖,减少蛋白质分解供能。

(2)碳水化合物还能促进蛋白质的吸收和利用。

4.抗生酮作用

脂肪在体内彻底被代谢分解需要葡萄糖的协同作用。脂肪酸氧化不彻底会产生酮体,引起酸中毒,引发酮血症。体内足够的糖类具有抗生酮作用,至少需要 50~100 克糖类才能防止酮血症发生。脂肪在体内完全氧化必须有糖代谢参与,因此,"抗糖"饮食减肥是不科学的。

5. 其他

食物中的糖类除了提供主要能量营养素外,还能改变食物感官性状、提供膳食纤维、增加胃的充盈感(饱腹感)并增强胃肠功能。此外,糖类还可与多种化学毒物结合,在肝脏中发挥解毒作用。而淀粉类多糖——膳食纤维则具有增强肠道功能的作用。

糖类作为人类摄取的主要能源物质,在运动中发挥着重要的作用。糖类可以提供运动所需的能量。短时间大强度运动时的能量,绝大多数由糖供给,长时间小强度运动时,也首先利用糖的氧化供能。糖类还具有延缓运动性中枢疲劳的作用,血液中葡萄糖可通过血脑屏障为脑神经细胞输送养分,是大脑的主要供能物质,糖类供应充足可延缓疲劳的发生。另外,糖类还具有稳定免疫功能的作用,在运动中,当糖充足时,维持血糖浓度处于良好的水平,减少皮质醇等应激激素的分泌,有利于稳定机体免疫功能。

(二)糖类的参考摄入量

中国营养学会推荐我国居民糖的膳食供给量应占全天总能量的55%～60%,即4～6克·千克$^{-1}$·天$^{-1}$,运动员应适当增加,力量项目运动员可摄入5～8克·千克$^{-1}$·天$^{-1}$的糖类,耐力项目运动员可增加为9～11克·千克$^{-1}$·天$^{-1}$。但应注意添加糖的摄入量应小于总能量的10%。

(三)糖类的食物来源

糖类食物来源应多样化,包括淀粉、抗性淀粉、非淀粉多糖和低聚糖类等。膳食中的粮谷类、薯类和豆类食物是糖类的主要来源。单糖和双糖的来源主要是蔗糖、糖果、糕点、水果、含糖饮料和蜂蜜等,这些糖类摄入过多对身体有许多危害,其与肥胖、糖尿病、心血管疾病、龋齿、近视等疾病的发病有关,因此应限制纯能量食物摄入,如糖果、饮料等。

(四)糖类供能特点

糖类为1分钟以上大强度运动的重要能源,通过无氧酵解供能快,维持时间较长,但会产生乳酸,积累到一定水平将导致运动能力下降。长时间、低强度运动时进行有氧氧化,可以高效供能。

二、脂类与运动

脂类(lipids)是人体必需营养素之一,与蛋白质、碳水化合物并称供能的三大营养素,在供给能量方面起重要作用。

(一)脂类的分类

脂类由脂肪(fat)和类脂(lipoids)两大类构成,参与供能的是脂肪,类脂主要参与机体构成。脂肪包括常温下呈固态的动物脂肪(如猪油和牛油)和呈液态的植物油(如豆油和花生油)。类脂的结构类似脂肪,食物中的类脂主要包括磷脂和胆固醇。生活中的各种含脂类食物见图6-3。

图6-3 生活中的各种含脂类食物

脂肪又称为甘油三酯,是由1分子甘油和3分子脂肪酸结合而成的。组成脂肪的脂肪酸种类很多。按照脂肪酸的长短,可分为短链、中链和长链脂肪酸。人体血液和组织中的脂肪酸大多是各种长链脂肪酸。脂肪酸从结构形式上可分为饱和脂肪酸和不饱和脂肪酸,不饱和脂肪酸又分为单不饱和脂肪酸和多不饱和脂肪酸。一般植物和鱼类的多不饱和脂肪酸比畜、禽类高。必需脂肪酸是指人体自身不能合成、必须从食物中获取的脂肪酸,包括亚麻酸和亚油酸。动物脂肪主要由饱和脂肪酸组成,常温下呈固态的称为脂。饱和脂肪酸的缺点是会与胆固醇形成复合物酯,容易沉积在动脉内膜,形成动脉硬化。单不饱和脂肪酸主要为油酸,主要来源有茶油、橄榄油和棕榈油,具有降低胆固醇的作用。多不饱和脂肪酸除对细胞膜功能、基因表达、心血管疾病有影响外,对生长发育也起重要作用。反式脂肪酸不是天然产物,是由氢化脂肪(如人造黄油)产生的,摄入过多会增加患冠心病的风险。

类脂包括磷脂和胆固醇。含有磷酸的脂类为磷脂,是生物膜重要的构成成分,且对脂肪的吸收、转运和储存起重要作用。含磷脂丰富的食物有蛋黄、瘦肉及脑、肝、肾等动物内脏,尤其是蛋黄的卵磷脂含量最多。植物性食物以大豆含量最多。大豆磷脂在保护细胞膜、延缓衰老、降血脂、防治脂肪肝等方面具有良好效果。胆固醇是生物膜的重要构成成分,也是胆汁、性激素、肾上腺激素、维生素D的合成材料,还是血浆脂蛋白的组成部分。胆固醇可以在人体肝脏和肠道中合成。食物中主要来自动物性食物,以动物内脏,尤其在脑中含量最高。健康成人的血浆胆固醇水平一般为3.1～5.7毫摩尔/升,受膳食影响较小。高胆固醇血症(大于5.7毫摩尔/升)患者动脉硬化危险程度增加。富含饱和脂肪酸的食物,多数胆固醇含量也高,应在限制总脂肪摄入的基础上,适当降低动物脂肪比例,提高植物脂肪比例。

(二)脂类的营养功能

在生活中,往往"谈脂色变",但健康合理的膳食是离不开脂类的。

首先,脂肪可以存储和供给能量,并能增加食物的美味和饱腹感,1克脂肪在体内完全氧化可产生9千卡能量,是同质量糖和蛋白质产生能量的2倍以上。其次,脂类是机体重要的组成成分,如磷脂、胆固醇都是组成细胞膜的重要成分,同时还是人体内许多重要活性物质的合成原料,如胆汁和性激素。脂肪还具有提高糖的利用效率、节约蛋白质、御寒、保护脏器,以及促进脂溶性维生素(维生素A,D,E,K)吸收的作用。

(三)脂类的参考摄入量

脂肪摄入过多,可导致肥胖、心血管疾病、高血压和某些癌症的发病率提高。中国营养学会推荐成人一般每天脂肪摄入量应控制在总能量的20%～30%,亚油酸摄入量占总能量的4%,亚麻酸摄入量占总能量的0.6%,饱和脂肪酸摄入应低于总能量的10%,胆固醇摄入量不超过300毫克。寒冷环境下脂肪供给量可适当增加,但不宜超过总能量的35%。

(四)脂类食物的来源

膳食脂肪主要来源于动物的脂肪组织、肉类以及植物的种子,包括两类:动物性食物和植物性食物。动物性食物包括动物油、骨髓、肉类和蛋黄中的脂肪,植物性食物包括植物油、坚果和种子等。饱和脂肪酸存在于黄油、棕榈油、椰子油、牛油、羊油、猪油、鸡油和可可油等;单不饱和脂肪酸主要是油酸(橄榄油、花生油、低芥酸菜籽油、米糠油和葵花子油);多不饱和脂肪酸主要是亚油酸(植物油)和亚麻酸(深海鱼油)。

(五)脂类在运动中的作用

对于普通人来说,脂肪提供能量大约为20%～30%。为维持健康,不建议将脂肪的供能比例降到15%以下,运动强度与脂类的能量消耗见图6-4。

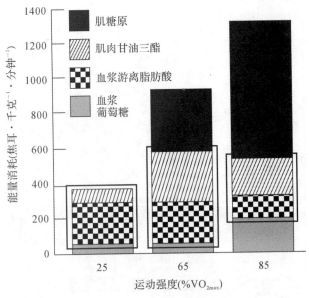

图6-4 运动强度与脂类的能量消耗

运动员脂肪摄入推荐量与普通人相似或稍高一些。在维持能量平衡的情况下,运动员有时需要增加脂肪摄入量从而补充肌肉内甘油三酯储备和提供适量的必需脂肪酸。这取决于运动员的训练安排和目标。例如,高脂膳食比低脂膳食能更好维持血液中的睾酮浓度。通常建议运动员适量摄入脂肪(大约占每天能量摄入的30%),当运动员有规律地进行大运动量训练时,脂肪摄入量增加至每天能量摄入的50%是安全的。膳食脂肪的类型是脂肪发挥作用的重要因素。一般建议脂肪酸供能的比例为饱和脂肪∶多不饱和脂肪∶单不饱和脂肪=1∶1∶1。运动员和健身人群应减少摄入饱和脂肪,主要摄入单不饱和脂肪和多不饱和脂肪。

脂肪具有以下供能特点:①脂肪是高能量营养素,每克脂肪在体内氧化可供给9千卡能量;②肌肉内有肌内甘油三酯,它是身体长时间运动的能量来源;③肌肉含有必需脂肪酸、亚麻酸和亚油酸,需要通过食物进行补充;④脂肪是高能能量物质,为低强度运动提供能量。在缺氧情况下不能供能。

三、蛋白质与运动

蛋白质(protein)是由氨基酸构成,由肽键相连的具有稳定空间结构的生物大分子,是生命的主要存在形式,也是构成人体的重要生命活性物质,如酶、激素和免疫物质等。生活中的各种含蛋白质食物见图6-5。

图6-5　生活中的各种含蛋白质食物

(一)蛋白质的组成

蛋白质主要由碳、氢、氧、氮四种基本元素组成,此外还有少量的其他元素。在不同蛋白质中,其他元素的含量可因结构不同而不同,但氮元素含量在所有蛋白质中基本一致,平均为16%,此特点可用于测试蛋白质的数量。

蛋白质是生物大分子,其基本组成单位是氨基酸(amino acid),组成人体绝大多数蛋白质的氨基酸只有20种。在这20种氨基酸中,有一部分可以在体内合成,其余的则不能合成或合成速度不能满足机体需要。不能合成或合成不足的氨基酸,必须由食物供给,称为必需氨基酸。能在体内合成的氨基酸则称为非必需氨基酸。非必需氨基酸并非体内不需要,只是其可以在体内合成,食物中缺少了也无妨。

(二)蛋白质的营养功能

1.构成和修复组织

蛋白质是构成细胞、组织和器官的主要成分,除水分外,蛋白质约占细胞内物质的80%,并参与构成心、脑、肾、肠等重要内脏器官,也是构成肌肉、皮肤等的主要成分。蛋白质占成人体重的16%~19%,体内细胞生长、增殖与组织修复等都需要新的蛋白质合成。

2. 调节生理机能

人体内的各种功能性蛋白质是调节人体生理机能的重要物质，主要包括蛋白类激素、酶、血红蛋白、肌红蛋白、肌纤蛋白、抗体、血浆蛋白、神经递质、细胞膜和细胞器膜上的各类蛋白质等。

3. 供给能量

蛋白质是机体三大供能物质之一，1克蛋白质供能4千卡。但是能量供给不是蛋白质的主要功能，蛋白质在运动中供能比例较小，只有当机体摄入碳水化合物不足且体内储存的脂肪也不足时，如在饥饿或较大强度、长时间运动时，机体才分解自身蛋白质供能。

4. 维持酸碱平衡

血浆蛋白通过与氢离子结合，使血液的酸碱度维持在恒定的弱碱性，具有调节酸碱平衡的作用。

(三)蛋白质的需要量和参考摄入量

体内的蛋白质每天有3%需要更新，即使摄入营养充分，蛋白质在体内储存量也很少(约1%)，因此每天必须摄入一定量的蛋白质，才能满足机体需要。中国营养学会推荐我国居民每天蛋白质的膳食供给量为1.16克/千克体重，占总能量的10%～15%，运动员可适当增加。富含蛋白质的食物包括瘦肉、鱼类、禽类、蛋类、奶及奶制品、豆类及豆制品、坚果类等。进食蛋白质类食物要注意相互搭配，保证食物多样化。

经常从事体育运动的人群，蛋白质消耗增多，其摄入量也要增加。优质蛋白质摄入量应占总摄入量的1/3以上。摄取优质蛋白质可以促进机体运动后的恢复，加快疲劳的消除，提高身体机能。进行大强度训练的运动员为维持蛋白质平衡，需从膳食中摄入蛋白质的量大大增加(每天1.5～2.0克/千克体重)。如果运动员摄入蛋白质不足，会出现负氮平衡，导致蛋白质分解代谢增加并减慢恢复。最终导致肌肉消耗和对训练承受能力下降。为维持蛋白质平衡，需注意确保运动员膳食摄入足够量的优质蛋白质。建议进行中等量及强度训练的运动员每天摄入1.0～1.5克/千克体重的蛋白质，进行大量强度训练的运动员每天摄入1.5～2.0克/千克体重的蛋白质。尽管少数运动员能通过膳食摄入这些量，但多数的运动员很难通过膳食摄入这么多的蛋白质，因此要予以注意。有些项目的运动员容易发生蛋白质营养不良，如长跑、自行车、游泳、铁人三项、体操、滑冰、摔跤、拳击等。

对于大众而言，进行一般体育活动的人的蛋白质需要量通常为每天摄入0.8～1.0克/千克体重。年长者为预防衰老过程中肌肉组织的丢失，每天可增加蛋白质的摄入量至1.0～1.2克/千克体重。

(四)蛋白质的食物来源

蛋白质食物来源可分为植物性蛋白质和动物性蛋白质两大类。植物性蛋白质:谷类食物中蛋白质的含量约为10%,但赖氨酸的含量较低;豆类食物中蛋白质的含量约为36%~40%,其氨基酸组成比较合理,利用率高,蛋白质的营养价值高于谷类蛋白质,是植物性食物中优质蛋白质的来源。动物性蛋白质:肉类食物的蛋白质含量约为15%~22%,是人体蛋白质的重要来源,营养价值优于植物性蛋白质;奶类的蛋白质含量约为3%~3.5%,人体利用率最高,是优质蛋白质的重要来源;蛋类的蛋白质含量为11%~14%,也是优质蛋白质的重要来源。

(五)蛋白质在运动中的作用

蛋白质具有强力作用,营养学把具有提高运动能力的营养物质称为营养强力物质。在运动训练时,摄入充足的蛋白质不仅能促进骨骼肌的生物合成,促进肌肉肥大和肌力增加,还可延缓运动性疲劳的发生。在特殊情况下,蛋白质可参与运动供能,在肌糖原储备充足时,蛋白质供能占总热量的1%~6%,而当肌糖原耗竭时,其供能占比可达到10%~15%。蛋白质总量上可提供的能量远小于糖类和脂肪,其供能效率低,产生的代谢产物多,正常情况下不能作为主要能源。

四、维生素与运动

维生素是一组维持人体正常生理功能和健康所必需的有机化合物,只需少量即能维持正常生理功能的需要,但缺乏又会引起生理功能障碍和缺乏病。维生素的主要功能为调节机体代谢、能量代谢、维持神经功能和细胞完整。生活中常见的各种含维生素的食物见图6-6。

图6-6 生活中的各种含维生素的食物

(一)维生素的分类

维生素分为脂溶性维生素和水溶性维生素两大类。脂溶性维生素包括维生素A(视黄醇)、维生素D(钙化醇)、维生素E(生育酚)和维生素K四大类,其特点是:仅溶于脂肪和脂溶剂;在肠道随脂肪经淋巴系统吸收,大部分储存在脂肪组织,由胆汁少量排出;可在肝脏等器官蓄积,排泄慢,过量可引起中毒;当膳食中短期摄入不足或缺乏时,可动员储存的维生素来维持正常功能的需要。水溶性维生素包括维生素C(抗坏血酸)和维生素B族两大类,其中维生素B族包括维生素B_1(硫胺素)、维生素B_2(核黄素)、维生素B_6(吡哆醛)、维生素B_{12}(钴氨素)、泛酸(维生素B_3)、叶酸(维生素B_{11})、烟酸(维生素B_5)、生物素(维生素B_7)。水溶性维生素的特点是:在体内不储存,必须经常摄取。当体内这些维生素充裕时,多余部分可通过尿液排出;过量摄取一般不引起中毒,少数例外,如维生素B_6,大量摄入会引起外周神经损伤;摄取不足时,缺乏症状出现较快。维生素构成机体多种酶系的重要辅基或辅酶,参与糖、蛋白质和脂肪等多种代谢过程。

(二)运动人群的维生素缺口

运动人群在进行大强度运动时,会导致胃肠道吸收能力下降,汗液、尿液、粪便排出量增加,体内维生素周转率增加,从而造成维生素缺乏,应注意适量地额外补充维生素。

1. 维生素A

维生素A作为视紫质的组成部分与夜视有关,但无研究表明补充维生素A能提高运动能力。视力紧张运动项目(如射击、射箭、摩托车)的运动员可适当增加维生素A摄入量。维生素A原(β-胡萝卜素)作为抗氧化剂,理论上有助于减少运动引起的脂质过氧化反应和肌肉损伤。生活中的各种含维生素A的食物见图6-7。

图6-7 生活中的各种含维生素A的食物

2. 维生素D

维生素D与钙一起补充可能有助于预防骨质疏松人群的骨丢失,也有可能有助于预防易患骨质疏松的运动员的骨丢失,但不能提高其运动能力。室内训练的运动员应适当增加维生素D的摄入。生活中的各种含维生素D的食物见图6-8。

图6-8 生活中的各种含维生素D的食物

3. 维生素E

维生素E作为抗氧化剂,有助于预防大强度训练时自由基的生成并预防红细胞的破坏,提高或维持运动时氧气向肌肉的释放。维生素E还可提高运动员高原运动的能力。生活中的各种含维生素E的食物见图6-9。

图6-9 生活中的各种含维生素E的食物

4. 维生素K

维生素K促进血液凝固,影响绝经期妇女的骨代谢。优秀女运动员补充维生素K能提高骨钙蛋白结合钙的能力,提高骨生成指标并降低骨重吸收指标。生活中的各种含维生素K的食物见图6-10。

图6-10　生活中的各种含维生素K的食物

5. 维生素B族

补充维生素B族可提高氧化代谢时能量的利用率,增加肌肉质量、力量和有氧能力,还具有平静作用。生活中的各种含维生素B族的食物见图6-11。

图6-11　生活中的各种含维生素B族的食物

6. 维生素 C

维生素 C 参与体内很多不同的代谢过程,包括合成去甲肾上腺素、铁吸收和抗氧化。理论上讲,维生素 C 通过促进运动时的代谢而对运动能力有益。维生素 C 可提高免疫功能,降低运动员感染概率。对于营养状况良好的运动员,补充维生素 C 不能提高运动能力,但可降低上呼吸道感染的概率。生活中的各种含维生素 C 的食物见图 6-12。

图 6-12 生活中的各种含维生素 C 的食物

五、矿物质与运动

(一)矿物质的营养概念

构成人体组织、细胞的所有元素中,除碳、氢、氧、氮以外的其余元素统称为矿物质(见图 6-13),又称为无机盐。根据人体的含量和日需要量可分为宏量营养素和微量营养素,以是否占人体体重的 0.01% 来划分。常量元素包括钙、钾、钠、镁、磷、硫、氯;微量元素包括铁、锌、硒、铜、铬、钼、钴和碘这 8 种人体必需的元素。

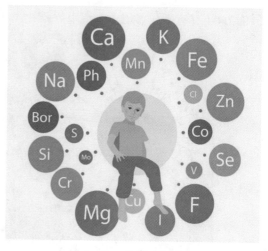

图 6-13 各种矿物质

(二)矿物质的功能

1.常量元素的功能

(1)常量元素是构成人体组织的重要成分,如钙和镁是骨骼和牙齿的成分、钾是肌肉的成分、铁是红细胞的成分、碘是甲状腺的成分、钴是骨髓的成分。

(2)在细胞内外液中与蛋白质共同调节细胞膜的通透性、控制水分、维持正常的渗透压和酸碱平衡,维持神经肌肉兴奋性。酸性元素包括磷、氯和硫,碱性元素包括钠、钾、镁和钙。

2.微量元素的功能

(1)微量元素是酶和维生素必需的活性因子,许多金属酶均含有微量元素。

(2)构成某些激素,且具有影响激素的作用,如甲状腺素(碘)、胰岛素(锌)、肾上腺类固醇(铜)、葡萄糖耐量因子(铬)等。

(3)参与核酸代谢,核酸含有多种微量元素,需要铬、锰、钴、铜、锌维持其功能。

(4)协助常量元素和宏量营养素发挥作用。

(三)矿物质丢失对运动的影响及补充

运动产热会导致大量流汗,引起钠、钾丢失,钙、镁等元素也会不同程度丢失。矿物质丢失会导致体液 pH 值降低,导致运动能力下降、疲劳提前发生,并影响运动后疲劳的恢复。运动员在日常膳食中应注意补充含矿物质较高的食物,在运动的前、中、后还应注意补充运动饮料和运动营养品。

有些矿物质对特定条件下的运动员具有促进健康和增进机能的价值。如素食、偏食这类易患骨质疏松症的运动员服用钙补充品有助于维持骨量。最近还发现,服用钙补充品有助于控制机体成分。有缺铁或贫血倾向的运动员服用铁补充品能提高运动能力。磷酸钠负荷能提高最大摄氧能力、无氧阈,并增加耐力运动能力。在热环境中训练的最初几天钠的摄入有助于维持液体平衡并预防脱水。在训练期间服用锌补充品能减少运动引起的免疫功能的变化。

因此,与维生素不同,在特定条件下,一些矿物质能提高运动员的运动能力或训练适应性。但是,其他一些矿物质,如硼、铬、镁、钒,在健康个体正常膳食的情况下,对运动能力或训练适应性的影响很小。

六、水与运动

水是一种很重要的营养素,是生命必需的物质和主要构成物质。水不仅为各种物质的溶媒,还参与细胞的构成,同时也是细胞外的依存环境,使细胞从这个环境中取得营养物质。人体不同时期体内水分的含量见图 6-14。

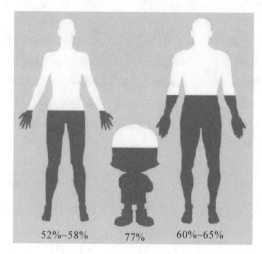

图6-14 人体不同时期体内水分的含量

(一)水的分布

1.人体水的含量

水是人体含量最多的物质,约占成年人总体重的50%~60%。人体含水量因年龄、性别而异。随年龄的增长,体内的水分减少,新生儿约含75%~80%,远高于成年人体内的含水量。男性含水量多于女性,成年男子约含60%,而成年女子仅为50%。

2.人体水的分布

人体内的水大多分布于细胞内,约占总水量的2/3,其余1/3分布于细胞外。不同组织器官含水量不同:血液中含水最多,约占血液总量的83%;肌肉、肝、脑、肾等含水70%~80%;皮肤含水60%~70%;骨骼含水12%~15%;脂肪中含水最少,约占10%。

3.水的存在形式

身体内的大部分水为结合水,与蛋白质、黏多糖、磷脂等大分子结合,均匀分布在体液中,发挥生理功能。小部分为游离水。

(二)水的功能

水主要有以下功能:①构成机体的主要成分;②营养物质的载体;③代谢产物溶剂;④直接参与物质代谢;⑤调节体温;⑥润滑组织。

(三)水的需要量

正常成人每日水供给2 500毫升,最少不能低于1 200毫升。

(四)运动补水

运动时出汗速率大、出汗量大,出汗集中于运动期间。运动时呼吸道排水量大,可达平时的10~20倍。运动中补水不合理,采用限制饮水的方式控制体重和降体重,都会造成运动性脱水。良好的水合状态对理想的运动能力很重要。因为脱水可增加潜在的威胁生命的热伤害,如增加中暑的风险。脱水(丢失量>2%体重)会损害有氧运动能力,特别是在炎热气候下,并可能损害精神/认知能力,所以运动员应努力在运动前、运动中和运动后保持正常水合状态。

七、膳食纤维与运动

膳食纤维是指不能被人体小肠消化吸收,但能被大肠内的某些微生物部分或全部发酵的可食用的碳水化合物的总称。生活中的各种含纤维素的食物见图6-15。

图6-15 生活中的各种含纤维素的食物

膳食纤维具有润肠通便、调节控制血糖浓度、降血脂等多种生理功能,对人体健康有良好的防护作用。

(一)膳食纤维的分类

根据在水中溶解性质的不同,膳食纤维可分为不溶性膳食纤维和可溶性膳食纤维。不溶性膳食纤维是指不溶于水的膳食纤维,一般不能被肠内微生物分解,不能被人体胃肠内的酶消化,包括纤维素等物质,主要存在于谷皮、豆类的外皮和植物的茎、叶中等。可溶性膳食纤维是指可溶于水,又可吸水膨胀,并能被大肠中微生物酵解的一类膳食纤维,主要包括果胶、树胶、海藻多糖。果胶来源于水果,树胶来自豆类种子,海藻多糖来源于海带、食品加工的果冻。

(二)膳食纤维的功能

膳食纤维的主要功能如下：①改善血糖生成反应；②降低胆固醇，预防心血管疾病；③增强肠蠕动功能，有利于排便；④控制体重和减肥；⑤预防结肠癌；⑥降低营养素的利用率。

(三)膳食纤维的参考摄入量

成年人膳食纤维的建议摄入量为25克。

(四)膳食纤维的食物来源

食物中的膳食纤维来源于植物性食物，如水果、蔬菜、豆类、坚果和谷物。由于蔬菜和水果中的水分含量较高，所以膳食纤维含量较少。因此，膳食中膳食纤维的主要来源是谷物，全谷物和麦麸等富含膳食纤维，而精加工的谷类食物则含量较少。全谷类和干豆类、干的蔬菜和坚果是不溶性膳食纤维的好来源，可溶性膳食纤维富含于燕麦、大麦、水果和一些豆类中。

扫码观看
同步慕课

第二节 能量平衡与运动

合理的营养摄入是为了给机体提供能量保障，以维持生命活动和体力活动。人体运动时，机体会在细胞水平上发生化学反应，通过储存和释放能量，使肌肉完成收缩过程并为运动提供动力，这些反应被称为能量代谢。这一过程中，机体分解营养物质释放能量（分解代谢）或合成能源物质、构建身体组织（合成代谢），这两个过程都是运动的两要组成部分，可以同时发生。

力量训练过程中机体需要分解肌糖原提供能量，同时力量训练所产生的刺激又会使机体的蛋白质合成代谢过程加强，使肌肉体积增加。当然这时的肌肉体积增加需要有物质基础，这些合成肌肉的原料必须来自摄入食物中的蛋白质。所以在训练后及时合理的膳食补充是机体恢复的必要条件，这也可以通过在运动前或运动中摄入食物和补充饮料，来减少机体训练中能源消耗的水平。

一、能量的摄入和运动中的能量来源

能量是一切生命活动的基础和动力。人体的能量消耗用于维持体温、体内的生物化学反应、呼吸和循环系统的功能及肌肉收缩等。

(一)能量的摄入

生活中购买的许多食品包装上都会标注营养成分表，你是否有仔细观察过它们呢？一包薯片可能并不能带来饱腹感，那又为什么称它为高能量食物呢？通过薯片的营养成分表(如图6-16所示)，可以看到薯片包含的营养素有蛋白质、脂肪、碳水化合物、钠，每100克薯片所含能量即为2 112千焦。这个数据是如何来的呢？薯片所包含的每种营养素都可以提供能量吗？任何一种食物，不论它所含的营养素有多齐全，能够为人体提供能量的只有三大宏量营养素，即糖类(碳水化合物)、脂肪和蛋白质，其他营养素并不参与供能。

其中碳水化合物是来源广泛、最重要、最直接、最经济的产能营养素；脂肪在体内储备充足，是人体能量储存的主要方式，是机体的高能物质，主要在低强度运动时提供能量；蛋白质不是主要的能源物质，但是每日通过正常代谢能提供部分能量。

(二)摄入能量的计算

在计算食物的能量前首先要了解能量单位和能量系数的概念。

能量单位以千焦(kJ)或千卡(kcal)来表示。1牛顿的力使1千克的物质移动1米所消耗的能量为1焦，1克供能物质氧化分解时所释放出来的热量，称为该物质的卡价。千焦和千卡之间的能量换算关系是：1千卡＝4.184千焦，1千焦＝0.239千卡。

能量系数是指每克糖类、脂肪和蛋白质在体内氧化产生的热量值。三大供能物质的能量系数分别为：1克糖类＝4千卡(16.84千焦)，1克脂肪＝9千卡(37.56千焦)，1克蛋白质＝4千卡(16.74千焦)。

根据能量系数就可以计算出一包薯片的能量值了，薯片的能量值计算如下：$4.4×4+25.8×9+63.7×4=504.6$千卡，换算成千焦为：$4.184×504.6=2 111.246 4≈2 112$千焦。一盒薯片的净含量为104克，那么它的能量即为$2 112×(104/100)=2 196.48$千焦。这些热量相当于跑步50分钟、游泳60分钟或走路120分钟消耗热量，这也就是薯片被称为高热量食物的原因。

营养成分表

项目	每100克	NRV%
能量	2112千焦	25%
蛋白质	4.4克	7%
脂肪	25.8克	43%
－反式脂肪	0克	
碳水化合物	63.7克	21%
钠	782毫克	39%

图6-16 某薯片的营养成分表

(三)运动中能量的来源

机体运动的直接能源是三磷酸腺苷(ATP),体内有三大能源系统来保障ATP水平,它们是磷酸原系统、无氧酵解系统和有氧供能系统,运动强度和时间决定身体如何利用这些供能系统。了解供能系统的特点可为选择食物提供依据。

1.磷酸原系统

(1)磷酸原系统能源物质。磷酸原系统的能源物质是三磷酸腺苷(ATP)和磷酸肌酸(CP),它们是细胞的直接能量来源。当ATP分解时会释放能量并生成二磷酸腺苷(ADP),而后CP通过分解供能来为ADP合成为ATP提供能量。ATP直接提供肌肉收缩所需的能量。

(2)磷酸原系统储备量。ATP,CP在体内的储备有限,只能提供机体10秒运动所需要的能量。

(3)磷酸原系统供能特点。ATP,CP供能系统具有快速供能的特点,不需要氧参与,是10秒内大强度运动、开始运动阶段的主要能源物质。体内ATP的存储非常有限,但它可以被不断合成和重新利用。这是一个非常高效的供能系统。剧烈活动,如30米冲刺、排球扣球或网球发球,靠磷酸原系统供能。直接供能的是ATP(维持3秒),然后是CP供能。CP存储在肌肉中,可以维持6~8秒的供能。合成CP的肌酸存在于肉类、家禽和鱼类食物中,在肝脏、肾脏中也有少量。ATP合成能力下降,将导致运动能力降低。

2.无氧酵解系统

碳水化合物在氧气供应充足的情况下进行氧化供能的最终产物是二氧化碳和水,在运动强度较大、氧供应不足(如400米跑)的情况下,中间产物丙酮酸不能进一步氧化,生成乳酸,这个供能途径叫作无氧酵解。

(1)无氧酵解系统能源物质。当肌肉内CP消耗到一定限度,运动强度超过有氧供能的水平,机体就必须依赖无氧酵解系统进行供能,其能源物质包括体内的糖原和血糖。

(2)无氧酵解系统储备量。糖原主要贮存在肌肉和肝脏中,肌肉中糖原约占肌肉总重量的1%~2%,约为400克,肝脏中糖原占肝脏总重量6%~8%,约为100克,肌糖原分解为肌肉收缩提供能量,肝糖原分解主要推持血糖浓度。糖原被存储在骨骼肌和肝脏中,肌肉内存储的糖原仅可以供该肌肉使用,不能给其他肌肉提供能源;肌糖原可以通过葡萄糖的糖原生成作用和非葡萄糖的糖原异生作用两个途径进行合成。

(3)无氧酵解系统供能特点。无氧酵解系统非常高效,可在身体需要能量的时候快速供能。例如运动中的快速奔跑、冲刺时,无氧酵解系统可立即参与供能,直到有氧供能系统开始起作用。

无氧酵解系统的一个缺点是在高强度运动中,葡萄糖酵解生成 ATP、丙酮酸和氢,随着高强度活动的继续,氢与丙酮酸结合会导致乳酸堆积。肝脏是体内消除乳酸的主要器官,在运动强度不降低的情况下,如果肌肉生成的乳酸与肝脏清除率相等,运动可以继续,如果乳酸生成量超过清除率,乳酸会在血液中堆积。乳酸堆积和肌糖原消耗水平与机体疲劳有关,乳酸堆积到一定水平、肌糖原耗竭,将导致运动不能继续。碳水化合物摄入是保证肌糖原储备量恢复的物质来源,膳食中碳水化合物摄入量不足将影响运动后糖原储备的恢复过程,最终影响运动能力。随着运动员训练水平的提高,他们的身体将能够更好地处理乳酸堆积,可以在大强度下运动更长时间。

3. 有氧供能系统

不是所有的运动项目都能在 3 分钟内完成,机体需要一个能提供长时间活动的能量系统,这就是有氧供能系统。有氧供能系统以充足的氧气供应为条件。

(1)有氧供能系统能源物质。有氧供能系统的能源物质是碳水化合物(糖原和血糖)和脂肪。

(2)有氧供能系统储备量。有氧供能系统的能源储备量非常充足,不会由于一般运动而出现耗竭的情况,是运动的主要能量来源。

(3)有氧供能系统供能特点。有氧供能系统的碳水化合物进行有氧氧化生成 ATP、二氧化碳和水,不存在产生酸性物质导致内环境紊乱的副作用,产生能量的效率比糖酵解高很多。氧供应充足的情况下,机体还可以分解脂肪和脂肪酸供能,是低强度运动(如慢跑、快走)的高效能源。随着训练水平的提高,耐力项目运动员通过提高身体对脂肪的利用能力,可以节约碳水化合物,提高耐力水平。如果肌糖原水平降低,机体可以通过血糖进行合成,这时主要通过胰高血糖素分泌增加来使得肝脏肝糖原分解、并释放入血。如果血糖水平降低,如持续数小时的耐力运动,机体将通过分解肌肉蛋白为氨基酸,并通过肝脏转化为葡萄糖进行供能。显然,蛋白质分解供能会产生含氮类代谢产物,使得机体需要花费更多的过程进行代谢,所以蛋白质不可能是一种高效能源,是机体的一个应急或者备用能源。

磷酸原系统是最先被利用进行供能的高效系统,随着时间的延长,无氧酵解和有氧供能系统逐步参与进来。但是实际上三个系统往往是同时运行的,虽然其中一个会占主导地位,这与遗传、运动时间和强度等因素有关。

二、能量的消耗

摄入的能量如何被消耗呢?能量消耗主要有三种方式,分别是基础代谢、体力活动和食物热效应。人体能量消耗的三条途径占总能量消耗的百分比见图6-17。

图6-17 人体能量消耗的三条途径占总能量消耗的百分比

(一)基础代谢

基础代谢是维持生命的最低能量消耗,即人体处在清醒、安静、空腹,室温在20～25℃条件下的能量代谢。基础代谢占人体总能量的60%左右,而单位时间内每平方米体表面积的基础代谢[单位为$kJ/(m^2·h)$]被称为基础代谢率。影响基础代谢的因素有性别(男性高于女性)、年龄(儿童高于成年人,随着年龄的增加而下降)、环境温度(过高或过低的环境温度都会增加基础代谢)、体表面积(瘦高者高于矮胖者)、身体状况等。

(二)体力活动

体力活动的能量消耗是人体总能量消耗中变动最大的。一个中等强度体力活动的人,体力活动所消耗的能量约占人体总能量消耗的15%～30%,但随人体活动量的增加,其能量消耗也将大幅度增加,可占到人体总能量消耗的50%。中国营养学会2001年将我国居民活动强度分为三级,即轻、中、重体力活动,普通成人能量的推荐摄入量用基础代谢乘以不同的体力活动水平系数进行计算。

除上述体力活动之外的时间内,机体所处的活动状态难以明确界定,一般称为隐性活动。能量消耗主要用于觉醒、焦虑和其他的难以特别明确的活动。有些亦称为适应性生热作用,此隐性活动的能量消耗占人体能量消耗的比重较小。而体力活动能量消耗一般是上述两部分能量消耗的总和。

影响体力活动能量代谢的因素有:①肌肉含量越多,运动时能量消耗量越多,所以减肥者要注意增肌;②体重越大,做相同运动所消耗的能量越多;③运动强度和运动持续时间越长,消耗的能量也越多。

(三)食物热效应

食物热效应是指人体摄食后,对食物中营养素进行消化、转运、代谢和储存过程中,需要消耗额外的能量,同时引起体温升高和热量散发,一般占总能量消耗的5%～10%。食物成分不同,产生的食物热效应也不同,三大宏量营养素中,蛋白质的食物热效应最高。三大营养素的食物热效应占总能量的消耗的百分比见图6-18。

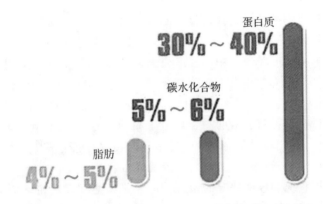

图6-18 三大营养素的食物热效应占总能量的消耗的百分比

(四)能量消耗的测定

1. 直接测热法

即在隔热条件下,将人体在整个能量代谢过程中所散发的所有能量都予以测量。实际操作中常用量热计来测试。但其对仪器精密度要求高,测量时间长,故应用较少。

2. 间接测热法

(1)气体代谢法:通过测定机体在一定时间内消耗的氧气量和二氧化碳产生量来推算呼吸熵,根据相应的氧热价间接计算出这段时间内机体的能量消耗。一般公式为:能量消耗量=$20.2 \times V_{O_2}$(氧气消耗量)。

(2)生活观察法:记录受试者一日生活和工作中各种动作及时间,然后根据能量消耗率表进行计算,得出一日能量消耗。

(3)体重平衡法:可计算不少于15天所摄取食物的热量,并同时观察在此期间的体重变化。体重不变,说明能量摄入等于能量消耗;体重增加或减轻,可按每克体重增减6.8千卡进行校正。

三、能量平衡

机体能量的摄入和消耗就像天平的两端,只有能量摄入与能量消耗相当时才能维持能量的平衡。

(一)能量的需要量

能量的需要量是指维持机体正常生理功能所需要的能量。确定能量需要量的基本原则如下。

1.能量消耗量是确定能量需要量的基础

体力活动是影响能量消耗最重要的可控因素,参加一般体力活动的人,也就是每周运动3次,每次运动30～40分钟,通过正常膳食就可达到能量的需要量,即每日1 800～2 400千卡。中等强度或大强度规律训练(每日定期训练,每日训练总时长为3～6小时)则会在正常能量消耗的基础上,每小时额外消耗600～1 200千卡。其次,不同工作性质的体力活动水平系数不同,因此不同人群的日常能量需要量及各种营养素的需要量也不相同。另外,基础代谢对能量消耗的影响最为重要,因此不同年龄、性别、健康状况人群的能量消耗也不同。

2.能量代谢的最佳状态是达到能量消耗与能量摄入的平衡

身体健康状况和体能状况的保持和能量平衡之间存在密切的关系,能量供应得过多、过少均会影响身体机能。

(二)能量需要量的计算

如何评估并计算自身的能量需要量呢?可按下式粗略计算人体每日能量需要量。根据轻体力活动、积极活动和剧烈活动三级劳动强度,分别以0.9,1.17和1.34的体力活动系数进行调整。

男性:每日能量需要量(kJ)=体重(kg)×192

女性:每日能量需要量(kJ)=体重(kg)×167

例如:一名体重55千克的白领女性的每日能量需要量即55×167×轻体力活动系数0.9=8 266.5千焦≈1 976千卡。

(三)能量的食物来源

确定了能量的需要量后,如何选择合适的食物保证能量的摄入呢?膳食能量的分配对于维持能量平衡非常重要。

根据我国的饮食特点,成年人三大供能营养素的能量供应比例为:糖类55%～65%,脂肪20%～30%,蛋白质10%～15%。运动人群一般也适用这个比例,具体可根据项目、训练计划和个人身体状况进行调整。一日三餐的能量分配比率为:早餐占30%、午餐占40%、晚餐占30%。

(四)合理配餐

例如,一名体重55千克的女性白领如何合理分配每日每餐糖类、脂肪和蛋白质的比例呢?首先通过公式计算得知她每日的能量需要量为8 266.5千焦(1 976千卡),那么她每日三大供能营养素的需要量分别如下(以糖类60%、脂肪30%、蛋白质10%的比例):

糖类:1 976×0.6=1 185.6千卡

脂肪:1 976×0.3=592.8千卡

蛋白质:1 976×0.1=197.6千卡

再根据三大供能物质的能量系数:1克糖类=4千卡,1克脂肪=9千卡,1克蛋白质=4千卡,计算糖类、脂肪和蛋白质的需要量。

糖类:1 185.6/4≈297克

脂肪:592.8/9≈66克

蛋白质:197.6/4≈49克

再分配到三餐中,则结果如下:

早餐:糖类297×0.3=89.1克、脂肪66×0.3=19.8克、蛋白质49×0.3=14.7克

午餐:糖类297×0.4=118.8克、脂肪66×0.4=26.4克、蛋白质49×0.4=19.6克

晚餐:糖类297×0.3=89.1克、脂肪66×0.3=19.8克、蛋白质49×0.3=14.7克

再根据不同食物的能量表和质量,选择不同的食物进行配餐。

此外,运动人群的能量需要量大,应增加高能量食物,如高蛋白高脂肪食物的摄入,要注意食物的体积不宜过大,以免增加胃肠负担,影响训练,同时还要注意碳水化合物和其他营养素的补充。

(五)体力活动的能量消耗

1.活动时间记录法

应用于由直接或间接测热法所得的人体各项活动能量消耗的数据,通过记录每日各项活动的内容和时间,来计算实际活动的能量消耗。

具体方法为(一般记录5~7天):①详细的活动记录;②全天活动分类,如卧床时间、职业活动时间、家务劳动和随意活动时间、休闲时间;③计算每日总能量消耗(需加上10%的食物热效应作用所消耗的能量)。

2.活动强度指数法

将普通人的各种活动按其强度大小分为以下几类,各类给予一定系数,然后

与基础代谢相乘的积,再加上基础代谢值及食物热效应的能量消耗,即得出能量消耗值。

一日能量消耗＝基础代谢＋基础代谢×活动强度指数＋(基础代谢＋基础代谢×活动强度指数)/10,普通不同活动强度的指数见表6-1。

表6-1 普通不同活动强度的指数

活动强度	极轻	轻度	中等	重	极重
指数	0.35	0.50	0.75	1.00	1.25

四、能量失衡

(一)能量失衡对人体的影响

当能量摄入超过人体的能量消耗时,人体处于能量正平衡(能量过剩)。若人体长期处于能量过剩,过剩的能量则会转化为脂肪在体内贮存,使人发胖,增加患心血管病、糖尿病等疾病的风险,这是当前大部分公共卫生问题的根源。

当能量摄入小于人体的能量消耗,机体能量储备减少,为能量负平衡。若摄入能量不足,机体会调动和利用自身的能量储备,甚至分解自身组织,以维持生命活动的能量需求。如果儿童长期处于饥饿状态,则生长发育就受到影响甚至停止。

(二)运动员能量失衡

运动员体重和体脂同时增加,表明是运动量不足或摄入能量过多,常见于因发生外伤而不能进行正常训练情况。体重增加,尤其是体脂增加,不利于灵活、高难动作和耐力运动的完成,对健康也不利。

体重增加而体脂百分比减少或不变时,表明体内瘦体重成分增加、肌肉增长,运动员瘦体重增加的同时,其运动能力也有提高。

当体重和体脂均减少时,应在除外疾病情况下,分析是否运动量过大、食物能量的摄入量未能满足需要所致。

运动员能量摄入量不足的情况常见于大运动量消耗未能获得适宜的补充时,或大运动量训练后因疲劳使食欲下降。

运动员采取控制饮食措施来减体重或长期控制体重时,也会造成能量营养不良。长期能量营养不良可引起消瘦、运动无力、免疫机能减弱、各种营养素缺乏,从而损害运动能力和健康,应及时发现、找出原因并纠正。

第三节 不同健身项目和健身目的人群的能量营养需求

扫码观看
同步慕课

在群众性运动锻炼活动中,因各个项目训练时在力量、耐力、爆发力、协调性和反应性等方面要求各有不同,因此它们对合理营养也有着不同的需求。不同健身目的也会有不同的运动能量营养方面的需求特点。健身者保持相应的平衡膳食,对于保持其功能状态、体力适应过程、运动后的恢复及运动性疾病的防治都有重要作用。

有关项目分类的方式有很多,以体能特点进行分类,可分为以快速力量(跳跃、投掷、举重等)和短距离竞速项目(短跑、速度滑冰等)为特征的速度力量项目,以长距离走、跑、自行车、游泳等为特点的耐力项目,以三大球为代表的集体项目,对上述能力均需要兼顾的集体项目。

一、不同健身项目人群的能量营养需求

(一)耐力项目

耐力是重要的基本素质之一,主要由肌肉和心血管耐力组成。肌肉提供动力,心血管提供能量并维持机体内环境稳定。

1. 基本膳食要求

耐力项目需要进行长时间持续运动,这导致机体消耗大量的能量物质,在比赛、训练中,耐力项目运动员的消耗常常可以达到 6 000~8 000 千卡/天,对储备能源和训练后高效补充提出更高要求。不合理的膳食补充会导致慢性疲劳积累、脱水、伤病发生概率升高和肌肉劳损。耐力项目运动员训练后易发生脱水、疲劳等会导致食欲下降,他们的膳食更要讲究合理的食物搭配和进食时间的安排。对于超级耐力项目的运动员还存在比赛中的能量补充问题。耐力运动中补充食物的目的是延缓疲劳出现,而不是补充消耗的物质。所以应该以保持运动能力为前提,在最少补充的情况下,最大限度地保持运动能力。

2. 耐力训练或比赛中能量需要量的影响因素

(1)运动项目差异:项目不同导致运动时间、运动强度不同,体重不同导致能量需要量不同。

(2)运动所带来的应激或者压力:跑步与骑自行车、滑雪所需要的注意力集中度或精神压力不同,比赛时对身体带来的各种应激反应明显大于训练,这些会影响食欲、影响身体代谢。

(3)运动环境导致能量供给不足:游泳、划艇这类水上项目,越野滑雪这类冰

雪项目会导致能量丢失增加。温度和湿度不同会导致机体代谢不同。

（4）年龄、体重和训练水平：年龄小者代谢旺盛能量需要量大；体重与能量消耗成正比；训练水平高者，机体运动时的机能节省化水平高，消耗能量将明显减少。

耐力运动膳食方案的制定需要根据具体情况进行，主要考虑碳水化合物、水和钠的补充。

3. 训练比赛后的膳食补充

一般来说，耐力训练或比赛后主张立刻补充200～300千卡的能量，可通过摄入点心、饮料的方式获取，在随后的1～2小时内进食其他的食物来补充更多的能量。200～300千卡能量的食物可以是1～2块蛋糕、1大杯牛奶或者纯果汁，这会有力地促进体力恢复。

但是要注意考虑个体间的差异。据研究，人体在进行大运动量耐力训练时能够摄入的能量和液体补充仅能达到消耗量的1/3～2/3，运动中的过度摄入会带来胃肠不适、恶心等问题，在训练后的恢复期需要完成这些消耗的补充过程，但是也要注意时间与量的平衡。

4. 耐力项目运动员重点营养素补充

（1）耐力项目碳水化合物补充。耐力项目运动员的每日碳水化合物推荐量为6～10克/千克体重。碳水化合物是主要的耐力运动能量来源，运动员应该计算每日需要量及运动前、中、后的补充量。耐力项目运动员应该在训练后的6小时内，每2小时补充1～1.5克/千克体重碳水化合物，第一次补充应该在训练后15～30分钟进行。碳水化合物的来源最好是食物和果汁、牛奶等。如果有运动员训练后没有食欲，在运动后30分钟进食感到不舒服，可以饮用高碳水化合物饮料，这样被接受的程度会比进食固体食物高一些。这时也鼓励尽快补水来恢复机体的水平衡。在运动后应立即补充机体的消耗，以便为下一次的训练课做好准备。

（2）耐力项目脂肪补充。因为脂肪可提供必需脂肪酸和脂溶性维生素，是膳食中的高能物质，所以也不能忽视了脂肪在膳食中的作用。由于耐力运动的能量消耗很大，每天训练3～6小时能量消耗可达到4 000～6 000千卡，如果想通过高糖－高蛋白膳食进行能量补充，需要通过多次的正餐和零食或加餐才能满足所需要的能量，而富含脂肪的食物可以减少体积，减少进餐次数，满足能量补充的要求。脂肪的另外一个作用是补充维生素A，D，K，这些维生素与人体抗氧化有关，脂肪还是机体合成激素的原料。耐力项目运动员的膳食中如果碳水化合物占供能的50%～65%，蛋白质占12%～18%，对脂肪的需要量就是20%～35%。

(3)耐力项目蛋白质补充。耐力项目运动员每日推荐供给量是 1.2～2.0 克·千克$^{-1}$·天$^{-1}$,具体需要量受以下因素影响:①每周训练量和训练强度。小负荷训练 1.2～1.4 克·千克$^{-1}$·天$^{-1}$,大负荷训练 1.7～2.0 克·千克$^{-1}$·天$^{-1}$。②运动员对体重的控制目标:长跑、铁人三项、自行车这些耐力项目运动员容易出现体重下降的现象,加上大强度训练,运动员对蛋白质的需要量要采用上限范围(1.7～2.0 克/千克体重),想要增加体重的运动员也需要采用上限范围。如果是想要保持体重,可采用中限范围(1.4～1.7 克/千克体重)。③运动员是否处于过度训练的状态:耐力项目的训练往往长期保持在一个高负荷水平,运动员很难从每天的训练负荷中完全恢复,表现为感到疲劳、肌肉酸痛、食欲下降,这些运动员可以从高蛋白膳食中获得更好的组织修复机会。④运动员的膳食中碳水化合物是否充足:对耐力项目运动员的膳食要强调保证充足的碳水化合物摄入,同时保证能量平衡。这样的膳食可以减少蛋白质参与供能,从而节约蛋白质。

(二)力量项目

1.力量项目运动员重点营养素补充

(1)力量项目碳水化合物补充。

1)合理的碳水化合物摄入与运动能力。由于许多力量项目依赖于无氧代谢,碳水化合物是这些短时间、高强度运动的主要能源。有些力量项目训练或比赛时需要无氧酵解参与供能,动用体内糖原储备,如果糖原储备不足,将导致运动能力下降。

2)碳水化合物供能比例。随着训练组数和重复次数的不同,肌糖原消耗 25%～70% 不等,所以采用高糖膳食会有利于提高肌糖原储备,从而提高运动能力。已有研究证实,力量项目运动员在训练和比赛前也应该采用中等-高糖膳食,这会有利于保证充足的糖原储备,提高运动能力。

3)糖原储备的影响。糖原储备对力量项目比赛成绩的影响很小。如短于 400 米的径赛项目,肌糖原储备的多少不会影响运动能力。虽然碳水化合物仍然是主要的能量来源,但是由于运动时间短,不至于导致肌糖原耗竭,所以肌糖原水平不会对运动能力产生影响。短跑运动员每周可能有数次大强度训练,对于这种情况只需采用中等强度的碳水化合物补充膳食即可满足需要。

4)辅助肌肉合成。碳水化合物除了提供能量外,还具有促进肌肉合成的辅助作用。碳水化合物具有刺激胰岛素分泌作用,胰岛素为促合成代谢激素,具有促进营养素进入细胞,并且抑制蛋白质分解的作用。摄入适量的碳水化合物在保证供能和蛋白质合成所需能量的同时,有助于力量和训练后身体机体恢复及肌肉合成。

(2)力量项目脂肪补充。

1)合理的比例。如果想要减轻体重,膳食中脂肪供能所占比例要控制在20%～25%;如果想要增加体重,可控制在25%～30%。

2)合理的数量。每天2克/千克体重是适合一般运动员的推荐量,要注意减少饱和脂肪酸的摄入。瘦羊肉、鸡鸭肉、鱼、豆制品是脂肪的良好来源。

(3)力量项目蛋白质补充。

1)力量项目运动员蛋白质需要量的计算。由于项目特点导致力量项目运动员需要进行大量肌肉修复、合成,所以日常需要更多的优质蛋白摄入。一般推荐的运动员每日摄取量是1.4～1.7克/千克体重,但是也有教练、运动员、学者将摄取量提高到2.0克/千克体重,甚至2.5～3.0克/千克体重。

2)大量摄入蛋白质的副作用。一般超过2.0克/千克体重被视为摄入过多,超过这一水平摄入蛋白质时,蛋白质不但被用于供能还会被转化为脂肪储存。蛋白质摄入过多会导致消化吸收过程中产生大量尿素,导致排尿增加以排出毒素,加重脱水。高蛋白食物往往伴随有高脂肪、高饱和脂肪酸和胆固醇,这对心血管健康不利。

3)选择"最佳"蛋白质。首先,保证充足的碳水化合物摄入,否则会有更多的蛋白质被用于供能而不是肌肉合成,且蛋白质摄入要维持在1.4～2.0克/千克体重之间,这基本可保证蛋白质供能占到15%～20%,并保证碳水化合物的摄入和基本脂肪量的获得。其次,保证每餐食物中含有蛋白质。保证每顿饭、零食中含有蛋白质,使蛋白质的吸收是一个渐进、缓慢、持续全天的过程,这对于一日多练的运动员特别重要。另外,蛋白质获取途径要多样化。瘦肉、家禽、鱼、奶制品所含氨基酸模式合理、数量充足,是良好的蛋白质来源。素食者要多吃豆类食品,豆类食品中也含有丰富的蛋白质和比例较为合理的氨基酸。最后,必要时适度补充蛋白制剂。

2.力量项目运动员膳食方案需要注意的问题

与其他项目相比,由于力量项目多以间歇性运动方式进行,所以该类项目运动员的能量和液体补充相对好控制一些。当然他们也需要提前准备好膳食方案,准备好所需要的补品、饮料、恢复体力的食品等。具体注意事项如下。

(1)比赛间歇时的食物选择。

1)考虑项目特点。田径、游泳这类项目的运动员一天中可能要参加多个项目或多次比赛,这往往会在完成一个大强度运动后需要经历一个较长的等待期,然后再去参加另外一项比赛,且不同项目间的间歇期也不相同。

2)目的。这时的运动员需要尽量使自己在每次比赛前处在一个能量储备充分、水合良好的状态。在比赛期间,运动员的能量消耗相对训练往往会小很多,所以这需要他们合理控制比赛间歇期的能量摄入。

3)选择原则。原则是保证体内糖原和能量储备充足,同时将不良胃肠道反应降到最低。下列食品是可用于赛间间歇时使用的:水果和果汁饮料;能量棒;汉堡包、快餐盒饭、酸奶和牛奶;蛋糕、面包和果酱或者花生酱;运动饮料和水。运动员要习惯在训练间歇补充零食,以保证在比赛时不会引起胃肠不适。注意比赛日不要食用不熟悉的食品。

(2)比赛后的高质量食品。

1)目的。比赛后尽快启动机体恢复过程是重要工作。理想情况下,运动员应该在完成最后一项比赛后的15~30分钟开始补充食物。

2)食物选择。由于赛区往往在外地,所以提前准备所需要的食品很重要,这类食品应该便于携带、不需要冷藏、可以在比赛后立即食用,如:花生酱或果酱面包、新鲜水果、盒装豆奶、可用水冲泡食用的快餐食品、含碳水化合物和蛋白质的能量棒、干果和坚果。

如果运动员喜欢快餐或者方便食品,可选择盒装低脂奶或酸奶、纯果汁、密封包装的牛肉干、点心(蛋糕、饼干)、能量棒等。

(三)集体项目

集体项目是由两名以上运动员在共同区域内相互对抗的运动,如篮球、足球、排球、棒垒球、橄榄球、曲棍球等。

1.集体项目碳水化合物补充

集体项目的供能涉及三个能源系统,快速运动依赖磷酸原和无氧酵解系统,以及一般活动依靠的有氧供能系统。碳水化合物是运动中有氧供能系统的主要能源,也是无氧酵解系统的唯一能量来源,碳水化合物缺乏必然导致运动能力下降。而肌糖原是持续30~40秒大强度运动的主要能源,反复爆发性用力训练会持续消耗肌糖原储备。

2.集体项目脂肪补充

集体项目运动员对脂肪的需要与一般人大致相同,脂肪供能应该占到总能量的20%~35%,因此必须提供足够的必需脂肪酸和能量。现在不少运动员的脂肪、蛋白质摄入量过高,导致碳水化合物供能比例低于50%。脂肪摄入过高会抑制碳水化合物的摄入,从而降低运动能力。

3.集体项目蛋白质补充

集体项目一般可采用1.2~1.6克/千克体重的标准。青少年运动员、大强度或者大运动量训练并想要增加体重的运动员可能需要采用2.0~3.0克/千克体重的标准,这个蛋白质摄入量对于体重大、能量消耗多的运动员来说,其供能能量可占到总能量的15%~20%。

(四)具体运动项目的营养补充特点

1. 跑步项目

(1)短跑项目。

项目特点:以力量素质为基础,运动时间短、强度大,要求有较好的爆发力。

营养特点:膳食中应含有丰富的动物性蛋白质,每日摄入量应达 2 克/千克体重。另外,要求在膳食中增加磷和糖的含量,以改善神经的控制能力,还要求增加钙、镁、铁及维生素 B_1 的含量,以增加肌肉收缩力。

(2)长跑项目。

项目特点:以有氧耐力素质为基础,要求有较高的心肺功能及全身的抗疲劳能力,体力消耗较大。

营养特点:要求膳食中提供较全面的营养成分,增加机体能量物质的储备。在丰富的维生素和矿物质的成分中,突出铁、钙、磷、钠和维生素 C,B_1,E 的含量,以提高有氧耐力。

2. 操类项目

项目特点:动作复杂而多样,要求有较强力量与速度素质以及良好的灵敏与协调性,对神经系统有较高的要求。

营养特点:注意高蛋白质、高热量、低脂肪饮食。维生素中维生素 B_1,C 的含量要高,矿物质应突出铁、钙、磷的含量。

3. 大球类项目

项目特点:健身者需具备力量、灵敏性、速度技巧等多方面的素质。此类项目具有运动强度较大、能量消耗高、能量转换率高且运动时间长等特点。

营养特点:此类健身者在锻炼时能量消耗大,如打一场篮球赛消耗人体能量约 4 200 千焦,踢一场足球赛消耗能量可高达 5 000 千焦,其膳食供给量应根据运动量的大小来保证充足的能量。应保证以高糖类为中心,尤其在运动前的 3～4 小时应采用高糖类饮食,以增加糖原的储备。由于大球类运动大多数是在神经高度紧张的情况下进行的,还应注意蛋白质的营养需要。此外,脱水是间歇性运动中疲劳和运动能力下降的主要原因,还应注意补充含糖和含无机盐的运动饮料。

4. 小球类项目

项目特点:这些项目对力量、速度、耐力、灵敏性、柔韧性等素质有较高的要求。

营养特点:食物中要含丰富的蛋白质、糖类以及维生素 B_1,C,E,A(促进视力),也要注意运动中的补液。

5. 游泳项目

项目特点:以力量与耐力素质为基础,体力消耗较大。但因在水中,运动脱水不易被察觉。

营养特点:增加糖和蛋白质的摄入,注意补充运动中丢失的体液。同时注意多样化地平衡膳食。老年人及在温度较低的水中锻炼者出于抗寒冷需要,可增多脂肪的摄入量。维生素以 B_1,C,E 为主。矿物质中要增加碘的含量,以适应低温环境甲状腺素分泌增多的需要。

6.冰雪类项目

由于长时间在冰雪上活动,加之周围环境温度较低,机体产热过程增强以维持体温,所以蛋白质和脂肪消耗较多,膳食中必须给予补充。同时,增加糖类以协调蛋白质和脂肪的代谢。维生素的补充应以 B 族为主并增加维生素 A 的摄入,以保护眼睛适应冰雪场地的白色环境。锻炼者也要注意水分的补充。补液的温度以 8~14 摄氏度为宜。

二、不同健身目的人群的能量营养需求

什么是健康或者最佳的体重呢?怎样确定你的最佳体重?下列是一些经常使用的帮助确定健康体重的标准:

(1)不通过长时间地节食或者限制食物摄入量也可以保持健康的体重。

(2)处于健康体重的人的健康风险是最小的,并且有利于进一步促进身体健康。

(3)健康的体重促进良好饮食习惯的形成。

(4)健康的体重促进一个人参与一些体力活动。

(5)拥有健康体重的人容易与人相处。

(6)拥有健康体重的人在参加运动时总有最佳表现。

(7)判断一个人的健康体重要考虑他的基因组成和体重与身体形态的家族史。

(8)健康的体重要与一个人的年龄和生理发育水平相适应。

因此,不管一个人能否获得或保持最佳体重,最佳体重促进身体健康是"合情合理"的。假如人们长期节食或者一次又一次地增重减重,那么他们想要获得或保持健康体重则难度较大。

相反,许多运动项目要求低体重。这些项目的运动员在训练和比赛期间要求严格控制体重。例如,跳台滑雪运动员、摔跤运动员或者自行车运动员处于比赛期间,这要求他们尽可能保持较低的体重。休赛期时他们的体重将会增加,因为要整年保持低体重是不现实的。尽管一些运动员的目标体重在赛季后很难保持,但运动员全年获得或保持健康的体重很重要。在休赛期,这些运动员增加一些体重也很重要。

有许多种方式确定体型、体脂百分比和身体脂肪分布。使用的所有方式都可以在一定程度上确定一个人是否处于过度肥胖相关的健康风险之中。进一步说,体型的改变常决定一个人的减体重计划是否取得了成功。尽管体重降低不应该是减体重取得成功的唯一标准,但它是评估任何减体重计划的主要指标。

(一)减脂人群

在减少脂肪健身锻炼期间,控制饮食十分重要。有的人为了减少脂肪健身锻炼很刻苦,但锻炼结束后不控制饮食,摄入的总热量大于运动消耗时的热量,非但不能减脂,体重反而会上升。

控制卡路里是必要的,摄入能量低于能量消耗量时可以导致体重减轻。从一个人的能量负平衡,去预测他体重降低的量很困难,因为能量负平衡带来的体重降低似乎是高度个性化的。那样的话,不能期望每个人对任何既定的饮食疗法的反应相同——许多人报道他们摄入很少的能量但没有出现体重降低,从而对减重有"抵抗力"。然而,应注意最低能量的饮食不是总能带来最好的减体重效果。因为严格限制热量摄入会导致瘦体重的减少和静息代谢率下降,这很难产生持续性的减体重效果。

饮食的结构也很重要。一个节食的人需要知道他每天能量消耗的量,也要知道来自糖、脂肪、蛋白质和乙醇提供能量的百分比。饮食结构对不同人的减体重会产生不一样的效果。当开始一个节食计划时,一些人更喜欢选择高蛋白的饮食而不是典型的低脂饮食,并取得了更好的效果。这些饮食的营养结构也影响减体重效果和体成分的改变。因此,饮食结构对保持体重可能很重要。摄入中等脂肪的饮食和长期成功地保持体重有明显的关系。

另外,蛋白质摄入很重要,特别是蛋白质摄入量占能量摄入的比例。质量较高的蛋白质有利于保持瘦体重,因为人们在摄入热量较少的饮食时,身体会利用饮食中的蛋白质提供热量而不是构建和修复身体组织,所以必须摄入较多的高质量蛋白质,那些既运动又减少能量摄入的人感受特别真实。另外,在限制能量摄入期间,蛋白质可能对调节食欲有帮助。

进餐的频率是另外一个重要因素。对节食者来说,一天少量多餐比一次摄入全天所需要的热量可能更好。多次进餐可以帮助改善血糖和血胰岛素的调节能力,改善氮蓄积量和增加自我控制的能力。人饥饿时进餐,过量摄取热量的可能性就更大。调查者已经研究了早餐和进餐的一致性对保持体重的重要性,发现那些持续减体重的人更可能每天吃早餐,而且比不吃早餐的人的运动量更大。然而,吃早餐是否对持续减体重或保持较低的体重指数(BMI)有帮助取决于早餐食物的种类。

1. 减脂人群膳食营养安排原则

(1)热量摄入:不锻炼的当天,最低摄入量为1 500千焦。锻炼当天,总热量的摄入量不要超过2 000千焦。

(2)营养成分比例:糖类 55%～70%、脂肪 15%～20%、蛋白质 0%～25%。每天做到少食多餐,约 5～7 餐,减少体内脂肪堆积的可能。要注意保持一定量的糖类摄入,糖类摄入不足会导致脂肪酸不能彻底被氧化分解,反而对减脂不利。

(3)不要依靠节食来减体重:相反,节食会消耗掉更多的肌肉,降低代谢水平。应尽量少吃零食,特别是热量高的甜品。

(4)大量饮水:如运动前感到饥饿,可选择吃含水分高的水果。晚上 9 时以后,如感到饥饿最好只喝水,不要吃任何食物。

(5)最好不要饮酒:乙醇热量高,一般的运动很难消耗掉,其会转化为脂肪堆积在体内,易诱发脂肪肝等疾病。

(6)选择自己喜欢的且热量低的食物:将自己喜欢的且热量低的食物加入到饮食计划中,这样可以更容易坚持进行饮食计划。

2. 减脂人群膳食营养误区

(1)多吃水果可减少脂肪:水果含糖量高,过多摄入并不利于减肥,且易造成营养素的不均衡。

(2)蜂蜜是健康的糖:蜂蜜中的糖分主要是葡萄糖和果糖,其次是蔗糖,而其中其他营养物质含量较少,减肥者不宜过度食用。

(3)用代餐代替正常膳食:长期只食用代餐(3 个月以上),正常热量摄入得不到满足,营养素缺乏,会威胁健康。此外,长期食用代餐粉使人体摄入的热量非常少,基础代谢率降低,一旦恢复正常饮食,体重就容易反弹。

(4)酶素减肥:口服酶素即无活性酶的本质是蛋白质,化学性质非常不稳定,进入胃肠道,会被强酸性胃液及消化酶消化,并不能发挥减肥作用。

(5)不运动仅控制饮食可减少脂肪:不做任何运动,只会令肌肉减少,令身体抑制消耗能量,不利于减肥。

(6)过分关注体重:重要的是身体脂肪是否下降,短期快速的减重可能是脱水导致的。

(7)短期快速减重:1 周减重 1 千克以上会威胁健康。

3. 在减重计划中增加运动

单独的饮食或者饮食结合运动可以减体重已经得到确定。运动对保持体重和健康起到重要的作用。许多爱好运动的人比静坐少动的人消耗了更多的热量,保持了较瘦的体型。爱好运动的人与静坐少动或运动不足的人相比,也有更健康的 BMI 和体脂分布。此外,积极的生活方式可以防止体重随着年龄增大而增加或减小体重增加的概率。那些超重但是爱好运动的人,他们的发病率和病死率低于那些超重但静坐少动的人和较瘦的人。

当能量摄入量低于能量消耗量时就会导致体重减轻。单独的运动可以用来增加能量消耗,假如摄入的能量没有增加,那就将引起体重下降。运动诱导的减体重依赖于运动期间能量消耗的总量和提供的热量的燃料类型。运动是增加脂肪氧化的理想方式,因为骨骼肌容易消耗脂肪提供的能量。长时间的中低强度的运动与进行高强度的运动相比,脂肪氧化所占的比例更大。引起最大能量消耗的运动是那些与耐力相关并动用大量肌群的运动(如长跑或者越野滑雪)。要记住中低强度运动时脂肪的氧化能达到最大值,这就意味着与较大强度的运动相比,例如步行、游泳、健美操、中低强度的骑自行车等运动可以增加脂肪的氧化。然而,在既定时间段内,中低强度运动总的能量消耗少于更高强度的运动,例如跑步。记住一个关键点,与糖供能占更大比例的高强度运动相比,中等强度运动时脂肪供能的相对贡献率更大。然而,一天的总热量和营养平衡决定脂肪作为燃料供能的绝对量。

(二)增肌人群

对许多运动员来说,增体重也是一件需要关注的事。完美的增体重应该是最大程度地增加瘦体重和最低程度地增加脂肪组织的重量。然而,在一个增体重的计划里,希望仅仅增加瘦肉组织的重量是不现实的。增体重的关键是摄入的热量比消耗的热量要更多。摄入含有较高营养密度的糖、低脂肪的饮食,依然含有高能量,将引起体重额外增加,增加的体重很少形成身体脂肪。

为了促进增体重计划的成功,运动员应该做到以下几点:

(1)设定可实现的增体重目标。

(2)允许用足够的时间达到目标。

(3)评估保持体重要求的能量、营养摄入水平。

(4)评估每天的能量消耗。

(5)增加总能量摄入,强调高质量蛋白质和碳水化合物。

(6)把力量训练加入到训练计划中。

(7)力量训练后混合使用恢复手段(液体、电解质、糖和蛋白质)促进补液和肌糖原填充,最重要的是促进肌肉蛋白质合成。

就像在短期内实现减去大量的身体脂肪是不现实的一样,增体重也不可能在一夜之间完成。基于合理地增加能量摄入,每周增重 0.5~2.0 千克是可以实现的。记录能量摄入、消耗和保持这一水平的体重需要摄入饮食的结构是很重要的。一旦建立了增体重的目标,就可以提出增加能量摄入的合适的建议。

为保持运动,糖摄入量应该维持在一个合适的水平(大约占总能量摄入的 45%~65%),脂肪供能应占总能量的 25%~35%。12%~15% 的蛋白质摄入(或 1~12 克/千克体重)对瘦肉组织的增长应该是充足的。运动后及时补充营养也很重要。一个运动员在训练结束后应尽快有目的地摄入高质量的蛋白质。

对那些每天消耗 4 000~5 000 千卡能量的运动员来说,增体重可能是相当具有挑战性的。即使没感到饥饿的运动员也必须摄入多余的热量。摄入太多的固体食物可能引起运动员肠胃不适,还有许多运动员发现他们一天中没有足够的时间吃额外的食物。对这些人来说,在两餐之间和训练后即刻补充运动保健饮料或者能量棒可以使能量摄入达到充足的水平,引起体重增加。

增肌人群的膳食营养安排首先应考虑个人的健康状况,如有肾病或其他健康问题,应注意咨询医师后,再调整饮食。

1. 增肌人群膳食营养安排原则

(1) 补充足够的热能:肌肉生长是要消耗能量的,没有足够的热量,就不可能保证肌肉的正常生长。

(2) 补充足够的糖类:增强肌力锻炼时所需要的能量主要由糖原提供,摄入的糖类可以补充糖原、供给能量,并防止锻炼造成的肌肉分解。但应注意不要空腹吃甜食,否则会导致胰岛素过度释放,易诱发低血糖。

(3) 补充优质蛋白质原料:蛋白质是肌肉构成的基石,也是肌肉生长的基础。因此,每天必须摄入优质蛋白质以构建肌肉,可安排在锻炼后或晚餐摄入。

(4) 采用多餐制:锻炼后适当补充营养物质,能及时补所需营养,提高机体代谢率。

(5) 保持适宜激素水平:人体内的生长激素、胰岛素和睾酮对肌肉蛋白质的合成至关重要。通过饮食与营养补充品可调控激素水平,刺激肌肉的生长。

(6) 适当增加运动补剂:可根据自身情况选择肌酸、乳清蛋白、增肌粉、谷氨酰胺、肌力皂苷等。

2. 增肌人群膳食营养误区

(1) 不用自己准备膳食:要增强肌力,必须自己准备膳食,依赖食堂或快餐店是无法满足增强肌力健身人群少食多餐和营养丰富的进食需求的。

(2) 不做营养记录:制订一个营养记录表,记录下什么食物有效,吃下后的肌肉感觉等是非常必要的。以后就可根据以往的资料对食物做出调整,使营养摄取达最佳状态。

(3) 饮水多少无关紧要:要注意运动前、中、后的补水量。可按锻炼前后的体重差值补充。

(4) 多吃肉有助于肌肉生长:为了满足肌肉的生长,蛋白质的摄取量需达到 1.6~2 克/千克体重,但如果单靠吃肉来获取,有可能摄入过量脂肪。因此,在日常膳食中应选择脂肪含量低的肉类食物,如去皮的鸡胸肉、瘦牛肉和鱼肉等肉类。蔬菜水果对增肌者来说也是必不可少的,因为其中蕴含丰富的维生素和矿物质,如硼、锌和维生素C,具有促进睾酮分泌的作用,而睾酮有利于促进肌肉生长。此外,蔬菜水果中富含的番茄红素、维生素C、维生素E等具有很好的抗氧化作用,能有效清除体内因力量训练堆积的氧化物质,促进疲劳恢复。

第七章 运动健身的解惑与释疑——科学健身之路的锦囊妙计

随着人们生活水平的提高,大众健康意识的觉醒,加之我国全民健身、健康中国战略的实施,参与到运动当中的人越来越多。但是,由于缺乏科学运动的知识,在运动中受伤病困扰的人越来越多。事实上,"运动是把双刃剑。一方面科学的运动能促进身体健康,另一方面,不当的运动行为可能会对身体造成负面的影响。"许多人在日常的运动健身中存在一些误解,这成为其健身路上的一大障碍。因此,介绍科学的健身知识和方法,帮助锻炼者形成正确认识,引导锻炼者正确锻炼,少走弯路,就显得十分重要。

第一节 运动观念的困惑与释疑

扫码观看
同步慕课

一、体育运动目的和目标不明确

在日常进行体育运动的人群中,真正明确自己的运动目的或者制定相应运动目标的,可谓少之甚少。这样就容易出现类似"为什么我坚持锻炼却依旧没有收到什么效果?"的问题。另有一部分运动爱好者,常常在自己有限的宝贵运动时间里,总是反复纠结"今天需要练什么?该怎样练?"这样想来想去,苦苦挣扎当中,时间就白白流失掉了。因此,最大也是最常见的困惑,当数进行体育运动时,自己的运动目的和目标尚不明确。

针对这样的问题,指导建议是:体育运动之前,建议锻炼者结合个人的实际身体状况、运动素质、体育需求等因素,在明确自身运动目的的同时,制定合适的体育运动目标。目标的制定不可轻而易举达成,更不能相对于自己望尘而及。阶段性目标制定相对比较简单、科学。例如,以一年为单位计算,可以将其分成12个阶段,每个月都有个小目标,并环环相扣,每个新阶段目标都是在完成上一目标基础之上,更进一步地对自己提出更高要求。这样一来,既能使自己运动的目的性更强,又能督促自己坚持身体锻炼。

二、一旦停止锻炼就会发胖

多数研究表明,适当的运动加合理的饮食控制是最健康的减肥方式。但对于许多有过减肥经历的人而言,一旦停止运动或饮食控制,就会重新发胖,甚至比原先更胖,这是为什么呢?

首先,采用任何非手术方法(主要指运动、饮食限制、药物、物理治疗等)减肥后,如果未能形成运动和体重控制的习惯,也未改变以往的生活方式与饮食习惯,则反弹复胖是迟早的事情。

其次,减肥方法的科学性决定了减肥后反弹的速度。科学的减肥方法主要指适当的运动负荷结合合理的饮食控制,其能够高效率地减少脂肪,同时肌肉和水分的损失较少,这样减下来的体重维持时间长,反弹起来比较慢。不科学的减肥方式则主要是运动不系统不合理,或饮食控制过严、过松,或营养结构不合理,导致减下来的体重中肌肉和水分较多,减的脂肪却不多,这样一旦饮食量恢复正常后,体重反弹很快,容易产生挫败感,并归罪于运动和饮食控制。产生反弹的主要原因不在于运动和饮食控制这两种方式,而在于没有采用正确的运动和饮食控制方法。因此,健康的减肥方法应该以"运动+饮食控制"为主,为了减肥成功并保持好体重,需要注意以下事项。

减肥的运动方式可以选择自己能够长期坚持的运动方式,缺少运动经验的人最好选择中低强度运动,如慢跑、快走、骑车、踢毽子等。饮食控制的方法是在能维持正常生活、工作和运动量的前提下,逐渐减少饮食总量,直至每天稍有饥饿感,但又不明显的程度即可。一日三餐不能缺,保持均衡饮食结构,也就是每天主食、肉类、蔬菜、水果、奶类、豆制品都吃到,除了肉类适当减少,其他都要吃,尤其主食不能缺。

减肥后饮食量可以增加到正常食量,每日至少三餐,不要暴饮暴食,多吃粗粮、奶类、蔬菜和水果。长期保持运动习惯,尽量不熬夜,不吸烟,不过量饮酒。

三、"一日之计在于晨,晨练越早越好"

老年人往往睡眠质量不高,天刚蒙蒙亮就起床晨练。健康的身体对于上了年纪的人们来讲就是最大的财富了。上班族们往往在挣扎中无奈起床时,发现很多老人都已经晨练回来了。在老年人看来,早晨相对清静,空气质量又好,是锻炼身体的大好时机。然而,许多人有所不知,过早的晨练也会诱发疾病。

指导建议如下。晨练固然对身体有益,但一定要把握好黄金时间。从锻炼的效果与安全性出发,每天运动时间的安排至少应考虑两方面的因素:一是人的生物节律及日节律周期;二是锻炼时的空气环境。时间生物学研究表明,人的各种生理活动是按一定的时间节律进行的,即受人体生物钟的控制。人的运动能力亦呈日节律变化,人的体力、身体的适应能力、协调能力以及敏感性等,均在每天下午时段表现出较好的水平。因为这时人的视觉、听觉、味觉等均非常活跃和敏感,心率、血压平稳,心输出量、肺活量以及摄氧量等指标都达到一天中的最高水平。所以,这一时段最适宜进行体育锻炼。此外,运动时间的安排还应考虑空气环境。研究证明,空气污染每天有两个高峰期:一个在日出之前,一个在19点以后。这两个时段地面气温较低,容易形成"逆温层",致使空气中的各种污染物不易扩散。绿色植物在光照条件下通过光合作用吸收二氧化碳、释放氧气,而在缺少光照时却通过呼吸作用消耗氧气释放二氧化碳,经过整夜的呼吸作用,空气中的氧含量相对较低。因此,锻炼时间应尽可能安排在太阳出来以后到19点之前这段时间来进行。

四、大汗淋漓才算达到锻炼效果

"运动就应该大汗淋漓才算到位,才能达到锻炼的效果。"这恐怕是热爱体育的人形容运动状况最常用的一句话,似乎不出汗就表示运动没有达到应有的程度。殊不知,运动过程中出汗多少除了与运动负荷有关外,更多地取决于人体汗腺的遗传因素。

正确的认识是:在日常运动过程中,我们不能一味以出汗量的多少来定论锻炼的效果。应以自我感觉、呼吸、面色、完成动作质量等更加直观的指标来衡量机体运动疲劳程度。无论疲劳程度的多少,大汗淋漓的情况下一定要及时补充富含水分和营养的食物,例如香蕉、运动饮料、苏打饼干等。否则,身体会因水分和养分缺乏导致虚脱,既影响运动效果,又对健康造成危害。

五、专注专项训练而忽视全面性的身体锻炼

诚然,运动是分项目的,但很多人仅仅关注自己所喜爱的项目,对体育运动的一般性训练却置之不管。一段时间下来,往往造成打羽毛球的持拍手明显比非持拍手粗壮,踢足球的下肢强壮而上肢却略显消瘦。这些都集中体现了全面身体锻炼的重要性。

针对这样的状况,指导建议是:全面性身体锻炼是为了身体的全面发展而进行的广泛的身体活动。若想拥有一个匀称又健康的身体,全身一般性的训练是必不可少的。例如,喜爱乒乓球、网球这类运动的人群,在运动之余应注重非持拍手的力量训练,哑铃训练就是最简单、易行的。像足球、自行车、跑步这类爱好者则要注意上下肢的协调发展训练,适当地给予上肢负重,引体向上、俯卧撑、仰卧起坐这类运动相对可取。此外,应该注重做一些大肌肉群(如胸肌、背阔肌、腹肌)的练习。

六、体重不变就是没瘦

日常生活中,人们常把体重作为评估肥胖与否的指标,其实仅使用体重是否下降来衡量是否变瘦是片面的。从健康的角度来说,大家常说的"减肥"应是降低体内脂肪含量,如果体重下降是由于降低了体内水分、肌肉含量和骨骼的质量,则对我们的健康是有害无益的。所以,科学地减肥更应该关注的是脂肪含量是否下降而不仅仅是体重。我们在减肥过程中常出现这样一种现象:明明从外形上看已经瘦了,但体重却没有变化,这是怎么回事呢?

事实上,人体肌肉密度相对较大,而脂肪密度很小,同样体积大小的肌肉和脂肪,肌肉重量大概是脂肪的1.4倍。我们通过运动消耗了脂肪,使得身体的脂肪含量逐渐减少,与此同时促进了肌肉的合成,增加了肌肉的含量。也就是说,适宜的运动使我们的身体成分发生了改变,尽管从体重来看可能未发生明显变化,但实际上身体脂肪量减少了,肌肉量增加了,达到了减脂增肌的效果,就起到了减肥的作用。为更准确地判断减肥效果,建议在减肥过程中定期检测体脂率与体重指数的变化。

第二节 运动过程中的困扰与应对

一、有小病也坚持锻炼

小病是指一般性的头晕、咳嗽、消化不良等病症。这时身体处于异常状态,即使是青少年也不宜运动,老年人就更不能硬撑着运动。当身体处于异常状态时,不可掉以轻心,不要加重身体的生理负荷,导致免疫力降低。

正确的做法是应暂停运动,等身体恢复正常,病象消失,再恢复运动。

二、空腹运动

空腹一般是指饭后4~5小时以上未进食的状态。空腹时运动会有损健康,因为空腹时血糖偏低,此时进行运动消耗了能量,会使血糖更低,产生低血糖反应。而血糖是大脑最主要的能量来源,低血糖时会出现头晕、乏力、心慌、面色苍白、出冷汗等大脑供能不足症状,严重者还可能晕倒,甚至有生命危险。若有以下情况,不建议空腹运动:①糖代谢异常或者糖尿病人群,尤其是使用胰岛素治疗的糖尿病患者;②长时间低碳水化合物饮食,体内糖原储备不足;③高强度运动,需要大量糖原供能。

　　排除以上不宜空腹运动的情况,超重及肥胖人群在空腹情况下进行适度运动,如步行、跳舞、慢跑、健身操、骑自行车等,不仅对健康无害,在一定程度上还有助于减肥。一方面,虽然空腹时体内血糖偏低,但是人体在低强度运动中以消耗脂肪为主,让有限的糖原优先用于维持正常的大脑功能,而不是用于运动。如果运动量适度,体内储存的糖原足够人体调配使用,不会发生低血糖反应。另一方面,正是由于空腹时糖原储备减少,低强度的运动反而会动员更多的脂肪来提供能量,这样运动中更容易消耗多余的脂肪。有研究发现,早餐前空腹散步比早餐后散步可以提高 33% 左右的脂肪消耗,可见空腹运动减肥效果优于饭后运动。

　　空腹运动是否有损健康不能一概而论,不仅取决于运动者的健康状况和饮食情况,还取决于运动强度和运动量等因素。如果空腹运动的时间是晨起早餐前,例如老年人晨起空腹运动现象较多,那么不宜空腹运动的情况除了前面所说的三点外,还应考虑是否患有心脑血管病、高血压等问题。总之,我们既要尽量避免有损健康的空腹运动,又要充分发挥空腹运动的有利作用。

三、一双运动鞋,跑遍天下都不怕

　　很多人不管是跑步、打篮球还是登山,都是一双运动鞋搞定,更有甚者选择不穿运动鞋,这往往会对身体造成很大损伤。专家指出,慢跑时,如果穿着不适的鞋子,在脚踏地的刹那,距骨下关节会呈 4 度内旋,当地面不平或跑步速度增加时内旋角还要更大。若是鞋子不适当,常会引发脚部和踝关节不适,产生运动代偿。足部的过度使用或不当使用还会引发肌腱炎、骨质增生等运动伤害。

　　因此,选择运动鞋时首先要关注功能性,了解运动鞋的防滑功能、减震功能和稳定性。防滑功能好的运动鞋可以加大摩擦,在跑步和登山运动时需要。减震性能好的鞋可以减缓外力对脚掌的冲击,进行球类及跳跃类运动时优先选择。如果你经常在小河边的泥泞小径或山涧小路上跑步,那就要选择越野跑鞋。

四、不做准备活动和拉伸

　　如果把人体比作一部精密运转的机器,骨骼肌肉系统、消化系统、呼吸系统、循环系统就是仪器的零部件,各个配件间相互配合才能使我们高效地完成运动。准备活动就好比机器的预热,积极有效的准备活动可以调动身体机能,使人体的骨骼肌肉系统、神经系统间协调配合,提高运动效率,降低运动损伤发生的风险。

　　通过有氧运动与动态牵伸相结合的方式是较为高效的准备活动。5～10 分钟的有氧练习可以提高身体的温度,促进血液循环,降低肌肉、韧带组织的黏滞性。有氧运动结束后，使用动态牵伸进一步"激活"身体。动态牵伸可以更加有效地将肌肉柔韧性、肌肉力量、动作协调性相结合，在牵伸的同时激活相应的肌群，提高动作的质量，最大限度地预防运动损伤的发生。

运动之后的整理活动同样不容忽视。整理活动中进行肌肉牵伸的主要目的，是将在运动中使用较多的肌肉延展、拉长，从而缓解肌肉组织的疲劳，恢复肌肉的功能，为下一次运动做好准备。与准备活动不同的是，在整理活动中应优先选择静力性牵伸。即在某一固定体位下保持一定时间的拉伸方法，这也是广大健身爱好者常用的牵伸方法。每个牵伸动作要缓慢持续地用力，切忌进行震颤性、快速反复的牵伸动作。每个肌群应持续30～60秒，重复2～3次。

如果有条件，也可以在牵伸前使用一些常用辅助用具。泡沫轴是目前比较流行的用具之一，在运动结束后利用泡沫轴对相关肌群进行放松更加有效。使用泡沫轴进行滚动时，每个肌群需滚动20～30次，并对被放松的部位施加一定的压力才能达到良好的效果。需要注意的是，准备活动时推荐使用动态牵伸，整理活动时推荐使用静力性牵伸，两种牵伸方式切勿混用。

五、大量运动后马上洗浴

大量运动后身体大汗淋漓、身心俱疲，如果这时马上洗澡会感到愉快惬意，但这种做法并不正确。许多研究表明，运动后进行冷水浴或冷热水交替浴是加速肌肉组织恢复、缓解疲劳的有效方法之一。很多高水平运动员在运动后，会选择此类方法进行放松，例如有些篮球运动员喜欢全身浸入冰桶浴，一些马拉松运动员会在比赛后进行下肢冰水浴。对于普通运动爱好者来说，可以在整理活动结束后，采用冷热水交替浴的方法促进身体快速恢复。具体的方法是：先进行冷水浴，温度控制在10～15摄氏度左右，持续30～60秒；再进行热水浴，持续2～3分钟，如此冷热交替进行3～4次。当然，初期可能无法适应低温，可先从自己能承受的温度开始，逐渐适应。即便无法适应10～15摄氏度左右的水温，适当地降低水温依然能起到一定的放松效果。

需要注意的是，如果在运动中出汗较多，又未及时补充运动饮料，很容易导致血液容量下降。另外，有些高血压、糖尿病等慢性病患者，或日常运动较少者，偶尔一次大强度运动后也容易出现心脏供血不足。如果存在这些问题却不加以注意，大量运动之后马上洗热水澡，会增加皮肤内的血液流量，导致心脏和大脑供血不足，轻者头昏眼花，重者虚脱休克。

正确的做法是在运动中注意及时补水，运动后做好充分的放松和拉伸，让身体"凉下来"，血液从肌肉回到心血管系统，才能更好地适应环境变化，避免热水浴带来的危险。

六、运动时间越长越好

运动有益于健康,但运动时间并非越长越好,这和"佳酿再好,也不宜过量"是一个道理。运动应该适量,适量运动会带来益处,过量运动则往往会带来伤害。运动时间与运动量成正比,所以运动时间越长,往往运动量也就越大。我们常能看见身边一些爱运动的朋友因为运动过量出现伤病,例如大家耳熟能详的"网球肘""半月板磨损"等慢性损伤,甚至"跟腱撕裂"等急性运动损伤,多数都是因为长期运动过量导致慢性损伤逐渐积累,以急性疼痛的形式表现了出来。很多马拉松跑友出现"跟腱撕裂"正是根源于此。

通常把运动员由于长期运动量过大造成的疲劳积累症状称之为"过度训练",但近些年来,许多运动爱好者中也频繁出现过度训练的问题,其危害也逐渐引起大家的重视。过度训练除了会造成上述运动劳损性伤病之外,还会给人体的内分泌系统和免疫力系统带来深度的抑制,比如血液睾酮水平的明显下降,以及血液皮质醇水平的先升高后下降。睾酮是合成激素,皮质醇是分解激素,当前者下降后者升高时,人们在生活和运动中会出现"精神亢奋、睡眠障碍、烦躁易怒、易疲劳"的状态,这是身体发出的警告。当出现此类状态的时候,需要减少运动量(或工作量),增加休息时间。如果练习者不注意身体的警告,继续大量运动,则会进入到睾酮与皮质醇同时下降的状态,此时内分泌系统功能开始衰竭,身体已无力支撑经常性地过度消耗,会出现"嗜睡、强烈疲劳感、易感冒、易发烧、易腹泻"等症状,强迫身体自主进入休息状态。如果此时依然强迫自己进行大负荷运动,往往会以严重的受伤或久病难愈来收尾。

最容易把握适量运动的方法就是控制运动时间。因此,即便练习者非常喜欢某项运动,也要注意适度控制运动量,不能一味地通过延长运动时间来获得自身满足感。

第三节　日常运动健身常见困惑

扫码观看
同步慕课

一、做力量训练,肌肉会长太大

女士们常会这么说:"我不想变太壮。"有人之前见过力量训练的最初效果,就退避三舍,怕也会变成肌肉"女超人"。要知道,有些职业健美选手会使用类固醇以及其他非法药物来帮助肌肉增长。如果没有用强效药剂,人体不会长出那么大的肌肉,当然你也一样。

力量训练的前几个星期里,身体常会变得比较壮硕,主要是由于肌肉内的血液循环增加。而力量突飞猛进,同样也多半是由于神经适应新的动作,而不是因为肌肉量增加。不用怕会不小心变得太壮,或害怕肌肉会毫无节制长大。女性能够持续每个月增加0.22千克的肌肉就已经相当了不起了,而男性能够每月增加0.68千克就相当可观了。别忘了,这只是理想状况,必须持续投入力量训练和摄取适当营养才会有健康美丽的身体。因此,不用担心做力量训练会长出过大肌肉的问题。

二、跑步会使小腿变粗

很多人在较长时间跑步后,会感觉小腿后群肌肉酸胀,误认为小腿变粗了。这其实是小腿肌肉频繁发力后疲劳和血流量增加产生的错觉,只要采取正确有效的拉伸方式,这种感觉就会消失。另外,长期参加长跑训练还可以使"小腿变细"。

要达到通过长跑改变体型的效果,建议经常进行30分钟及以上的有氧跑,跑完后还要记得进行肌肉拉伸。拉伸可借助外物进行直腿背屈(可通过台阶来进行)、屈腿背屈(可以借助墙壁来完成)、后蹬腿跖屈(利用凳子或栏杆来进行)。

三、仰卧起坐可以减肚子

现代社会中的人们生活和工作压力较大,静坐少动成为常态化的生活方式。长期身体活动不足和不良饮食习惯导致人们体内脂肪增加,常在腹部形成脂肪囤积,出现俗称的"啤酒肚"。"啤酒肚"已逐渐开始呈现年轻化趋势,成为威胁公众健康的隐形杀手。"啤酒肚"在医学上称之为"中心性肥胖",又叫"腹型肥胖"或"向心性肥胖"。研究表明,中心性肥胖对健康的危害程度高于一般性肥胖,因内脏脂肪堆积过多,极有可能诱发高血压、糖尿病、冠心病、心肌梗死等心血管疾病的发生。

中心性肥胖的干预方式有很多,我们常听人说"仰卧起坐可以减肚子",这种认识是片面的。首先,先来了解如何科学地"减肚子"。"减肚子"顾名思义就是要减少囤积在腹部的脂肪,在这个过程中应采用科学减脂的方法,需从增加消耗和减少摄入两个方面同时入手。

建议通过如下方式增加消耗:改变久坐不动的不良习惯,每坐半小时后起身站立或轻微活动5分钟;根据实际情况,通过步行上下班的方式增加能量消耗,达到每周2~3次,每次30分钟及以上的推荐量;在工作日早、中、晚的空闲时间进行俯卧撑、靠墙撑、蹲起、开合跳等动作练习。条件允许的情况下,可增加卷腹(仰卧起坐)、两头起等动作练习;周末多与家人共同进行骑行、爬山等户外活动或选择球类运动,不仅可以在家庭中形成健康的生活方式,还有助于增进家人之间的情感交流。

其次,需要正确认识仰卧起坐。仰卧起坐的主要功能是通过锻炼腹肌、增强腹部肌肉力量,是常用的简单有效的腹肌锻炼方式,但对降低腹部局部脂肪含量的作用并不明显。对于日常减脂来说,优先推荐有氧运动和全身性、大肌群参与的力量锻炼。

对于控制饮食,有如下建议:①重视早餐、中餐适量、控制晚餐,忌通过节食方式减脂。②非就餐时间应杜绝零食,尽量减少外出用餐和自助餐次数。还应养成良好的睡眠习惯,形成规律睡眠。以往研究表明,熬夜可改变身体激素水平,增加脂肪堆积。

四、盲目追求大重量

这种现象多存在于男生身上,有时候练得兴奋了,就开始给自己上大重量,完全不考虑自身是否能承受,结果必然是动作变形,增加受伤风险。其实,健身新手和老手的根本区别在于对身体动作细节的把控能力。就拿深蹲举例子,在都快要力竭的情况下,老手会更多地去控制动作细节,比如一定不能弯腰弓背,一定不能膝内扣,低端不能骨盆翻转,在很好地把控住这些细节的基础上,再去将杠铃顶起来。而新手则是一咬牙,一闭眼就往上顶,也不管动作质量如何,起来就是胜利。

当然了,对自己身体细节的控制能力一定是基于长期的训练得来的,这点新手目前是不具备的,所以切忌盲目上大重量,动作质量才是第一位。

五、减脂只能做有氧运动

现代社会中,无论肥胖与否,很多人都经常将"减肥"挂在嘴边。尤其是对形体美要求较高的女孩子们,更是不遗余力地将"减肥"进行到底。当你想要为减脂而开始运动时,应优先选择游泳、跑步等有氧运动,它们是一种较为有效的运动减脂手段。

通常情况下,30~60分钟的中等强度有氧运动可有效燃烧体内脂肪,达到减少脂肪堆积的目的。从人体供能系统的角度来看,随着运动时间的延长,脂肪的供能比例随之加大,因此运动时间太短就达不到较好的燃脂效果。但延长运动时间不等于运动时间过长,过长时间的运动会分解肌肉里的蛋白质来供能,使肌肉减少,同样不利于减脂。此外,有氧运动也存在以下弊端:一是易产生动作节能化,如果不改变有氧运动的时间、强度等,人体在短期内就会对这种运动产生适应,使得消耗的能量逐渐减少,影响减脂效果;二是有氧运动模式相对单一,长时间运动会使人觉得枯燥无味,难以坚持下去。

第七章 运动健身的解惑与释疑——科学健身之路的锦囊妙计

想要达到更好的运动减脂效果,除有氧运动外,还要科学搭配其他运动方式,如力量训练。除了运动中的能量消耗,运动后的能量消耗对于减脂也有重要意义。力量训练可以通过增加肌肉含量来提高人体的静息代谢率,使人体在运动后能消耗更多的脂肪,取得更出色的减脂效果。

总之,不同运动方式有其优点与不足,在运动减脂过程中不是仅有有氧运动一种选择。将有氧锻炼、力量锻炼等练习进行科学搭配,不仅有利于减脂,更能为身体带来长久的益处!

很多人运动瘦身效果不佳的主要原因之一是训练强度不够。时间长不等于强度高,而且时间长恰恰说明强度不够高。对于有氧运动,衡量训练强度的主要指标之一是心率。心率高达 160 的间歇有氧 10 分钟要比心率 130 的慢跑 20 分钟强度来得大。这也就是为什么做家务很多时候不能完全代替健身训练的原因之一。前者强度太低,不能诱导真正带来体型改变的相关激素(比如生长激素、甲状腺素)的分泌。衡量力量训练强度的主要指标有举起的重量和组间休息时间。很多人抱怨自己力量训练燃脂效果不佳,很多时候是由于举重重量太轻或则组间休息时间过长。如果你在训练时照镜子、玩手机、拍照片进行健身打卡,那么很可能你的训练强度不够。要增大训练强度,可以把匀速有氧改成变速间歇有氧,缩短力量训练的组间休息时间。训练不光要看时间,更要看质量。如果你已经处于平台期很久,该问问自己的训练强度够不够。也许,你的健身只是别人的热身。

第八章 体育文化与终身体育——健康幸福生活的法宝

扫码观看
同步慕课

第一节 体育文化

一、体育文化

随着我国社会的进步,体育走入千家万户,它在社会中所扮演的角色,不只是一种文化生活,更是一种百姓民生。体育文化建设是社会主义文化建设的重要组成部分,在社会主义文化建设和体育强国建设中发挥着重要作用,具有重大的实践意义。因此,体育文化必须站在中国特色社会主义新时代的历史方位,从把握时代脉搏、勇担时代责任的大格局中去理解和实践。

一般认为,体育文化是广义文化的一个组成部分,是指人通过体育活动在改造客观世界、在调节自身情感、在协调群体关系过程中所表现出来的时代特征、地域风格和民族样式。

广义而言,体育文化是指为丰富人类生活,满足生存需求,以身体为媒介,把满足人类需求的身体活动进行加工、组织和秩序化,形成获得社会承认的、具有独立意义和价值的文化。它包括精神文化(体育观念、意识、思想、言论等)和行为文化(体育行为、技术、规范、规则等)两大部分。

狭义而言,体育文化是将生产于社会生活的体育作为有价值的活动加以肯定,并赋予一定的知识文化内涵,从而使体育由自然活动变成文化活动。它包括与艺术、宗教、学术、文化娱乐以及传播媒介等有关的体育活动和体育作品。

二、体育文化结构

一般认为体育文化是由三个层次或三个子系统组成的结构-功能体系。

(一)体育文化的表层结构

将深层的体育观念通过中层组织结构付诸实践的操作体系,表现为体育文化的外部形态和外在特征,如具体的健身行为、运动竞赛、体育设施的设计等。

(二)体育文化的中层结构

由一系列与体育有关的制度和组织要素构成的组织体系,决定着体育文化的组织结构和操作效率。

(三)体育文化的深层结构

与体育有关的哲学思想、价值判断、健康观、审美观、意识形态等构成的观念思想体系,其功能是决定体育文化具体形态的存在依据、发展原则和发展方向。

人的一切社会行为包括体育行为都是有目的、有意识的,因此体育文化的深层结构是一切体育行为的根本原因;处于中层的结构组织体系是连接体育思想与体育行为的中介;表层的操作体系则是体育思想体系的具体物化过程,这种物化的结果,又具有对体育思想体系进行修正的反馈功能。

三、体育文化的价值

现代体育教育和世界教育发展潮流是一致的。一百多年来,体育教育不但极大地丰富了体育文化,提高了体育在社会中的地位和价值,而且在促进人的全面发展、协调发展、完善发展中起到了重要作用。竞技体育文化通过创新与发展,历经宗教体育文化阶段、科学体育文化阶段和艺术体育文化阶段。艺术体育文化摆脱了人类谋求生存的宗教体育文化、强身健体适应环境的科学化和功利性体育文化的特征之后,向着竞技与艺术相结合、形体美与心灵美相结合的形态发展。

在教育全球化的浪潮中,大众体育文化对人类自身生存、发展、享受的追求的推动力最大,影响最为广泛、深刻。这是因为大众体育文化给人类带来快感和美感,并给社会带来健康和活力。无论中国的大众体育,还是西方的大众体育,都是以全面发展和和谐发展为根基。

自古以来,中国传统体育文化都是围绕"养生"开展的,认为人与自然的结合在于通过大自然的交换,排出身体内部的浊气、五脏通达、六腑调和,并认为决定健康和长寿的根本在于人体的内部而不在于外部。中国传统体育文化在体育形态上强调整体观和意念感受、动作简单而内涵深刻,很少有强烈的肌肉运动。随着东西方文化的交往,中国传统体育文化这种整体修炼和内在和谐之美,正在和现代科学相结合,形成新的独特风格。

太极拳是一种饱含东方包容理念的运动形式,是中国传统辩证的理论思维与武术、艺术、导引术、中医等的完美结合，是一种内外兼修、柔和、缓慢、轻灵、刚柔相济的汉族传统拳术，集颐养性情、强身健体、技击对抗等多种功能为一体，是高层次的体育文化。2006年，太极拳被列入中国首批国家非物质文化遗产名录。2020年，太极拳被列入人类非物质文化遗产代表作名录。

四、校园体育文化

校园体育文化是以学生为主体，以课外体育文化活动为主要内容，以校园为主要空间，以校园精神为特征的一种群体文化。校园文化作为一种社会文化，也是在一定社会政治、经济、文化、教育、体育等条件下，由学校广大师生在实践过程中共同创造的体育物质财富和精神财富的总和。

校园体育文化作为学校教育的重要组成部分，在德、智、体、美、劳全面发展的教育方针中，在培养身心健康和具有创新精神与实践能力的社会主义现代化合格人才中具有十分重要的作用。学校体育要树立健康第一、终身体育的教育指导思想，推行素质教育，关注学生的个性发展，提高学生的人文体育素养，培养学生健康人格，增强其健身意识和品德修养，协调人际关系和合作精神。

五、体育人口

（一）体育人口的概念

体育人口，是指在一定时期、一定地域、经常从事体育锻炼、健身娱乐，接受体育教育、参加运动训练和竞赛，以及其他与体育事业有密切关系的、具有统计意义的一种社会群体。

体育人口是经济和社会发展到一定历史阶段的人口现象和体育现象。体育人口是一项重要的社会体育指标，它反映了人们对体育的参与程度及亲和程度，它是经济和社会发展程度的一个重要标志，它是制定社会体育发展规划与进行体育发展战略研究的一个重要依据。

（二）体育人口的标准

国际上判定体育人口的标准差异较大，我国体育人口判定标准如下：
(1)每周身体活动频度3次（含3次）以上；
(2)每次身体活动时间30分钟以上；
(3)每次身体活动强度中等程度以上。

随着社会的进步、经济的发展，体育人口的发展呈日益增加的趋势。体育人口中的主动体育人口、实质性体育人口和终身体育人口也呈增加的趋势。发展社会体育的重要任务就是增加体育人口，增加自觉参与、不间断参与和终身参与的高质量的体育人口。

当前,国家在致力于构建现代公共文化服务体系和全民健身公共服务体系,大力发展体育人口,促进健康的大众健身文化发展,以更好地满足人民群众精神文化需求和体育健身需求,提高全民文化素质和身体素质。

(三)我国体育人口的现状

从年龄来说,我国中、青年人在体育人口中所占比重较低。不同于西方发达国家体育人口的年龄分布呈青少年高于中年人、中年人高于老年人的状况,我国体育人口呈现"两头热,中间冷"的特征。一般认为,出现这种状况的原因,除了东西方的文化和经济差异外,同我国开展和倡导的很多群众体育活动较为适合老年人和妇女群体,对中青年却缺乏足够的吸引力有关。因此,扩大中青年人群体育人口是我国群众体育应当加强的工作。

当前,我国采用经常参加体育锻炼的人替代体育人口。经常参加体育锻炼的人是指每周参加体育锻炼频度3次及以上,每次体育锻炼持续时间30分钟及以上,每次体育锻炼的运动强度达到中等及以上的人。国家统计局发布的《中华人民共和国2020年国民经济和社会发展统计公报》显示,全年全国7岁及以上人口中经常参加体育锻炼人数比例达37.2%。

第二节 奥林匹克文化

一、奥林匹克运动会

(一)古代奥林匹克运动会

古代奥运会自公元前776年的第一届至公元394年遭禁止,历时1 170年,共举办了293届。其历程可分为三个阶段:公元前8世纪—公元前6世纪,古代奥运会发展期;公元前6世纪—公元前4世纪,古代奥运会鼎盛期;公元前4世纪—公元4世纪,古代奥运会衰落期。

第一届古代奥运会仅有一个比赛项目,是距离为一个"斯泰德"(约为192.27米)的场地跑。尽管比赛项目少,但毕竟是个良好的开端,其后,规定古代奥运会四年举行一次。初期的竞赛项目不多,所以前22届时间仅一天。后来随着比赛项目的增加,又延长为两天。在第13届后,陆续增加了中长距离跑、五项竞技运动、角力、拳击、战车赛、混斗、赛马、武装赛跑。第37届增加少年比赛项目后,时间又延长到5天,古代奥运会进入鼎盛时期。其中第一天是开幕式,举行献祭、宣誓仪式和点火仪式,第二、三、四天进行比赛的具体项目,第五天是闭幕式,进行发奖和敬神活动。运动员经过10个月艰苦的训练,赛前在伊利斯集训一个月后方能参加比赛。奥运会成为真正的全民族的节日盛典,其以体育竞技为主题,还有政治、经济、文化等活动。其优胜者享有很高的荣誉,在回自己城邦时受到隆重热烈的欢迎,并能得到丰厚的物质奖励。

奥运圣火首次出现是在1928年的阿姆斯特丹奥运会。1934年,国际奥委会雅典会议决定恢复古奥运会旧制,奥运会期间主体育场燃烧奥林匹克圣火,圣火火种取自奥林匹克(见图8-1),采用火炬接力方式传到主办国。

图8-1　点燃圣火

公元前4世纪,马其顿征服希腊,古代奥运会的规模及受人们关注程度开始下降。公元前146年,罗马人征服了希腊,古代奥运会进一步衰落。奥运会成为罗马奴隶主消遣取乐的观赏会。他们肆意增加了罗马人与兽的比赛项目,此时,古代奥运会已是面目全非了。公元325年,君士坦丁大帝下令毁了阿尔菲斯体育场。公元393年,罗马皇帝狄奥多西立基督教为国教,翌年宣布古代奥运会为"异教",至此,历时1 170年的古代奥运会随着古奴隶制的衰亡而销声匿迹了。

古代奥运会虽然消亡了,但它留给人类社会一笔宝贵的文化财富。它历经1 000余年的实践,在体育的功能、德智体美的关系、运动生理以及运动道德等方面积累了丰富经验。其也创造了大型综合比赛大会的组织模式,更为可贵的是它所推崇的和平、友谊、公平竞争、追求人体健美以及奋进精神形成的"奥林匹克精神"价值体系不仅促进了当时人类社会的发展,而且为现代奥林匹克运动的复兴奠定了坚实的思想基础。当然,古代奥运会剥夺奴隶参加奥运会,禁止妇女参加观看比赛等规定,也有着明显的时代、阶级局限性。

(二)现代奥林匹克运动会

1. 现代奥林匹克运动的复兴背景

19世纪工业革命后,欧洲各国逐渐从注重体育的军事效能转移到体育的健身娱乐功能。人们需要在高节奏的都市化生活后寻求一种具有娱乐性的复杂的身体运动,此时,一些新的竞技运动项目迅速发展。在19世纪后半叶,自由资本主义向垄断资本主义过渡。随着世界市场的形成,民族间壁垒被打破,体育也超越国界,形成了东西方体育以及其他不同类型体育交流融合的体育国际化大趋势。世界各地均有复兴奥运会的尝试,如1834年7月和1838年8月瑞典人斯卡图教授着手在赫里辛鲍尔格附近的拉姆列斯举办了两次纪念古奥运会的运动会,1859年、1870年、1875年,希腊本土先后举办了第一、第二、第三届泛希腊奥运会。随着1881年德国柏林大学库尔金斯教授率领的开发队发掘奥林匹亚的成功,建立一个综合性的国际体育交流的大舞台,建立一个协调各单项组织活动的国际体育组织与奥林匹克运动会的复兴相融合顺理成章。

2. 第一届现代奥运会

皮埃尔·德·顾拜旦(1863—1937),现代奥林匹克运动创始人,被誉为"现代奥林匹克之父"。在他的努力下,第一届奥运会克服重重困难,终于在1896年4月6日开幕了。希腊国王乔治一世宣布了大会开幕。在开幕典礼中,演奏了一曲庄严的古典弦乐,1958年国际奥委会将它定为奥运会会歌。该届奥运会共计有美国、法国和东道主希腊等14个国家的311名运动员参赛。设有田径、游泳等9个比赛项目。自此掀开了现代奥林匹克运动赛会的序幕。

顾拜旦在第一届奥运会之后当选为国际奥委会主席。他曾直接参与筹备1896—1924年期间举行的历届奥运会,发表了著名的诗作《体育颂》和《运动心理学试论》《竞技运动教育学》等。他于1925年辞去国际奥委会主席的职务,并被推戴为终身名誉主席。

从1896年第一届现代奥运会克服重重困难得以召开到今天,现代奥林匹克运动经过一百多年的发展,已经成为世界上无与伦比的最广泛的社会文化现象。第一届现代奥运会赛场见图8-2。

二、奥林匹克运动的体系

奥林匹克文化涉及从物质文明到精神文明、从个体到社会、从具体到抽象的各个方面,充分体现了奥林匹克运动丰富的文化内涵。奥林匹克文化已经成为当今世界体育文化发展的主流文化,成为各民族展示自身文化以及政治、经济、科技等多视角的立体视窗。奥林匹克运动已成为当今世界一种独特的文化现象,其社会活动形态作用于社会的不仅仅是体育力量,它对人们的行为趋向、道德升华、心理感受、价值观念、文明导向等许多方面有着巨大的感染力和影响力。

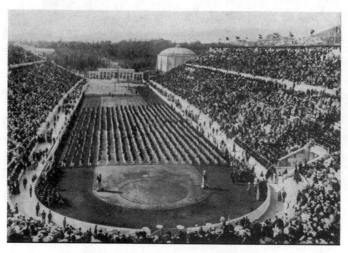

图8-2 第一届现代奥运会赛场

奥林匹克文化包括以奥林匹克主义为核心的奥林匹克思想体系,以国际奥委会、国际单项体育联合会、国家或地区奥委会三大支柱组成的奥林匹克组织体系,以奥运会为核心内容的奥林匹克内容体系三个层次。

(一)奥林匹克的思想体系

奥林匹克运动的思想体系是奥林匹克运动的灵魂,是奥林匹克运动历经百年得以持续并日渐蓬勃兴盛发展的坚实思想基础。

1.奥林匹克主义

奥林匹克主义是增强人的体质、意志和精神,并使之全面均衡发展的一种生活哲学。奥林匹克主义谋求体育运动与文化和教育相融合,创造一种以奋斗为乐、发挥良好榜样的教育作用,并尊重以基本公德原则为基础的生活方式。

2.奥林匹克运动的宗旨

奥林匹克运动的宗旨是,通过开展没有任何形式的歧视并按照奥林匹克精神——以互相理解、友谊、团结和公平比赛精神的体育活动来教育青年,从而为建立一个和平而更美好的世界作出贡献。奥林匹克精神为不同的文化间的差异提供了导向作用,奥林匹克精神所强调的友谊、团结、相互了解,为奥林匹克运动提供了一种文化氛围和精神境界,从而促进了奥林匹克运动的国际交流。

3.奥林匹克格言与名言

奥林匹克格言是"更快、更高、更强——更团结"。鼓励运动员要继续不断地参加运动、努力求进步与追求自我的突破，表达了奥林匹克运动不断进取、永不满足的奋斗精神和不畏艰险、勇攀高峰的大无畏精神。

奥林匹克还有一句名言"重要的是参加，而不是取胜"。顾拜旦解释说："正如在生活中最重要的事情不是胜利，而是斗争，不是征服，而是奋力拼搏。"一些人认为这句话与"更快、更高、更强"是矛盾的，前者强调参与，而后者则强调取胜。其实，用辩证的观点来看，这两句话的意思不仅不是相互矛盾的，反面是相辅相成的。

竞技运动的训练和比赛是一个过程，胜负作为这个过程的结果，只属于更快、更高、更强者。但是，竞技运动的功能和价值主要表现于训练和比赛的过程，而不是它的结果。正是在艰苦的训练和顽强的比赛过程中，运动员的身体得到锻炼，意志得到磨砺，品德得到提高；也正是在比赛的过程中，观众欣赏到了运动员健与力的美，技术与战术的高妙，观众的心绪随着比赛过程的起伏而跌宕，从而满足了他们的文化需要。所谓"重要的是参加，而不是取胜"正说明了训练、竞赛过程比其结果更为重要这个道理。正因为如此，在奥林匹克大赛上才有无数明知取胜希望渺茫，仍尽全力与世界体育巨星一拼的勇士，才有在竞技场上得不到冠军的健儿们抛下的汗水。正是因为"重要的是参加，而不是取胜"，他们在"参加"的过程中已经充分体现了自己的价值。

运动训练、竞技比赛的过程和结果是不可分割的，要想使竞技运动的价值在训练和比赛过程中最大限度地表现出来，必须使训练和比赛过程具有较高的质量，训练越认真，比赛越激烈对运动员的考验就越严格，运动员得到的锻炼就越大，也越能满足观众的文化需要。但是单纯地强调训练与比赛过程的重要性，强调参与的重要性，并不能保证过程的质量。这需要更强有力的刺激去激发运动员的动机。"更快、更高、更强——更团结"作为奥林匹克格言，通过对比赛结果的强调给可能会松散疲沓的训练、比赛过程注入了一种永不枯竭的生命力。正是在这句格言的激励下，运动员训练的质量越来越高，比赛过程越来越充满魅力，使得奥林匹克运动之树常青。

（二）奥林匹克的组织体系

作为国际社会运动，奥林匹克运动各种活动能够付诸实施，均靠奥林匹克运动一套机构完备、功能齐全的组织体系。即奥林匹克运动的三大支柱：国际奥委会、国际单项体育联合会和各个国家或地区的奥委会。

1. 国际奥委会

国际奥委会是一个国际性、非官方、非营利的组织，是奥林匹克运动的指导者、捍卫者、仲裁者。其作为并无限期的、具有法人地位的协会，于1981年

9月17日被瑞士联邦议会法令承认。国际奥委会总部设在瑞士洛桑,它的组织机构有国际奥委会全体委员会议、国际奥委会执行委员会、国际奥委会秘书处、专门委员会和一些临时性的委员会。国际奥委会的任务是按照《奥林匹克宪章》领导奥林匹克运动。国际奥委会对奥林匹克运动的领导是绝对的,这有助于奥林匹克运动的顺利进行。具体为,国际单项体育联合会只有获得国际奥委会的承认,其管辖的运动项目才有可能列入奥运会比赛项目;国家或地区奥委会只有获得国际奥委会的承认,才有权参加奥运会;国际奥委会对奥运会拥有全部权利。

2. 国际单项体育联合会

国际单项体育联合会是指在世界范围内管辖一项或几项运动项目并接纳若干管辖这些项目的国家或地区级团体的非官方的国际性组织。其任务是负责其管辖的运动项目的技术和行政管理方面的工作。目前,得到国际奥委会承认的国际单项体育联合会计有62个,其中列入奥运会比赛的国际单项体育联合会共34个。

3. 国家或地区奥委会

国家或地区奥委会是按照《奥林匹克宪章》的规定建立起来,并得到国际奥委会承认的负责在一个国家或地区开展奥林匹克运动的组织。它是奥林匹克运动的基本单位。其任务是依据《奥林匹克宪章》在各自国家或地区开展和维护奥林匹克运动。具体地说,国家或地区奥委会的作用在于在其管辖的范围内宣传奥林匹克主义,促进运动技术水平以及群众体育的发展,培训体育管理人员,尽力采取行为反对体育运动中任何形式的歧视和暴力,禁止使用国际奥委会或单项体育联合会禁用的药物和方法;组织和领导各自代表团参加奥运会和国际奥委会赞助的其他比赛;并有权在各自国家或地区选定适于举办奥运会的城市。

(三)奥林匹克的内容体系

奥林匹克运动的活动内容体系包括以四年为周期的奥林匹克运动会为主的一系列活动。正是这些涉及教育、文化等领域丰富多彩的活动内容,辅以严密科学的组织及制度,加上现代媒体对奥林匹克主义、思想的广泛传播,使得奥林匹克运动在20世纪80年代后出现了空前的繁荣。

奥林匹克运动会分为夏季和冬季奥运会,自1992年开始,夏季奥运会依然按照奥林匹克周期举行,而冬季奥运会则改在奥林匹克周期的第三年举行。奥运会的活动内容以竞技运动比赛为主,竞赛项目的设立需经奥林匹克比赛项目委员会批准。现今奥运会一般设28个比赛项目,包括约300个比赛小项。

三、中国与奥林匹克运动

（一）中国加入奥林匹克的历史

与古代埃及、希腊、两河流域、印度一样，中国作为人类社会古文明发源地之一，也有着灿烂的古代体育文化。中国近代由于清政府末期的腐败无能，使得初期的奥运会见不到中国运动员的身影。1932年，刘长春参加了第10届美国洛杉矶奥运会，第一次有中国运动员出现在奥运赛场。1979年，中华人民共和国的奥委会再一次获得了国际奥委会的正式承认。

（二）第一枚夏季奥运会金牌

1984年，我国正式提出了"奥运战略"，这是我国体育工作战略性大转移的标志。第23届奥林匹克运动会于1984年7月28日—8月12日在美国洛杉矶市举行。参加本届奥运会的有140个国家的6 797名运动员，其中女选手1 567人，是历届人数最多的一次。中国派出225名运动员参加了田径、游泳、体操、篮球、排球、射箭、射击、举重等16个项目的比赛和网球表演。中国台北奥委会也派出67名运动员参加了田径、游泳、举重等项目的比赛，这是海峡两岸中华儿女首次在夏季奥运会上相逢。1984年7月29日，这是中国人民永远难忘的一天，是中国体育史上值得庆贺的一天。普拉多（本届奥运会射击赛场）的枪声，给本届奥运会带来了第一枚金牌。中国射击选手许海峰在男子自选手枪上以566环的成绩战胜各国选手获得这项比赛冠军（见图8-3），在中国奥运史上写下了新的一页。他这一枪，为中国体育赢得了三个第一：中国自1932年参加奥运会以来夺得第一枚金牌，改写了中国奥运史金牌榜上"零的纪录"；第一个为中国人民在世界奥运大赛上，升起了鲜艳的五星红旗，奏响了中华人民共和国国歌；第一个为中国体育代表团首次出征夏季奥运会赢得荣誉，来了个"开门红"。时任国际奥委会主席萨马兰奇闻讯赶来，主持发奖仪式。中国另一运动员王义夫获该项目第三名，由于射击场只为中国队员准备了一面国旗，不得不临时再去取一面，因此颁奖仪式推迟了40分钟。萨马兰奇说："今天是中国体育史上伟大的一天，我为能亲自把这块金牌授给中国运动员而感到荣幸。"奥运会后，许海峰将这第一枚金牌献给国家，陈放在原中国革命博物馆。

（三）第一枚冬季奥运会金牌

2002年2月8日，第19届冬奥会在美国盐湖城举行。这届冬奥会共设有78个项目的比赛，比上一届冬奥会多出10项。在冬奥会短道速滑女子500米决赛中，中国选手杨扬夺得金牌，实现了中国在冬奥会上金牌"零的突破"。中国运动员以新的面貌全面展现在世界夏季与冬季奥运会舞台。

图8-3 许海峰获得第一枚夏季奥运会金牌

四、北京奥运会

(一)北京夏季奥运会

早在1908年,《天津青年》杂志向国人提出奥运三问:中国何时能够派运动员去参加奥运会?我们的运动员什么时候能够得到一块奥运金牌?我们的国家什么时候能够举办奥运会?前两问解决了,举办奥运会也有了答案。

1. 北京申办奥运会的优势

(1)中国是世界上人口最多的国家。2008年奥运会在占世界人口五分之一,其中有四亿青少年的中国举办,是宣传奥林匹克理想和精神、普及发展奥林匹克运动的大好时机,更能体现奥运会的全球性、广泛性和参与性。

(2)北京是世界历史文化名城。北京具有3 000年建城史,800年建都史,有着众多的名胜古迹和丰厚的文化底蕴。北京又是一座拥有近百所高等学府、科学教育事业发达的现代化城市。在北京举办奥运会,有利于弘扬奥林匹克精神,促进东西方文化的交流与融合。

(3)北京申办奥运会得到了中国政府和全国人民的大力支持。北京申奥得到了全国人民和北京全市人民的大力支持,北京奥申委(北京2008年奥林匹克运动会申办委员会)征集到2 000多件会徽设计稿和3万余条申奥口号。各地群众通过签名、旅行等方式表达对北京申办奥运会的支持,奥申委网站开通首日,访问量就突破万人大关,网上支持率达94.6%。中外许多企业出资赞助北京申办奥运会。

(4)中国从未举办过奥运会。按惯例,奥运会应轮流在各大洲举办,一个大洲一般不能连续举办两次。亚洲自1988年韩国汉城奥运会后,到2008年已有近20年没有举办过奥运会。中国作为亚洲的最大国家,从地缘政治考虑,从奥林匹克运动的全球性和公正性以及未来发展考虑,北京申办的优势很大。

2. 北京获得2008年奥运会主办权

2001年7月13日,在莫斯科召开的国际奥委会第112届全体会议以不记名投票方式选出2008年奥运会主办城市。当国际奥委会主席萨马兰奇庄严宣布2008年奥运会的主办权属于北京时!申奥代表团沸腾了(见图8-4),北京获得2008年奥运会主办权,终于圆了中国人民及海外华人华侨一个世纪的奥运梦。

自1998年北京提出申办2008年奥运会以来,北京的城市基础设施建设不断传来佳音:北京轻轨铁路上马,四环路全线通车,五环路开始修建,广安大街竣工。1998年至2007年,北京投入120亿美元治理环境……这一切都使百姓真真切切感受到申奥连着我和你。北京和全国人民的支持为北京申奥赢得一个"高分"。国际奥委会评估委员会在对北京的评估结论中说,北京在各申办城市中"享有最高程度的民众支持率"。这些也使得北京在第二轮投票中,以56票压倒性优势胜出。而多伦多得22票,巴黎仅得到18票。

图8-4　宣布北京获得第29届夏季奥运会主办权瞬间

3. 北京奥运会的举办

2001年7月13日北京获得2008年第29届奥运会主办权。经过7年的精心筹备,北京奥运会在2008年8月8日晚上8时整在北京鸟巢国家体育场正式开幕,从开幕前的"大脚印"到《美丽的奥林匹克》文艺表演,再到诸如牙买加队获得男子4×100米接力比赛金牌并打破世界纪录等赛会优异成绩,北京成功举办了一届"有特色、高水平"的体育盛会。正如国际奥委会前主席萨马兰奇评说一样，北京奥运会是所有奥运会中最好的一届奥运会。在未来应该很少有人可以做到这种程度。

北京奥运会留下了许多文化财富。其中会徽和吉祥物最为典型。北京奥运会会徽"中国印·舞动的北京"将肖形印、中国字和奥运五环有机地结合起来，巧妙地幻化成一个向前奔跑，舞动着迎接胜利的运动人形，表达北京热情地张开双臂欢迎世界各国朋友的到来，充满了青春的活力。她的图案似印非印，似"京"非"京"，潇洒飘逸，充满张力，寓意舞动的北京；她是有中国精神、中国气派、中国神韵的中国汉文化的符号，象征着开放、充满活力、具有美好前景的中国形象；她体现了新北京、新奥运的理念和绿色奥运、科技奥运、人文奥运的内涵，再现了奥林匹克友谊、和平、进步、"更快、更高、更强"的精神。它是奥林匹克精神与中国优秀传统文化的完美结合，是中国人民奉献给奥林匹克运动的财富。概括起来，"中国印·舞动的北京"有四项含义：其一是中国特点、北京特点与奥林匹克运动元素的巧妙结合。其二是城市加年份的标准字体设计别出心裁、独树一帜。其三是总体结构与独立结构比例协调。其四是有利于形象景观应用和市场开发。

福娃是北京2008年第29届奥运会吉祥物，其色彩与灵感来源于奥林匹克五环，来源于中国辽阔的山川大地、江河湖海和人们喜爱的动物形象。福娃是五个可爱的亲密小伙伴，他们的造型融入了鱼、大熊猫、藏羚羊、燕子以及奥林匹克圣火的形象。每个娃娃都有一个朗朗上口的名字："贝贝""晶晶""欢欢""迎迎"和"妮妮"。五个福娃从色彩上呼应了奥运五环的红橙蓝绿黑，当把五个娃娃的名字连在一起，会读出北京对世界的盛情邀请"北京欢迎您"。福娃向世界各地的孩子们传递友谊、和平、积极进取的精神和人与自然和谐相处的美好愿望。

（二）北京冬季奥运会

1. 冬奥会

冬奥会即冬季奥林匹克运动会，通常提到的"奥运会"则是指夏季奥林匹克运动会。与奥运会一样，冬奥会也是由国际奥林匹克委员会主办的，是世界性冬季项目运动会。随着冰雪运动在欧美的日益普及，现代奥运会创始人顾拜旦建议单独举办冬季奥运会。冬季奥林匹克运动会始于1924年。当时，法国夏蒙尼市承办了被称为"冬季运动周"的运动会，两年后国际奥委会正式将其更名为第1届冬季奥林匹克运动会。冬季奥运会最初规定每4年举行一次，与夏季奥运会在同年和同一国家举行。从1928年的第2届冬奥会开始，冬季奥运会与夏季奥运会的举办地点改在不同的国家举行。1994年起，冬奥会与夏奥会以2年为相隔交叉举行。

2. 中国与冬奥会

中华人民共和国成立后,中国的冰雪运动获得了长足发展,并逐步与国际接轨。1980年2月13日,在美国普莱西德湖第13届冬奥会上,中国代表团第一次登上冬奥会舞台。1992年法国阿尔贝维尔第16届冬奥会,中国代表团获得3枚银牌,第一次在冬奥会正式比赛中取得奖牌,终于实现奖牌"零的突破"。其中女选手叶乔波,在比赛中带伤上阵,顽强拼搏,夺得500米和1 000米2项速滑的银牌。十年后,在2002年美国盐湖城第19届冬奥会上,来自中国的短道速滑运动员杨扬成为中国第一位夺得冬奥会金牌的运动员。自此中国运动员在冬奥会上都有精彩表现。2006年意大利都灵第20届冬奥会,中国代表团获得2金4银5铜11枚奖牌。2010年加拿大温哥华第21届冬奥会,中国代表团取得5金2银4铜的我国冬运会历史最佳成绩。2014年俄罗斯索契第22届冬奥会,中国代表团共赢得3金4银2铜9枚奖牌。2018年韩国平昌第23届冬奥会中国代表团取得1金6银2铜成绩。2022年第24届冬奥运将在北京举办,期待中国冬运健儿的精彩表现。

3. 北京冬奥会申办成功与意义

2015年7月31日,国际奥委会大会在吉隆坡票选2022年冬奥会举办城市,中国北京携手张家口最终以44票:40票"击败"哈萨克斯坦的阿拉木图,获得2022年第24届冬季奥林匹克运动会主办权(见图8-5)。北京成为全球第一个既举办过夏奥会又举办冬奥会的城市。

图8-5　国际奥委会主席巴赫宣布2022年冬奥会举办权

2022年冬奥会又将给中国带来很多发展契机。首先,冬奥会在中国举办可以促进全民健身,带动3亿多民众参与冰雪运动。一直以来,冰雪运动被称为

"高岭之花",参与这项运动的仍是少数人群。我国取得 2022 年冬奥会举办权,有助于冬季运动的发展,并激发 3 亿多国人参与其中,使更多的人认识和体会冬季户外运动的益处和乐趣,这对提高全民身体素质以及弘扬奥林匹克精神都有重要意义。

其次,冬奥会对推动中西文化交流融合、增强民族自信将产生积极影响。奥林匹克运动会是全球性的体育盛会,不仅为各国体育健儿提供了展示自我的竞技场所,而且也为促进世界和平、增进相互了解、实现文化交融、传递文明友谊搭建了最好的学习交流平台。我国通过承办冬奥会,可以进一步振奋民族精神,宣传中华灿烂文明和优秀文化,展示大国实力和精神风貌,增强民族凝聚力和自豪感。

另外,筹办冬奥会有助于生态环境的改善。节能减排、生态保护、环境治理等已经成为当前的重要任务。2013 年,北京市出台了 5 年投资 1 300 亿美元的"清洁空气行动计划",河北省也在生态环境治理上做出行动。随着 2022 年冬奥会筹办和全社会环保意识的逐步提高,生态环境质量和水平将会得到大幅改善。

开放的中国经济发展迅速,经济实力与日俱增,同时科技实力、文化魅力以及综合国力等均得到世界的认可。当然,全民在享受民族荣誉感与竞技体育文化的同时,更要关注自身健康,科学运动,强身健体,防病治病,全民健康,早日把我国建设成为富强民主文明和谐美丽的社会主义现代化强国。

第三节　全民健身与终身体育

扫码观看
同步慕课

一、全民健身

(一)全民健身的概念与发展

全民健身是指全国人民,不分男女老少,全体人民增强力量、柔韧性,增加耐力,提高协调性和控制身体各部位的能力,从而使人民身体强健。

1949 年中华人民共和国成立之后,大众体育运动受到政府重视并全面开展起来。改革开放以来,我国全民健身运动有了长足的发展。中共中央、国务院一直高度重视人民群众的身体健康和体育文化建设,将全民健身作为全面建成小康社会的重要内涵,并上升到国家战略的新高度。

1995 年 6 月,国务院颁布《全民健身计划纲要》,旨在全面提高国民体质和健康水平。

2009年10月1日起《全民健身条例》全面施行,全民健身行动第一次上升到法律层面。该条例旨在促进全民健身活动的开展,保障公民在全民健身活动中的合法权益,提高公民身体素质。该条例将每年8月8日定为我国"全民健身日"。通过"天天健身,天天快乐""好体魄,好生活""全民健身,你我同行"等理念影响全民的锻炼行为,让全民收获健康。

(二)《全民健身计划纲要》

1.《全民健身计划纲要》的颁布

1995年《中华人民共和国体育法》获得通过,为了更广泛地开展群众性体育活动,增强人民体质,推动我国社会主义现代化建设事业发展,同年6月20日国务院制定颁布《全民健身计划纲要》(简称《纲要》)。《纲要》内容包括面临的形势、目标和任务、对象和重点、对策和措施、实施步骤等五部分。《纲要》采取整体规划,逐步实施的方式。

全民健身计划到2010年的奋斗目标是努力实现体育与国民经济和社会事业的协调发展,全面提高中华民族的体质与健康水平,基本建成具有中国特色的全民健身体系。

依据实现社会主义现代化建设第二步战略目标的要求,积极发展全民健身事业。到20世纪末,经济、社会和体育发展程度不同的各类地区,经常参加体育活动的人数都应有所增长,人民体质明显增强,群众参加体育活动的时间、体育消费额等逐步加大,群众体育健身活动的环境和条件有较大的改善。

依据建立社会主义市场经济体制的要求,深化体育改革。到20世纪末,初步建立适应社会主义市场经济体制的全民健身管理体制,初步形成人民群众广泛参与、充满发展活力的运行机制,建立起社会化、科学化、产业化和法制化的全民健身体系的基本框架。

2.《全民健身计划纲要》的实施

2012年1月17日,国家体育总局在京发表《〈全民健身计划纲要〉实施十五年》白皮书。白皮书指出,15年来,在党中央、国务院的正确领导和地方各级党委、政府的重视下,在社会各界和广大群众的支持参与下,我国全民健身事业取得了令人瞩目的成就,《纲要》确定的奋斗目标和主要任务顺利完成:城乡居民体育健身意识普遍提高,体育健身活动广泛开展,群众体育组织不断加强,群众健身的环境和条件明显改善,参与体育健身活动人数大幅增加,国民体质显著增强,具有中国特色的全民健身体系基本建成。

白皮书全面总结了《纲要》实施15年来我国全民健身事业取得的重大成就:我国全民健身活动广泛蓬勃开展,《纲要》的实施使全民健身理念日益深入人心,人们的健身热情不断高涨,丰富多彩的全民健身活动涌动神州大地;全民健身组织体系日益完善,初步形成了政府领导、依托社会、覆盖面广,具有中国特色的全民健身组织网络体系;全民健身工作队伍逐步壮大,形成一支以国家公职人员为核心,以体育社团、乡镇街道以及机关企事业单位体育工作人员为骨干,以社会体育指导员和体育健身场所从业人员为基础,专职、兼职和业余相结合的全民健身工作队伍;全民健身场地设施遍布城乡,多方解决资金投入,新建、改建各类体育场馆,积极推进场馆开放,加强体育场馆管理,提高场馆综合效益,大大改善了全民健身的物质条件;全民健身服务业日趋繁荣,各级政府积极倡导和引领全民健身产业发展,制定实施了一系列推动全民健身产业发展的政策法规,促进了全民健身服务业发展和繁荣;全民健身法制化进程加快,全民健身配套法规体系逐步建立,全民健身工作不断纳入法制轨道,为我国全民健身事业发展建立起坚实的制度保障;全民健身工作激励机制逐步健全,各级政府重视建立和运用表彰激励机制,将表彰激励作为一种经常性工作方式和稳定的工作制度固定下来,建立了较完善的全民健身表彰体系;全民健身宣传与信息服务成效显著,全民健身宣传工作得到不断加强,信息服务能力不断提升,在传播全民健身理念、普及健身科学知识、培育健康文明的生活方式方面发挥了重要作用;全民健身的科学化水平不断提高,越来越多的科研力量积极投入全民健身工作,全民健身科研活动广泛开展,科研成果迅速增多,在对全民健身进行科学指导和提供决策服务方面发挥了积极作用;全民健身对外交流取得新进展,群众体育对外交流渠道不断拓展,对外交流范围逐渐扩大,促进了我国全民健身事业与国际大众体育的接轨,我国群众体育对外交流合作进入新时期。

白皮书指出了15年来实施《纲要》的基本经验,认为全民健身工作必须紧密围绕党和政府的中心任务,服从服务于国家经济社会发展大局,在改革中发展,在创新中完善;全民健身工作必须坚持以人为本,将满足人民群众不断增长的体育健身需求作为工作的出发点和落脚点,因地制宜、丰富形式、灵活多样;全民健身工作必须坚持政府主导,部门协同,履行公共服务职能,充分调动和发挥全社会的积极性、主动性和创造性,探索群众体育社会化发展道路;全民健身工作必须坚持统筹兼顾、全面协调,以系统工程的方式重点突破、整体推进;全民健身工作必须坚持依法保障人民群众参与体育健身活动的基本权益,完善政策和制度体系,改善发展环境;全民健身工作必须坚持活动与建设并举,重在建设,切实加强体制机制、组织队伍和物质条件的建设,着力完善薄弱环节,夯实全民健身工作基础。

白皮书在充分肯定《纲要》实施以来取得的成就和经验的同时,也指出了当前我国全民健身事业发展存在的主要问题:我国社会主义初级阶段的基本国情所决定的体育发展资源整体有限,全民健身的发展需求与社会所能提供的体育资源相对不足的矛盾依然突出;政府提供公共体育服务的职能未能得到充分发挥,公共体育事业投入不足,基层公共体育服务能力薄弱,公共体育服务的均等化差距较大;基层群众体育组织覆盖面不广,组织力量薄弱,活力不足,作用发挥不够,群众体育的科学化水平有待提高;经常参加体育锻炼的人口比例不高,结构不合理,特别是青少年儿童体育锻炼普遍不足,体质亟待增强;新型群众体育管理体制与机制未能完全建立,社会力量兴办全民健身的积极性有待进一步发挥,全民健身法治建设需进一步加强。

2021年7月,新的《全民健身计划(2021—2025年)》发布,计划指出,到2025年,全民健身公共服务体系更加完善,人民群众体育健身更加便利,健身热情进一步提高,各运动项目参与人数持续提升,经常参加体育锻炼人数比例达到38.5%,县(市、区)、乡镇(街道)、行政村(社区)三级公共健身设施和社区15分钟健身圈实现全覆盖,每千人拥有社会体育指导员2.16名,带动全国体育产业总规模达到5万亿元。

二、终身体育

(一)终身体育的概念

终身体育是贯穿整个人生的体育,是指在建设充足公共体育设施的基础上,组织好一个综合于学校体育、竞技体育和社会体育的联系网络,在满足人们多样化身体锻炼需求的同时,真正实现全民健身。

一般认为终身体育的含义应包括两个方面的内容:一是指人从生命开始至生命结束中学习与参加身体锻炼,使终身有明确的目的性,使体育成为一生生活中始终不可缺少的重要内容;二是在终身体育思想的指导下,以体育的体系化、整体化为目标,为人在不同时期、不同生活领域中提供参加体育活动机会的实践过程。

在体育思想方面,终身教育理论的积极倡导者和理论奠基者,法国的保尔·朗格朗在其著作《终身教育引论》(见图8-6)中提出了"终身体育"观念,认为"必须抛弃那种认为体

图8-6 保尔·朗格朗的《终身教育引论》

育只是在一生的一个短暂的时期内进行的观点","应当更好地使体育和整个终身教育结合起来,把它从单纯的肌肉作用、从它与文化隔离的状态中解放出来,把它与智力的、道德的、艺术的、社交的和公民的生活等活动更紧密地结合起来。"

(二)终身体育的必然性

终身体育作为一种完整的、现代体育思想,其必然性来自两个方面。

其一,人体自身发展,需要体育锻炼伴随终身。人体自身的发展,是有规律可循的。人的一生一般要经历三个发展时期,即生长发育期、成熟期和衰退期。由于体育锻炼具有增进健康、增强体质的作用,对人的各个不同时期的身体健康,都具有积极影响。所以,体育锻炼要根据各个不同时期人体发展的特点,提出相应的要求。生长发育时期的要求,是促进身体的正常生长发育;成熟期的要求,是保持旺盛的精力与充沛的体力;衰退期的要求,是延缓衰退、延长工作年限、延年益寿。不同的发展阶段锻炼的要求不同,锻炼的内容与方法也相应有所不同。也就是说,人的一生都应当伴随着体育锻炼,不同的时期,有不同的目标和要求,不同的内容与方法。锻炼身体不可能"一次完成",更不能一劳永逸。

其二,终身体育是现代社会发展的需要。现代生产方式和生活方式的变化对人们的健康状况带来了不利的影响。由于体力活动减少,工作、生活的节奏加快,精神过度紧张,生活改善,摄取的热量过多等一系列的变化,造成了高血压、心脏病、肥胖症、神经官能症等现代文明病的产生,严重威胁着人们的健康。人们为了改善自己的健康状况,健康意识普遍增强,体育锻炼成为人们提高生活质量、防治文明病和现代生活不可缺少的内容之一。

三、终身体育与学校体育

除却全民健身,终身体育离不开学校体育。终身体育被视为新世纪的体育思想,也是随着现代科学和教育的发展而产生的。终身体育思想的形成,不仅对改革现行的教育制度、内容和方法产生了深远影响,而且对充实人生和提高劳动者素质将起到重大的推动作用,是人类社会发展和进步的需要。

学校体育是终身体育的基础,终身体育思想的发展必将在体育教育思想、实践的改革和发展中起到不可估量的作用。

体育教育不再单纯将体育作为调节脑力劳动、强身健体的工具存在,而将其视为未来一生体育生活的入门阶段或一个重要环节,相应地将体育看成是培养学生娱乐兴趣的重要方法,并提出重点培养其从事这些活动的基本能力。

体育教学不再局限于单纯的田径、球类等传统项目,已开始引入社会流行的体育运动内容,如潜水运动、花样滑冰、网球、自行车等。

学校体育在终身体育的体系中,起着承上启下的作用,是终身体育的重要一环,是人们奠定终身体育基础的关键时期。学校体育中学生处在 6～22 岁年龄段,是从学龄儿童进入青春发育期的关键时期,也是有目的、有计划、有系统地全面锻炼身体,促进身心健康,掌握体育的知识、技术、技能,养成锻炼身体的习惯,培养体育意识的重要时期。

四、学校体育的终身体育思想要求

(一)打好身体基础

青少年时期,正是打好身体基础的"黄金时代"。从人体自身的发展来看,这一时期具有特别重要的意义。如果在这一时期里应当得到的锻炼而没有得到,到了成年以后,时过境迁再进行锻炼,虽然也有效果,但由于基础未打好,往往是事倍功半。因此要放眼未来,从青少年做起。

(二)掌握体育知识技能,学会自主学习锻炼

众所周知,体育的知识、技术、技能,是科学锻炼身体的方法和手段。锻炼对增进身心健康、增强体质,不仅具有在校期间近期的效果,而且具有走向社会以后长远的影响。但是,由于不同年龄段身心发展状况的差异,锻炼身体的目标、内容和方法也相应有所不同。这就需要培养自我学习、自我锻炼、自我评价的能力,以适应和协调不断变化的情况,取得预期的锻炼效果。

(三)培养兴趣、爱好,养成锻炼习惯

兴趣和爱好是积极参加体育活动的驱动力。初中以下的学生,往往以满足心理要求为主要倾向,表现为以直接兴趣为主,即体育活动本身所引起的兴趣。高中学生由于对体育锻炼的目的性更明确,间接兴趣逐步成为主要倾向,即对体育活动的结果发生兴趣,因此要努力培养间接兴趣和爱好,使学生逐步养成锻炼身体的习惯。

(四)培养自我体育意识

体育意识,是人的头脑对体育客观事物的反映,是对体育的感觉、思维等多种心理过程。"自我体育意识",是自己对待体育在思想、情感、行为、个性以及有关体育的社会交往和合作等各方面的认知、感觉、评价和调控等心理过程。"自我体育意识"是终身体育的核心,只有树立起自我体育意识,才能实现终身体育的目标和积极自觉地参加体育锻炼。

第九章 基本运动技能与体质健康——践行科学健身,收获健康体质

扫码观看
同步慕课

第一节 基本运动技能概述

一、基本运动技能的概念

基本运动技能(fundamental movement skill,FMS)是运动技能的一种。运动技能又称"动作技能",指人体运动中掌握和有效地完成专门动作的一种能力。包括大脑皮质调节下不同肌肉群间的协调性,即指在空间内正确运用肌肉工作的能力。运动技能可理解为通过学习而形成的有法则的操作活动方式,其调节、控制着操作动作的执行,是一种动作经验而非认知经验,同时又有别于心智技能,具有物质性、外显性与展开性。可分为初级操作技能和高级操作技能两类。初级操作技能指通过一定练习或模仿形成的仍带有明显意识控制特点的技能,高级操作技能则指经过反复练习使其基本成分达到自动化水平的技能。另外依据条件反射学说的观点,运动技能是一种复杂的一个动作接连一个动作的肌肉所感觉的运动条件反射。它的形成要经历肌肉感觉不明、分化、巩固稳定和自动化的过程,而这几个过程前后相联,在运动条件反射形成过程中逐渐过渡。运动技能的形成和发展受许多因素的影响,如教学训练的方法、运动员的训练程度、学习目的性和自觉积极性,以及身体健康程度。

一般认为,基本运动技能被定义为人体非自然发生的基础运动学习模式,是复杂身体活动和专项运动技能的基础。近些年,基本运动技能在我国体育界受到了广泛的关注。2020年10月,中共中央办公厅、国务院办公厅印发了《关于全面加强和改进新时代学校体育工作的意见》,其中第二项第7条要求强化学校

体育教学训练,逐步完善"健康知识＋基本运动技能＋专项运动技能"的学校体育教学模式。主要思想是教会学生科学锻炼和丰富健康知识,指导学生掌握跑、跳、投等基本运动技能和足球、篮球、排球、田径、游泳、体操、武术、冰雪运动等专项运动技能。

基本运动技能也称为基本动作技能。基本的动作技能(如接、抛、跑)是一个人参与所有流行体育项目或赛事的前提条件或基石。动作控制论实质上是建立了一种在基本动作技能的熟练度及其应用在各种专项体育运动情景中的基本联系。基本动作技能是指那些看上去有着固定模式的常见动作(如跑、跳、投等),大部分专项运动或动作技能都是一种基本动作技能的升级变式。动作技能的学习是一个循序渐进的过程,都是建立在先前早已习得的动作技能的基础之上,这些先前学习到的动作技能为人们掌握更有难度的和专项场景中的技能做好准备。稳定的动作技能,以及发展完备的目标控制技能,将成为大部分运动专项技能与动作的根基。

二、基本运动技能的分类

人体的运动动作,一般都是三大类四十余个小项基本动作的组合。三大类运动动作包括身体移动技能、身体平衡技能、操控物体能力。其中,身体移动技能包括爬、走、跑、蹦高、跳跃、侧滑步、垫步、滑步、游泳等。身体平衡技能包括翻滚、落地动作、旋转、扭转、弯曲、动态平衡、静态平衡能力等。操控物体能力包括拍球、运球、击打球、投掷、踢球、接球等。依据动作操作定义分类,基本运动技能分为稳定性技能、移动技能和物体控制技能三种(见表9-1)。

表9-1 基本运动技能的三个范畴

技能类别	定义	具体技能的举例
稳定性技能	失去平衡时,能够感知身体各部分之间关系的改变,并能通过适当的动作调整,迅速而准确地恢复平衡。在那些特别需要获得或维持平衡的静的(静态)或动的(动态)情景中可能会体现出这种技能	身体姿态、静态平衡、动态平衡、下落与着地(向前、向后、侧向、双脚着地)、旋转(向前、向后、侧向)

续表

技能类别	定义	具体技能的举例
移动技能	身体从一种姿态移动到另一种姿态时产生的全身动作,此时身体往往处于直立姿势,移动方向包括垂直、水平及旋转	走、跳、垂直与水平跳跃、单足跳、快跑、蹦跳
物体控制技能	通过身体的大幅度动作完成的操控技能,施力于外部对象,或从外部对象上吸收(获得)力量。这些技能不可小觑,它们不仅是成功参与许多运动的基础,同时也能让儿童在受控制状态下,与所处环境中的各类对象进行有意识地互动	低手或肩上投、接、踢、反弹、击打静态或动态物体、扑(拦)

基本运动技能是儿童少年时期随着年龄变化和学习水平提高而获得和发展的动作技能,是专项运动技能的基础。运动技能形成包括3个阶段:认知阶段、练习阶段和完善阶段。需要注意的是,青少年运动训练通常更重视可见的技能效果,而非运动专项技能所需要的对动作技能和姿态控制过程的把握。

三、基本运动技能的内容

一般认为,基本运动技能主要包括走、跑、跳、投、钻爬、攀登等。

"走"是人体最基本的运动技能之一,是人类进化的重要标志。日常生活中,人人都需要"走"。"走"能给人们带来很多益处,每个人都希望"走"能够陪伴一生。走出健康、走出高质量的生活需要科学的指导。"健步走"是一项以促进身心健康为目的,讲求姿势、速度和时间的步行运动。通俗地讲,就是介于散步和竞走之间的一种健身运动。随着全民健身运动的深入开展,"健步走"作为一种科学有效的健身方法应运而生。幼儿基本可掌握走步的要领,能够在走路时候放松、自然,上体保持正直,摆臂协调,只有少数孩子走路发展欠缺。另外,能按节奏上、下肢协调地走和跑,能听信号变速走、变速跑,能轻松地自由绕过障碍曲线走。

"跑"包括自然跑、圆圈跑、后退跑、往返跑、短距离快跑、持物跑、侧向跑、突然变向跑等形式。"跳"包括原地纵跳、向前跳、向后跳、双脚连续向前跳、双脚连续侧跳、高跳下夹包跳、双脚交替跳、单脚连续跳等形式。"投"可以说是几项动作技能中发展最欠缺的,主要是由于对于挥臂、甩腕、投掷的时机把握不准确,不能很好地协调投掷方向、速度和力度，包括双手上方投掷、后抛球、远处挥臂投掷、单手肩上投掷、双人相互投掷等形式。"钻爬"是以正面的钻动作为主，能够掌握一系列的屈膝、下蹲、低头弯腰、蜷身并移动双脚的动作。包括正面钻、侧身钻、曲身爬、坐爬、前滚翻、侧滚翻等形式。"攀登"是指在攀爬架上进行双脚交替的攀爬，包括双脚合并交替、双脚交替、上下楼梯、玩滑梯、走平衡木、闭目走等形式。其中，"跑""跳""投"的发展在体质健康相关耐力跑、速度和力量素质部分进行详细介绍。

四、体质健康的概念和标准

(一)体质健康的概念

体质指的是人体的质量。它是在遗传性和获得性的基础上，人体表现出来的形态结构、生理机能和心理因素方面综合的、相对稳定的特征。其影响因素是多方面的，其中遗传、营养、体育锻炼这三个方面起着重要的作用。

体质主要包括以下五个方面，这五个方面的综合状况是否处在相对稳定的状态，决定着人们的不同体质水平。

(1)身体形态发展水平：即体型、姿势、营养状况、体格及身体成分等。

(2)生理机能水平：即机体新陈代谢水平以及各器官、系统的工作能力。

(3)身体素质和运动能力发展水平：即心肺耐力、柔韧性、肌肉力量和耐力、速度、爆发力、平衡、灵敏、协调、反应等素质，以及走、跑、跳、投、攀、爬等身体活动能力。身体素质是人体在运动、劳动和日常活动中，在中枢神经调节下，各器官系统功能的综合表现，如力量、耐力、速度、灵敏、柔韧等机体能力。身体素质的强弱，是衡量一个人体质状况的重要标志之一。身体素质的发展，对增强人的体质和健康有重要意义。

(4)心理发育水平：即机体感知能力、个性、意志等。

(5)适应能力：即对内外环境条件的适应能力、应急能力和对疾病的抵抗力。

体质在其形成和发展过程中，具有明显的个体差异性和个体发展的阶段性。不同人体体质差异，主要表现在形态发育、生理机能、心理状态、身体素质、运动能力以及对环境的适应和对疾病抵抗力等方面；从水平上包括从最佳功能状态，到严重疾病和功能障碍多种不同的水平。同时，人的不同生长发育阶段，如儿童期、青少年期、中老年期，体质的状况是不断发展和变化的，既有共同的特征，又有不同年龄阶段的特殊特征。人们可以通过改善物质生活条件、养成健康的生活方式和有目的、有计划、科学地体育锻炼等，来保持良好的体质状况，不断增强体质。

健康是指一个人在身体、精神和社会等方面都处于良好的状态。健康包括两个方面的内容：一是主要脏器无疾病，身体形态发育良好，体形均匀，人体各系统具有良好的生理功能，有较强的身体活动能力和劳动能力，这是对健康最基本的要求；二是对疾病的抵抗能力较强，能够适应环境变化、各种生理刺激以及致病因素对身体的作用。

体质健康是基于人体正常生理条件上的进一步健康状态，是对各种应激的更高适应状态，和运动锻炼的关系是彼此交融、相互依存的。

（二）体质健康的标准

体质健康的标准包括：①身体健康，主要脏器无疾病；②身体形态发育良好，体格健壮，体形匀称；③呼吸系统、心血管系统和运动系统具有良好的生理机能；④有较强的运动能力和劳动工作能力；⑤心理发育健全，情绪乐观，意志坚定，有较强的抗干扰、抗刺激的能力；⑥对自然和社会环境有较强的适应能力。

体质的研究内容包括体格、体能、生理机能、适应能力和心理状态等。体格是指人体形态、结构的发展水平，包含身体形态、身体姿态和生长发育三个方面。体能是指人体各个器官系统的功能在肌肉活动中所表现出来的能力，包括身体素质（如力量、速度、耐力、灵敏、平衡和协调等）和机体活动能力（如走、跑、跳、投等）两个方面。机能是指人体各器官系统的功能，如反映心血管系统功能的有血压、脉搏等，反映呼吸系统功能的主要是肺活量。适应能力是指人体在适应外界环境时所表现出来的能力，包括对不利因素和环境变化影响的应激调节能力和对各种疾病的抵抗能力。心理状态则指人体的心理品质和心理过程的状态，包括人体本体感知能力、个性特征、意志品质、情感等方面。

第二节　学生体质健康

扫码观看
同步慕课

一、《国家学生体质健康标准》的意义

（一）贯彻落实"健康第一"的指导思想

健康体魄是青少年为祖国和人民服务的基本前提，是中华民族旺盛生命力的体现。学校教育要树立健康第一的指导思想，特别是学校体育直接肩负着"增强全体学生体质"和"促进全体学生健康"的使命。但是，用"健康第一"的指导思想和素质理念来审视目前所采用的体育锻炼标准的手段和方法，还存在一些不完善的地方或者在实际操作上的缺陷。如用身体运动素质的测试指标来反映学生的健康水平是否合理？如何解决体育教学中测什么就教什么，考什么就练什么的应试教育倾向？如何解决测试项目过于繁杂、重复，以及

如何将测试内容的科学性、合理性、可操作性相结合的问题。为了解决上述问题,使学生体质健康的评价在学校体育工作中起到正确积极的导向作用,教育部和国家体育总局研制了符合"健康第一"指导思想的《国家学生体质健康标准》(简称《标准》)。《标准》作为促进学生体质健康发展、激励学生积极进行身体锻炼的教育手段,是学生体质健康的个体评价标准,也是学生毕业的基本条件之一。因此,它的实施必然会促进学生积极锻炼,不断纠正和改变目前学生体质健康状况出现的问题,从而使学生拥有健康的体魄和健全的人格,将"健康第一"的指导思想落到实处,充分发挥学校体育在素质教育中的作用。

(二)满足社会发展对人体健康的需要

现代文明在给人们带来充分的物质享受的同时,也给人类的健康带来了新的威胁。人们对于健康的要求越来越高,健康的新概念不再是仅仅没有疾病或不虚弱,而是生理—心理—社会三维健康观,体育对于促进健康有着不可替代的作用。同时人们对于如何通过体育锻炼提高体质健康水平在理念和认识上也有了进一步的提高,在手段和方法上也有所改进和创新,在测量与评价方面也发生了一些新的变化。《标准》中选择的测试内容突出了对发展和改善学生健康有直接影响且关系密切的身体成分、心肺循环系统的功能、肌肉的力量和柔韧性,体现了现代社会对健康的具体要求,从而满足社会发展对于体质健康评价的要求。

(三)发展并完善学生体质健康评价体系

《标准》在继承以往经验的基础上,借鉴国外的先进经验,针对全国学生体质调研出现的问题,建立了以健康素质为主要指标的新的评价体系。《标准》的颁布将实现一标多用:①取代《国家体育锻炼标准》学生部分,《标准》是《国家体育锻炼标准》的组成部分;②取代大中小学学生体育合格标准,凡已实施《标准》的学校,《体育合格标准》停止执行;③可以作为体育课成绩评定中体能部分的参考评价依据;④可作为初中学生毕业升学体育考试的重要参考依据;⑤与全国学生体质调研的部分指标测试的数据能够相互兼容。《标准》是激励学生积极进行身体锻炼的教育手段,不是为测试而测试,采用个体评价标准,学生能清晰地看出个体差异与自身某些方面的不足,这十分有利于通过测试促进学生积极参加体育锻炼,促进身体健康,成为具有正确的体育意识和健康的生活方式的高素质人才。

二、《国家学生体质健康标准》的测量

体质健康测试能有效提高学生体质健康水平,让大学生意识到健康对人一

生进步发展的重要性。拥有一个健康的体魄是迈向成功的重要基础,让大学生懂得坚持参加体育活动,养成坚持锻炼身体的良好习惯,增强体质、提高健康水平。如何掌握科学的锻炼方法,促进大学生积极参加体育锻炼,把大学生培养成为德、智、体全面发展的高素质人才是当今亟顺解决的重要议题。

大学生体质健康的测试按《国家学生体质健康标准》要求进一步实施,涉及身体形态和身体成分,心血管系统功能,肌肉的力量、耐力和速度以及身体的柔韧和灵敏性四个方面。这四个方面都与大学生终生健康的每个特定状况有密切联系,而每一项测试内容将反映大学生自身身体健康素质的一个或多个要素。

测量的结果关乎每名学生的身体状况,可使学生学会自我比较,明确目标,制订切实可行的锻炼计划,循序渐进,不断进步和提高;测量的结果最终解释不只是得了多少分,更是对身体健康素质现状的分析。

三、《国家学生体质健康标准》的评价标准

大学生体质健康测试内容包括身高和体重、肺活量、坐位体前屈、立定跳远、50米跑、引体向上(男)、1 000米跑(男)、仰卧起坐(女)、800米跑(女),每名学生共测试7个项目。其中,身高和体重(BMI)测试的是身体成分,肺活量测试的是心肺循环系统的功能,立定跳远、50米跑、800/1 000米跑和引体向上(男)/仰卧起坐(女)测试的是肌肉力量、耐力等,坐位体前屈测试的是柔韧性。

(一)单项指标权重与标准

体质健康测试的学年总分由标准分与附加分之和构成,满分为120分。标准分由各单项指标得分与权重乘积之和组成,满分为100分。

附加分根据实测成绩确定,即对成绩超过100分的加分指标进行加分,满分为20分;大学生的加分指标为男生引体向上和1 000米跑,女生1分钟仰卧起坐和800米跑,各指标加分幅度均为10分。根据学生每学年总分评定等级:90.0分及以上为优秀,80.0~89.9分为良好,60.0~79.9分为及格,59.9分及以下为不及格(详见表9-2)。

表9-2 单项指标与权重

测试对象	单项指标	权重/(%)
小学一年级至大学四年级	体重指数(BMI)	15
	肺活量	15

续表

测试对象	单项指标	权重/(%)
小学一、二年级	50米跑	20
	坐位体前屈	30
	1分钟跳绳	20
小学三、四年级	50米跑	20
	坐位体前屈	20
	1分钟跳绳	20
	1分钟仰卧起坐	10
小学五、六年级	50米跑	20
	坐位体前屈	10
	1分钟跳绳	10
	1分钟仰卧起坐	20
	50米×8往返跑	10
初中、高中、大学各年级	50米跑	20
	坐位体前屈	10
	立定跳远	10
	引体向上(男)/1分钟仰卧起坐(女)	10
	1 000米跑(男)/800米跑(女)	20

(二)测试项目及仪器使用方法

1. 身高和体重

测试目的:评定学生的身体匀称度,评价学生生长发育及营养状况的水平。

测试器材:身高体重测量仪。

测试方法:输入学号后,测试者赤足上踏板站稳,测试体重,足跟、骶骨部及两肩胛区与立柱相接触,躯干自然挺直,头部正直,呈水平位测试身高(见图9-1)。测试结束后,数据将自动存入

图9-1 身高和体重测试

仪器。

2. 肺活量

测试目的：测试学生的肺通气功能。

测试器材：肺活量测试仪。

测试方法：输入学号后，测试者面对仪器站立，手持吹气口嘴，先进行深吸气，然后屏住气对准口嘴尽力深呼气直至不能呼气为止（以中等速度、力度呼气为佳）。测试仪发出"嘀"声音后，测试结束，取最大值为测试结果，数据将自动存入仪器（见图9-2）。

3. 坐位体前屈

测试目的：测试学生在静止状态下的躯干、腰、髋等关节可能达到的活动幅度，反映这些部位关节、韧带和肌肉的伸展性和弹性及学生身体柔韧素质的发展水平。

图9-2 肺活量测试

测试器材：坐位体前屈测试仪。

测试方法：受试者两腿伸直，两脚平蹬测试纵板坐在平地上，两脚分开约10～15厘米，上体前屈，两臂甚至向前，用两手中指尖逐渐向前推动游标，直到不能前推为止。测试计的脚蹬纵板内沿平面为0点，向内为负值，向前为正值（见图9-3）。记录以厘米为单位，保留一位小数。测试两次，取最好成绩。

注意事项：身体前屈两臂向前推动游标时两腿不能弯曲。

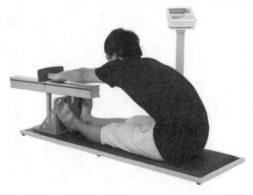

图9-3 坐位体前屈测试

4. 立定跳远

测试目的:测试学生下肢肌肉爆发力及身体协调能力的发展水平。

测试器材:立定跳远测试仪。

测试方法:输入学号后,测试者选择起跳点两脚自然分开站立,脚尖不得踩线,两脚原地同时起跳,不得有垫步或连跳动作,跳完后从前方走出(见图9-4)。测试仪发出"嘀"声音后,测试者可再次起跳。每人可测试2次,数据将自动存入仪器。

注意事项:发现犯规时,此次成绩无效,再跳至取得成绩为止。可以赤足,但不得穿钉鞋、皮鞋、塑料凉鞋测试。

图9-4 立定跳远测试

5.50米跑

测试目的:测试学生速度、灵敏和力量素质及神经系统灵活性的发展水平。

场地器材:50米直线跑道若干,红外线感应计时器。

测试方法:受试者至多四人一组进行测试,站立式起跑。听到"各就位""预备"枪响音后起跑(见图9-5)。当受试者的身体部位通过红外感应计时器时停表,记录以秒为单位,精确到小数点后一位。小数点后第二位数按非0进1原则进位,如7.11秒读成7.2秒,并记录。

图9-5 50米跑测试

6.引体向上(男生)

测试目的:测试学生的上肢肌肉耐力和力量的发展水平。

场地器材:高单杠(杠粗以手能握住为准),红外感应器。

测试方法:受试者跳起双手正握杠,两手与肩同宽成直臂悬垂。静止后,两臂同时用力引体(身体不能有附加动作),上拉到下颌超过横杠上缘为完成一次(见图9-6)。记录完成次数。

注意事项:受试者应双手正握单杠,待身体静止后开始测试。做引体向上时,身体不得做大的摆动,也不得借助其他附加动作撑起。两次引体向上的间隔时间超过10秒停止测试。

图9-6 引体向上测试

7.仰卧起坐(女生)

测试目的:测试腹肌耐力、力量。

场地器材:体操垫,秒表。

测试方法:受试者全身仰卧于垫上,两腿稍分开,屈膝呈90度角左右,两手置于头部或脸部。另一同伴压住其踝关节,以便固定下肢。受试者起坐时两肘触及或超过双膝为完成一次。仰卧时两肩胛必须触垫。测试人员发出"开始"口令的同时开表计时,记录1分钟内完成次数(见图9-7)。1分钟到时,受测者虽已坐起但未达到双膝者不计该次数,精确到个位。

注意事项:

(1)如发现受测者借用肘部撑垫或臀部起落的力量起坐时,该次不计数;

(2)测试过程中,观测人员应向受测者报数;

(3) 受试者双脚必须放于垫上。

图9-7 仰卧起坐测试

8. 800米跑或1 000米跑

测试目的：测试学生耐力素质的发展水平，特别是心血管呼吸系统的机能及肌肉耐力。

场地器材：400米田径场跑道，秒表若干，发令红旗。

测试方法：受试者可多人一组进行测试，站立式起跑。听到"各就位——跑"的口令后起跑（图9-8）。计时员看到旗动开表计时，当受试者的躯干部到达终点线垂直面时停表。以分、秒为单位记录测试成绩，不计小数。

图9-8 800/1 000米跑

第三节 柔韧素质的理论与方法

一、运动素质的概念

运动素质是身体素质的一部分，指人体在从事体力劳动或体育运动时，各器官系统表现出的各种机能能力，主要包括力量、速度、耐力、灵敏和柔韧五大基本运动素质。力量素质

扫码观看
同步慕课

是人体产力能力的表现。从生理学角度讲,力量是肌肉收缩对抗外界阻力的能力,而这个能力又有着不同的表现形式,比如最大力量、快速力量和力量耐力。

速度素质是人体快速运动的能力。速度存在着不同的表现形式,具体分为移动速度、动作速度和反应速度。

灵敏素质是人随意支配身体的能力。灵敏和协调互为补充关系,灵敏素质包含移动灵敏、动作灵敏、反应灵敏和平衡稳定。

耐力素质指人体持续运动的能力。由于人体的功能系统不同,所以耐力素质大致可以分为有氧耐力和无氧耐力。而且两者在表现上也都分别存在两种情况。一种是持续运动时间的长短,另一种是在快速运动状态下持续多长时间。

柔韧素质指人体的关节活动幅度大小的能力。关节活动度有两种情况:一种是被动关节活动度,另一种是主动关节活动度。被动关节活动度指肢体被动的运动所能到达的最大范围,主动关节活动度指肢体随意运动所能达到的最大范围。

二、柔韧素质的概念

柔韧素质体现的是人体完成动作时,关节、肌肉、肌腱和韧带的伸展能力。柔韧素质的好坏,取决于关节的解剖结构和关节周围软组织的体积大小及韧带、肌腱、肌肉及皮肤的伸展性。通过体育锻炼能提高关节的灵活性,改善关节周围软组织的功能以及肌肉、韧带、肌腱的伸展性,而当大学生缺乏体育锻炼,体质下降时,大多先表现为柔韧素质的下降。其成绩与大学生参加体育锻炼程度密切相关。坐位体前屈是反映人体柔韧素质的测试项目。

三、柔韧素质的发展与提高

柔韧素质的练习方法有两种——主动练习和被动练习,这两种练习又都可以采用静力性练习和动力性练习两种方式(见图9-9)。大学生在练习过程中要注意做到渐进、适度。

图9-9 柔韧练习——拉力带辅助练习

提高柔韧素质的建议如下：①循序渐进,持之以恒;②柔韧性练习要因项因人而异;③柔韧素质的发展应与力量素质发展相适应;④柔韧素质的发展要兼顾相互关联的身体各个部位;⑤柔韧素质练习要注意外界温度与练习的时间;⑥柔韧性练习之后应结合放松练习。

四、坐位体前屈测试分析

坐位体前屈测试的是后侧链的紧张度,尤其对腘绳肌的柔韧性要求高;其次坐位体前屈是屈髋的动作,做动作时骨盆会后倾,因此对骨盆灵活性要求较高。否则即使学生成绩及格了,也会增加腰椎的受伤风险。

1. 动作要领

坐位体前屈的动作方法（见图 9-10）：慢慢平坐在地上,伸直双腿,脚板绷直,然后弯曲腰部,双手放在头的两侧,尽力向前伸慢慢用力,不要晃。

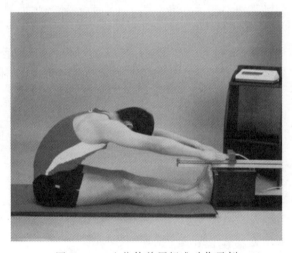

图 9-10　坐位体前屈标准动作示例

2. 易犯错误及改进方法

(1)易犯错误1:低头过早。

现象:在坐位体前屈练习中,学生对于何时抬头把握不准,许多学生在练习初就低头,导致躯干紧张、收腹不紧、呼吸不通畅等情况发生。

原因:低头时机把握不准。

改进方法:低头夹棒。2 名学生一组,1 名学生练习,另 1 名学生将体操棒放在练习者颈部前中间位置。在开始练习时,要求练习者下颌前伸,不能碰棒,当躯干前倾、腹部收紧靠近大腿时,提醒练习者迅速低头,用下颌夹紧棒。

(2)易犯错误2:躯干前倾不够。

现象:在练习坐位体前屈时,学生背部拮抗肌紧张,身体"弓"得太厉害,躯干难以前倾,部分学生甚至在同伴的帮助下也难以完成下压动作。

原因:背部肌肉紧张,低头过早。

改进方法:站位体前屈。两脚左右分开略比肩宽,上体前屈,塌腰,两手掌触地,呈"n"形停留10秒,练习3组;俯撑后仰:俯卧在垫子上,髋、腿贴住垫子,手臂撑直并撑起上体,头后仰,停10秒,练习3组。

(3)易犯错误3:卷腹不充分。

现象:一些肥胖学生,尤其是腹部脂肪比较多的学生,他们的坐位体前屈成绩一般不甚理想,究其原因是采用坐姿练习,腹部脂肪不放松,容易堆积,使身体难以向大腿贴紧,再加上腹肌收缩能力差,导致动作难以完成。

原因:腹部肌肉和股直肌收缩能力差。

改进方法:仰卧举腿夹棒。仰卧在垫子上,向后举腿,脚尖绷直,身体与腿成90度,停留15秒;也可1名学生仰卧,两腿并拢,做体前屈动作,另1名学生扶其膝关节,帮助其腿下压;或采用腹部夹体操棒练习,在练习过程中提醒学生膝关节伸直;肋木悬垂举腿:背对肋木站立,两手分开抓住肋木,身体与腿成90度,脚尖绷直,做慢下快起练习。

(4)易犯错误4:不重视跟腱拉伸。

现象:在练习坐位体前屈时,许多学生只重视小腿肌肉的拉伸,不重视跟腱的拉伸,导致体前屈时腓肠肌紧张,膝关节不自主弯曲。

原因:跟腱柔韧性差。

改进方法:跪式后倒。跪在垫子上,身体后倒,双手在体后撑垫,头后仰,停留10秒;脚后跟抵墙压腿:面对墙站立,一腿支撑,另一腿用脚后跟抵住墙,膝关节伸直,用力向下压腿。每组练习8次,共练习4组。

(5)易犯错误5:呼吸节奏不合理。

现象:在练习坐位体前屈过程中,有些学生未掌握正确的呼吸方法,体前屈时吸气,抬起时呼气。

原因:呼吸节奏不合理。

改进方法:在练习开始时,要求学生要根据身体姿态正确呼吸,做到抬起时深吸气,前倾时慢呼气。

五、柔韧素质发展方法

坐位体前屈练习步骤是从软组织松解练习、拉伸练习、关节灵活性练习、腹部核心力量练习四个方面来进行。

1.软组织松解练习

使用肌筋膜放松技术放松后侧肌筋膜,从额头往后延伸到背部、臀部、腿部、一直到脚底。使用器材是泡沫轴。

(1)小腿松解。

起始姿势(图9-11):坐姿,两手撑地于体侧稍后位置,双脚叠放在泡沫轴上。

练习步骤:手部支撑发力,缓慢收腹,使泡沫轴在小腿上缓慢滚动。

练习指导:尽量从跟腱部位一直滚动到膝关节下方,但不要达到膝关节处,在疼痛处可停留,直到疼痛减轻再缓慢移动到下一个位置。

图9-11 泡沫轴小腿松解练习

(2)大腿后侧松解。

起始姿势(图9-12):坐姿,两手撑地于体侧稍后位置,单腿屈膝撑地,另一条腿放在泡沫轴上。

练习步骤:手部支撑发力,缓慢收腹,使泡沫轴在大腿上缓慢滚动。

练习指导:尽量从膝关节部位(不要在膝关节正下方)一直滚动到臀部与大腿交会处,在疼痛处可停留,直到疼痛减轻再缓慢移动。

图9-12 泡沫轴大腿松解练习

(3)臀部松解。

起始姿势(图9-13):坐姿在泡沫轴上,屈膝,一只脚脚踝搭在另一条腿膝盖上,对侧手握住脚踝位置,单手撑地。

练习步骤:腿部和手臂同时发力,使泡沫轴在一侧臀部下方缓慢滚动。

练习指导:身体重心转到臀部,尽量不要滚动到腰椎位置,在疼痛处可停留,直到疼痛减轻再缓慢移动。

图9-13 泡沫轴臀部松解练习

(4)背部松解。

起始姿势(图9-14):屈膝仰卧,上背部躺在泡沫轴上,双手抱头,手肘向一起靠拢,抬头下巴靠近胸部。

练习步骤:腿部蹬伸发力,使泡沫轴在上背部缓慢滚动。

练习指导:尽量不要滚动到腰椎和颈椎位置,在疼痛处可停留,直到疼痛减轻再缓慢移动。

图9-14 泡沫轴背部松解练习

2.拉伸练习

目的是培养全身肌肉拉伸的习惯。拉伸分为静态拉伸和动态拉伸。动态拉伸多用在锻炼前,在动态的过程中进行拉伸,比较契合肌肉在运动时的轨迹,有助于肌肉在运动中更好地表现。静态拉伸多用在锻炼结束后,抑制肌肉的兴奋状态,更好地帮助肌肉恢复张力和放松肌组织。

静态拉伸包括以下4种形式。

(1)小腿拉伸。

起始姿势(图9-15):俯撑地面,臀部抬起,一只脚搭在抬起侧的脚跟上。

练习步骤:保持腿部伸直,脚后跟向下踩,双手向后推,使手臂接近上举姿势。

练习指导:动作要慢,手脚距离不宜过远,不要有震颤动作。

图9-15 小腿静态拉伸

(2)大腿后侧拉伸。

起始姿势(图9-16):仰卧,单腿高抬,双手抱住抬起侧脚踝。

练习步骤:保持身体平衡,勾脚尖,缓慢将身体向后倾。

练习指导:注意地面上的腿保持伸直,不能屈膝。

(3)臀部拉伸。

起始姿势(图9-17):屈膝坐姿,一只脚脚踝搭在另一条腿的膝盖上,双手从双腿的空隙中插过,抱住支撑腿后侧。

练习步骤:向后倒地,抱紧腿部向胸部靠拢。

练习指导:倒地时控制身体平衡。

图 9-16 大腿后侧肌群静态拉伸

图 9-17 臀部静态拉伸

(4)背部拉伸。

起始姿势(图9-18):跪撑在垫子上,拉伸侧手臂伸直向对侧45°角方向伸出,掌心向上。另一侧手臂也伸直,掌心向下,叠放在拉伸侧手臂上。

练习步骤:保持手臂固定,向拉伸侧手臂的反向延伸方向后坐移动身体。

练习指导:缓慢发力,注意发力方向。

动态拉伸有以下3种形式。

(1)迈步勾脚套圈。

练习功能:小腿拉伸。

练习器材:支架、标志盘若干。

起始姿势:两人相对站立,一只脚向前迈步约半个脚掌的距离,勾起脚尖。脚尖外侧依次放置两个支架。

练习步骤:两人分别从身边同伴的手中拿到两个标志盘,然后做迈步勾脚动作,并分别将标志盘套在自己和对面的支架上,再起身接过同伴手中的标志盘重复以上动作。最先完成所有标志盘的一组获胜。

练习指导:保持伸出腿的膝关节不能弯曲。

图 9-18　背部静态拉伸

(2)相扑深蹲接龙。

练习功能:大腿后侧拉伸。

练习器材:标志盘若干。

起始姿势:多人一组站在固定位置上,成一条直线。

练习步骤:第一个人下蹲两手握脚尖,保持手指握着脚尖姿势,两腿缓慢伸直,单手取标志盘,然后向后传递,第二个人单手向前接过标志盘,重复第一个人动作,向后依次传递。最后标志盘移动距离最远的一组获胜。

练习指导:传递过程中,所有人保持握脚尖腿蹬直的状态,直到传递结束。可调换传递方向再次进行比赛。

(3)手足爬行接龙。

练习功能:全身拉伸。

练习器材:标志盘若干。

起始姿势:多人排成一条直线,直立姿势,两人之间保持一定的间距。

练习步骤:体前屈姿势,两手撑地,两腿保持伸直状态(保持腿伸直的状态下,两手撑地,尽量靠近自己的脚尖)。第一个人两手向前爬行,保证脚不动的状态,两手尽量向远伸,拿到标志盘后,手部向脚方向移动,保证腿伸直的状态,将标志盘尽可能远地向身后的方向放(注意不能抛)。下一个人调整自己的位置向前爬行,保证脚不动的情况,拿到标志盘,重复第一个人的动作。最后一个人完成动作后,计算标志盘的起始位置和结束位置,距离远的一组获胜。

练习指导:比赛前每组人应保证身高大致相同。

3. 关节灵活性练习

人体的各个关节都是按照灵活—稳定—灵活的结构顺序排列的,若灵活为主的关节灵活性受到限制,则会制约动作的完成效率。因此要想更好地完成坐位体前屈动作,在软组织松解之后应该再进行相应灵活关节的灵活性练习。

(1)踝关节灵活性练习。

起始姿势:半跪姿对墙,躯干正直,两手叉腰,前侧脚距墙面稍远(约一个脚掌的距离)。

练习步骤:保持前侧脚着地,移动身体使膝盖靠近墙面。向后挪动脚,重复上述动作。

练习指导:动作过程中,若前脚脚后跟抬起,则要向前调整脚的距离。

(2)髋关节灵活性练习。

练习1。

练习功能:提升髋关节灵活度。

起始姿势:双手跪撑。

练习步骤:单腿保持屈膝90度,以髋关节为中心缓慢画圆。

练习指导:保持躯干平直平行于地面,画圆的过程中,保持躯干和支撑的手、腿稳定。

练习2。

起始姿势:仰卧在垫子上,双脚抬起与地面垂直,一侧腿卡在柱子或者墙面上。

练习步骤:保持身体和一只脚不动,另一只脚保持支腿,缓慢向下,至最大程度。

练习指导:过程中注意保持两条腿始终是伸直的。

(3)胸椎灵活性练习。

起始姿势:双手跪撑。

练习步骤:单手提起,屈臂扶头,以脊柱为中心,转动抬起侧手臂,头部和手臂同步转动,向上转动至最大,然后向下。

练习指导:向上转动时缓慢吐气。

(4)腹部核心力量练习。

人体的运动形式,都是通过动力链的传递实现的。因此,加强身体前侧链的力量必不可少,腹部核心力量的练习是辅助完成坐位体前屈的手段之一。

(5)俯撑交替拍手练习。

起始姿势:两人头部相对,双手俯撑在地上,两脚分开与肩同宽。两人相距约两个手臂的距离。

练习步骤:两人同时抬起同侧的手臂(若抬左手均为左手),在手臂到达最高点时用力击打对方手掌。可以进行比赛,30秒内击掌次数最多的一组获胜。

练习指导:比赛时要严格控制两人中间的距离,不能少于两人手臂长度之和,确保只有在两人同时抬起手臂在最高点时才能完成击掌。如果比赛过程中有人动作幅度过大,不能保持身体稳定,应被判作无效。

(6)俯撑双人相互套圈。

练习器材:支架、标志盘若干。

起始姿势:两人头部相对,双手俯撑在地上,两脚分开与肩同宽。两人相距约两个手臂的距离。两人双手上方分别放上架子,只有其中一个人的一个架子上有圆环。

练习步骤:单手将圆环取下,递给对面的人(若左手取下则递给对面人右手),放置在右手的架子上,然后再用左手将圆环从右手上方架子取下,放在左手上方。直到圆环全部转移到左手上方架子上。两人一组用时最短的一组获胜。

练习指导:动作过程中保持身体不动,躯干稳定。分别调整有圆环架子的起始位置,四只手依次作为起始姿势,进行比赛,建议比赛四次,累计时间最短的一组获胜。

注意事项:在锻炼柔韧性练习的时候一定要注意做准备活动,不要急于求成,练得过快、幅度过大。尤其在冬季锻炼必须充分做好准备活动,如锻炼前不热身,则容易引起肌肉、韧带拉伤或扭伤。

第四节 耐力素质的理论与方法

一、耐力素质的概念

耐力素质是指人体长时间运动的能力。耐力与呼吸有着极其密切的关系。身体在运动时能够吸入氧气的体积越大,能够忍受氧气欠缺的数量越多,其耐力就越好。所以肺及呼吸系统、心脏及血液循环系统、肌肉耐受能力越强壮,其耐力就越好。800/1 000

扫码观看
同步慕课

米跑是反映学生耐力素质的常用指标,可以有效地反映学生心血管、呼吸系统的机能及肌肉耐力。其成绩与体育锻炼程度密切相关。从人体运动素质分析,800/1 000米跑主要测试学生的耐力素质,同时还测试学生的力量素质和速度素质。

二、耐力素质的发展与提高

耐力的培养提高,应以运动所需的能源储备与供应为基础,提高心肺功能,提高耐乳酸等抗疲劳的能力。对于大学生的耐力训练应注意全面打好基础,从有氧耐力入手,根据不同个体特征进行练习。

提高耐力素质建议如下:①注意在耐力素质练习中体现个体化特点;②练习中应注重呼吸方法、节奏和深度;③练习时注意激发练习者的主动性,有氧耐力练习与无氧耐力练习相结合;④发展耐力素质时,应严格技术动作要求;⑤耐力练习后应注意消除练习者的疲劳,使其尽快恢复;⑥耐力练习中要注意加强医务监督。

三、800/1 000米跑项目分析

从运动生理学角度分析,800/1 000米跑是速度耐力性项目,运动中基本以ATP-CP系统和糖的无氧酵解供能(无氧供能)为主,以糖和脂肪酸供能(有氧代谢供能)为辅,要求学生不仅要具备良好的肌肉耐力和心肺耐力,还要具备优良的节奏跑控制能力,这样才能保证以较高速度跑完全程。

中长距离跑不但需要人体中枢神经系统具有很高的灵活性,而且还需要很高的机能稳定性。其运动强度大,仅次于短跑,运动持续时间较长,需要约3~4分钟,因此大脑皮层神经细胞容易疲劳。

由于内脏机能的生理惰性和大量酸性代谢产物的堆积,跑的过程中人往往会在某一时段感觉很难受,甚至不想继续运动下去,这种状态被称为"极点"。在极点产生时调整后坚持继续运动,这种难受的感觉逐渐减轻乃至消失,这种状态称为"第二次呼吸"。

1. 动作要领

(1)跑步姿势:中长跑时身体尽量放松,身体微微前倾,与地面的角度大概是80度到85度,女生速度相对慢些,保持85度即可。跑步过程中要注意抬头收腹,双手自然配合脚步运动,减少身体左右晃动,减少不必要的能量浪费。

(2)步频和步幅(步长):增大步长和提高步频对提高中长跑成绩都是极为重要的,但是步频和步长又相互矛盾。

(3)跑动技术:蹬摆送髋技术。蹬伸是由髋、膝、踝、趾由上而下地发力,使各关节达到较充分的伸展,然后支持反作用力才能作用于髋部,使身体重心前移。

(4)落地:落地要让脚跟先着地,但注意脚面不能和地面形成大的夹角(小于10度)或者整个脚落地。在着地缓冲时,要尽量减小阻力,迅速过渡到前蹬动作。

(5)呼吸:呼吸是中长跑一项重要的技术,大原则是鼻吸口呼,但是到后半程或终点冲刺时,可以采取口鼻同时呼吸。

(6)弯道跑技术:弯道跑是做圆周运动,跑的途中会受离心力的影响,应该说速度越快,圆周弧度越小,离心力就越大。弯道跑的上肢动作主要集中在摆臂上。

2.易犯错误及改进方法

(1)后蹬不充分,易出现"坐"着跑。

改进方法:出现这种情况,主要是腿部力量不足,可以采用高抬腿等练习手段,发展后蹬力量。除此之外,各种跳跃练习也可以发展腿部力量。

(2)摆臂姿势不正确,摆臂与蹬地动作不协调。

改进方法:原地练习摆臂动作。匀速跑40～60米,改进摆臂和后蹬动作,练习时要放松、自然、协调。

(3)跑的时候直线性差(加速不跑直线)。

改进方法:练习短距离高强度加速跑,如40～60米,发展加速能力,体验加速感觉,改正加速偏离直线的毛病。

四、耐力素质发展方法

1.呼吸训练

呼吸是中长跑一项重要的技术,大原则是鼻吸口呼,但是到后半程或终点冲刺时,可以采取口鼻同时呼吸。

呼吸时,要注意做到均匀而又有节奏,呼气要短促有力,吸气要缓慢均匀,有适当深度。

呼吸节奏与步伐配合跑步时,通常开始跑的时候(前400～500米)呼吸节奏是每3步1呼,3步1吸。在保持速度的时候感觉呼吸困难,就需要调整为2步1呼,2步1吸。前后需要保持呼吸均匀且深度一致。

许多学生在慢跑时不注意呼吸的深度,所以在较长时间运动时,就会出现呼吸表浅而急促,从而产生胸部胀满难受、呼吸困难的感觉。有些学生虽然注意深吸气,但往往忽视了呼气的深度。其实,当跑步时间较长时,只有适当加大呼气深度,才能最大限度地满足机体对氧气的需要。深度加强了,才可能更多地排出废气、增大肺中负压,从而使吸气更省力,吸气量也能增加。

2. 专项练习

(1) 匀速跑节奏控制训练方法(结合 800/1 000 米跑供能特点)。该方法以某学生测试 800 米最好成绩的一半和 400 米最好成绩为例,取算术平均值,再加上 3~5 秒,来确定 800 米节奏跑训练时跑 400 米的合理时间。

例如某学生 800 米最好成绩是 2 分 30 秒,400 米最好成绩是 60 秒,其 400 米跑算术平均值时间就是 1 分 7 秒 5,那么训练 800 米节奏跑时,跑 400 米就用 1 分 10 秒 5~1 分 12 秒 5 的时间匀速跑完。训练距离一般采用 100 米、200 米、600 米匀速跑来进行 800 米节奏跑训练,100 米、200 米、600 米匀速跑时控制的时间按 400 米匀速跑时间取其算术平均值获得,详见表 9-3。

表 9-3 800 米节奏跑不同训练距离的控制时间

800 米节奏跑训练距离	800 米节奏跑训练控制时间
100 米	17 秒 6~18 秒 1
200 米	35 秒 2~36 秒 2
300 米	1 分 10 秒 5~1 分 12 秒 5
400 米	1 分 45 秒 8~1 分 48 秒 8

(2) 节奏体验期练习法。第一阶段是节奏体验期,尽量采用 100 米、200 米、400 米的节奏跑去控制训练 800 米跑节奏。一周两次节奏跑训练,每次跑距 600 米~800 米,根据个人情况进行 1~2 组,组间歇控制在 7 分钟以内(100 米组间休息 1 分半左右,200 米组间休息 3 分钟左右,400 米组间休息 6 分钟左右),累计跑完 600~800 米。

对于节奏感觉好的学生,可逐渐增加跑的距离。整个节奏体验期可多采用 200 米、400 米匀速跑进行节奏训练,进行 2 组。一般在 2~3 周内进行 2~3 次训练后可大体找到适合自身节奏感。

对于节奏感觉较弱的学生,可适当选择短距离的 100 米、200 米匀速跑进行节奏训练,有必要时还可适当延长 1~2 周的节奏跑训练时间。

掌握 800 米跑节奏后,再按照新的 800 米、400 米跑最好成绩采用同样方法重新计算出 800 米节奏训练时匀速跑 400 米的合理时间,作为下一轮节奏跑训练的控制时间,再按照新节奏进行训练。

(3) 节奏适应期练习法。此阶段训练距离采用 200 米和 400 米,耐力水平高的可少量尝试采用 600 米匀速跑训练节奏,采取每百米设置标志物并计百米分段成绩的办法帮助学生控制跑的节奏。适应期训练两周(2~3 次)后,大多学生能基本适应自己能力范围内的匀速跑节奏。

(4)节奏稳定期训练法。学生基本掌握800米跑节奏后,进行节奏稳定期训练。训练可设置多人不同成绩的分组集体练习,以适应有干扰情况下的节奏跑训练。待学生节奏跑稳定后,再次测试800米和400米成绩,如果成绩继续提高较多的话,可开始第三次调整800米跑节奏。

(5)节奏实战期练习法。在实际测试中,由于心理、气候、环境等因素影响,会出现实战节奏快于节奏稳定期节奏。应多进行实践练习以提高考生800米跑的实战调控能力。

3. 练习建议和计划

节奏跑训练要以耐力、速度耐力和速度等为基础,以提高实战能力为目标。节奏跑训练要随耐力、速度耐力、速度和节奏跑控制能力的提高进行调整。

练习计划:900米节奏跑。300米×3组,小组间歇7~8分钟(最大乳酸训练法和乳酸耐受力训练法)。一周有1~2次计时跑。

第五节 力量素质的理论与方法

一、力量素质的概念

力量素质是指人体在运动中抵抗阻力的能力。各项运动都极重视力量的训练,提高力量素质就是要发育肌肉并提高神经调节机能。其原因在于力量来源于肌肉的收缩,肌肉

扫码观看
同步慕课

的粗壮必然导致肌力的增加。而神经的调节使应该用力的肌肉能协调集中的收缩,对抗的肌肉高度放松。引体向上主要测试学生的力量素质,还能通过多次数测试学生耐力素质和身体肩关节及胸椎的柔韧素质,能有效评定学生肌肉力量、耐力以及对身体的控制能力。

二、力量素质的发展与提高

力量素质的表现形式是多方面的,一般包括最大力量(单纯力量、绝对力量)、速度性力量(爆发力)、耐久性力量(力量耐力)等。

提高力量素质的方法如下:①进行力量训练时,要掌握正确的呼吸方法;②力量素质的发展要全面而又有重点;③在训练过程中可以采用不同的方法,来提高不同部位的力量;④练习时要使肌肉充分拉长和收缩,练习后要使肌肉充分放松;⑤进行力量练习时,要全神贯注,念动一致,注意安全;⑥紧密结合专项特点安排力量训练,注意正确的技术动作。

三、引体向上方法与指导

(一)引体向上的测量

引体向上指依靠自身力量克服自身体重向上做功的垂吊练习。主要测试上肢肌肉力量,以及臂力和腰腹力量的发展水平。在完成一个完整的引体向上的过程中需要众多背部骨骼肌和上肢骨骼肌的共同参与做功,是一项多关节复合动作练习,是较好的锻炼上肢的方法,是所有发展背部骨骼肌肌力和肌耐力的练习方式中参与肌肉较多、运动模式较复杂、发展背部骨骼肌的肌力和肌耐力较有效的练习方式,是基本的锻炼背部的方法,是衡量男性体质的重要参考标准和项目之一。

在进行引体向上练习时,需要克服自身体重的拉力。完成引体向上动作时,主要参与的肌群有:主动肌为背部肌群、肱二头肌,协同肌为胸大肌上束等。因此,应该有针对性地加强目标肌群肌肉力量(见图9-19)。体重是影响引体向上测试成绩的重要因素,体重过大必定会增加向上拉的难度,建议减脂并且增加瘦体重。手指的抓握能力对于引体来说也至关重要。抓握力的提高可以保证在杠上停留更多的时间。引体向上测试成绩普遍较差,建议先从退阶动作开始。在练习退阶动作时,每个练习动作必须单次重复10次以上。

图9-19 引体向上主要参与肌群

1. 动作要领

(1)手掌向前以适合的方法抓握引体向上杠杆。抓握时分宽握双手距离超过肩宽、中握双手距离与肩同宽、窄握双手距离小于肩宽。

(2)双臂在前方伸直,抓紧杠杆,身体略微向后倾斜,尽量让身躯挺直,下背自然弯曲,挺胸。此为动作的起始位置。

(3)向后下方拉动肩膀和上臂,让身体向上,直至杠杆碰到上胸。在还原下放时吐气。

(4)身体慢慢下落,在下落的过程中控制身体,收紧核心肌群并持续发力保持身体稳定。

2.易犯错误及改进方法

(1)握杠动作不正确。双手之间的握距过长或过短,做引体动作时,双手左右移动或调整过于频繁。

改进方法:在单杠上相应位置涂上标志,或者在缠防滑带时将距离固定住,防止学生出现此类错误。

(2)前后摆动动作错误。髋关节没有以单杠垂直面为中心前后摆动,单纯只是下肢摆动或以握点为中心摆动。

改进方法:引体向上摆动时是髋关节以单杠垂直面为中心前后摆动,在摆动时身体重心要超过单杠垂直面。先"静止悬垂"后"摆动悬垂",让学生体验摆动的机会。加强核心区及腰腹部肌群力量练习。

(3)摆动后与向上动作不连贯。学生在摆动后不能及时作出"向上"动作,出现多次摆动后只能向上一次或者仍不能向上,导致引体向上动作的质量和数量都不高。

改进方法:身体的"摆动"和"向上"动作的是否连贯是整个引体向上动作成败的关键;而向上的时机在于:摆动时髋关节向前摆动到最大时开始向后摆动,然后快速地收腹、提臀,双手用力拉杠使身体向上直到下颌过单杠上方。

(4)引体"向上"后动作不正确。向上时身体过度后倾导致离杠面太远;向上后下颌不能过杠。

改进方法:引体向上时两臂上拉身体至下颌超过横杠上缘为完成一次,因此下颌是否过杠是评判引体是否完成的重要依据。通过反复多次数的纠正练习进行纠正,不断提高肌肉力量及各关节部位的稳定性。

(5)缺少保护或方法不当。学生在做悬垂摆动或者完整动作时没有采取保护措施或有保护动作但方法不对。

改进方法:对于引体向上能力较弱的学生,在开始练习完整动作和过分追求达标数量的时候更易出现脱手而掉杠的现象,因此保护很有必要。具体方法是保护者站在练习者侧后方伸直一只手横挡在靠近练习者腰部的部位,同时集中注意力防止其掉杠。

(二)引体向上发展方法

1.第一阶段:建立正确的动作模式

熟悉正确的动作模式:引体向上是一项很好的"上肢拉"功能练习,此动作的关键是肩胛骨的收紧,以确保用正确的肌群发力,而不是其他代偿的肌群起主导作用。很多学生在拉引体向上时都会出现背肌没感觉、手臂酸痛等现象,这是因为动作模式错误而致。无法正确地启动肩胛骨运动,背肌就不会更好地参与到动作之中,而此时手臂肌群就会起主导作用。这样就会导致手臂肌群体前疲劳,影响练习效果。

引体向上正确的发力顺序为:肩胛骨下沉—上臂内收—顺势屈肘将身体拉起。建立动作模式时可以做杠上肩胛骨动作模式练习。对于做不起来引体向上的学生,建议先不要加入手臂上拉的动作,可以双手抓住单杠,自然悬挂,手臂伸直,很自然的肩胛上提,感觉肩膀快要碰到耳部;启动背阔肌和斜方肌等肌群,让肩胛骨下沉,感受身体往上带的感觉。

另一种建立动作模式的方法是用弹力带进行肩胛骨后缩练习。该动作用于强化肩胛骨后缩运动模式,并强化背部肌群,使之更好地后缩肩胛骨。做法是自然站立,屈肘小臂掌心向上,使小臂与大臂成90度,肘关节贴紧身体,双手拉紧弹力带置于胸前;以肘关节为轴,做外旋运动,但不是用手掌、手腕或手臂发力,而是肩胛骨后缩、肩袖肌群的外旋,感受肩带部位的发力。

2. 第二阶段:强化肩背力量阶段

做好引体向上需要有强壮的背部肌群,尤其是背阔肌,同时要有上臂肌群的辅助,还需保持肩胛区域的稳定性。在这个阶段,通过哑铃动作来提高肩背力量及肩胛区的稳定性。练习动作有单臂哑铃划船。动作方法为手扶长凳,躯干与地面平行,背部保持平直。背阔肌发力带动上臂后伸的同时屈肘向上提拉哑铃,使哑铃向躯干贴近,保持背肌收缩状态,下放哑铃时,感受背肌被慢慢拉长,缓慢控制,保持背部肌肉张力。

另一个练习动作是俯身哑铃飞鸟。动作方法为:双腿分开与肩同宽站立,屈髋俯身,背部平直,躯干接近与地面平行,肩胛骨收紧,双手持哑铃在胸前,肘关节微屈固定,肩胛骨后缩,背肌收缩,外展肩关节,直至手臂和地面平行;手臂慢慢下落,回放到起始位置。在此阶段,还可以通过反向划船、弹力带直臂下拉等动作进行练习,同样可以起到强化肩背力量的作用(见图9-20)。

图9-20 背部肌群力量练习

3. 第三阶段:杠上辅助练习阶段

通过前两个阶段的练习,肩背部和上肢力量已经有了初步提升,可以尝试难度较小的引体向上练习,或者采取辅助器械练习,也就是"退阶"练习。同时,可以熟悉引体向上的连贯动作,熟悉发力顺序及模式,通过循序渐进地练习,直至能够完成完全自重的引体向上。

在这个阶段,可以通过以下3个动作来提升引体向上能力。

使用弹力带辅助引体向上(见图9-21)。具体做法为:将弹力带一端固定在单杠上,另一端置于膝盖或足底,通过弹力抵消部分重力,这样可以维持以正确的姿势上做引体向上,难易度可以通过将弹力带拉紧或放松自行调整。直到身体拥有足够的肌肉力量,就可以用"完全自重模式"进行引体向上。

图9-21 弹力带辅助引体向上

离心引体向上。此练习其实是引体向上的下杠阶段。先利用辅助器材(木箱或跳起)直接使下巴位置超过单杠杠体,接着再控制速度使身体缓缓下降,直到手臂完全伸直,难易度可依下降的速度来做调整。

单杠吊挂。这个动作非常简单,可以通过同伴帮助,到达引体向上最高点,使下巴超过单杠。通过全身的肌肉发力(手臂、背部、胸部和腹部等)绷紧身体并保持该姿势不动,直至力竭。该方法可以以静力性收缩的方式锻炼肩背部和上臂肌群。

4. 练习建议

第一个月:直腿单杠悬垂——每周4~5次,每次4组×30秒;

第二个月:屈腿单杠悬垂——每周4~5次,每次4组×25秒;

第三个月:肩胛引体——每周4~5次,每次5组×12次;

第四个月：正握杠铃弯举和反握杠铃弯举——每周4～5次，每次各做5组×15次；

第五个月：弹力带引体——每周4～5次，每次做5组×(8～10)次。

四、仰卧起坐方法与指导

(一)仰卧起坐概述

一分钟仰卧起坐是反映大学生腰腹部肌肉力量水平的常用指标，其成绩与学生参加体育锻炼程度有关。仰卧起坐在标准动作下可有效提升大学生腹部肌群力量，增强核心区部位的稳定性。从人体运动素质分析，仰卧起坐主要测试大学生腰腹部的力量素质，同时还可反映大学生腰腹部耐力素质和柔韧素质。

(二)仰卧起坐项目分析

从解剖学角度进行分析，仰卧起坐的动作模式是躯干的屈曲，实际上是发展腹肌耐力的练习。当进行仰卧起坐时，腹肌工作的同时，需要髂腰肌以及股直肌的协同发力。在练习过程中还需要注意腰椎的代偿，腰椎的代偿会导致腰痛的发生，所以平时练习时应该增加髋关节灵活性的练习，髋关节活动度下降会影响腰椎的灵活性，增加腰椎压力(见图9-22)。

图9-22 仰卧起坐动作模式

1. 动作要领

受试学生仰卧于垫上，两腿稍分开，屈膝呈90度角左右，脚自然地平放在地上，两手放于耳朵旁。另一同伴压住其踝关节，以固定下肢。受试者坐起时两肘触及或超过双膝为完成一次,仰卧时背必需触垫。受试学生把身体向上升起的时候,应该是腹部肌肉参加工作,当腹肌把身体向上提起时,逐渐呼气,并准备好躺下的姿势。躺下时要快速吸气,同时腹部肌肉放松,当感觉背部接触到了垫子,就收紧腹部肌群,开始重复上一个动作。

2. 易犯错误及改进方法

(1)双手抱头做仰卧起坐。双手抱头是很多学生常犯的错误,因为颈椎有一个自然生理曲线,当双手抱头做仰卧起坐时,双手会给颈椎带来巨大压力,容易伤到颈椎。很多学生做完仰卧起坐第二天会感觉颈部不舒服。长期使用不正确的动作甚至会导致颈椎病。

改进方法:双手正确的放置方式是将双手放在耳朵旁或者交叉放在胸前。

(2)借用腰部力量。部分学生在做仰卧起坐的时候,会借用腰部力量,做完仰卧起坐之后常常会感觉腰痛。正确做仰卧起坐时需背部挺直,腰腹部收紧,体会腰部发力。这个过程中,还会动用到臀屈肌,臀屈肌的杠杆作用甚至会导致腰椎间盘压缩,甚至导致腰间盘突出。

改进方法:腰部保持紧贴垫子,上半身以腰腹为中心向身体内侧蜷缩,集中注意于腹肌,缓慢感受腹肌带动整个上半身蜷缩,感受整个发力是腹肌在带动。

(3)双腿伸直。做仰卧起坐时,双腿伸直也是一个错误的动作。我们可以把人看作一根杠杆,腿部伸直,杠杆腿部一边就很重,做仰卧起坐时会很容易被带动上来,造成腹肌没有充分发力,而是腿部带动做仰卧起坐。

改进方法:大腿和小腿保持约45度夹角,腿部保持放松。

(4)胸部贴近腿部。大部分学生腹肌力量较弱,动作幅度没必要过大,如动作过大往往会有很多其他肌群参与,而不是腹肌在用力。

改进方法:起身时尝试用肘关节触碰膝关节。

(三)仰卧起坐发展方法

要提高仰卧起坐的完成次数,应该做多种核心耐力练习,且动态、静态状态下的练习都应该尝试,还可以进行多组数的仰卧起坐练习。针对背部的练习同样不能忽视,俯卧背起也需要练,这样做可以防止腰肌劳损和腰间盘突出发生的概率(见图9-23)。

尝试负重仰卧起坐以及其他核心肌群的负重练习。这类负重练习有利于增加核心部位的肌肉力量,可以更好地协同完成仰卧起坐。

躯干是一个柱状的结构,由多面构成。因此躯干前侧、后侧、侧面的肌群也需要练习,不应该只练躯干屈曲的动作,而忽视躯干伸展、旋转等动作。腹部肌群应该全面平衡发展。

练习方法1:仰卧卷腹。

仰卧于垫上(或专用的仰卧起坐器械上),两腿屈膝稍分开,大小腿屈曲约成90度,两手指交叉紧贴于脑后(建议两手指触碰耳后)、背部保持平直。同伴压住两踝关节处或用脚背勾住专用器械(不得借用外力)。腹部发力将整个身体抬离垫面,背部抬离垫面20厘米左右即可,然后缓慢地、有控制地下降身体至原位。当背部着垫的时候,便可以开始下一个循环的动作。在仰卧起坐的过程中,屈髋肌群(髂腰肌股直肌)要尽可能地少参与工作。在不计时间的情况下,每组做30次,完成三组。练习时要注意不能低头,下巴微微上扬,背部保持平直,防止颈部受伤。

图9-23 俯卧背起练习

练习方法2:俯卧背起。

俯卧垫上,双臂前伸或屈臂双手放于耳朵上,同伴协助压住踝关节,练习者背部发力上抬,使腹部离开地面,形成背部拱起的姿势,然后缓慢地回到起始姿势。每组15~20次,完成三组。

练习方法3:仰卧举腿。

仰卧于垫上,练习者的手放于身体两侧,保持头部、肩部、下背部不离开垫面,双腿并拢,保持直腿向上举至接近与地面垂直,然后慢慢下放至起始姿势,整个动作阶段体会腹部肌肉的收缩,反复练习15~20次,完成三组。

练习方法4:仰卧两头起。

仰卧于垫上,两腿并拢自然伸直,两臂于头后自然前伸。腹部发力时,使躯干抬离地面,两腿上举的同时,两臂下压,以髋关节为轴使身体形成V字形,然后有控制地回到起始姿势,再重复此动作。连续10次为一组,完成三组。

仰卧起坐的速度训练练习方法如下。

(1)10秒训练。要求学生保持较高的速度,重复多组,保证每组最高值接近。

(2)20秒训练。提高学生的爆发力,在保证动作质量的前提下,最好能突破25个。

(3) 30 秒训练。是学生在训练 20 秒的基础上有了进步后进行的提高训练，要求学生能突破 35 个。

(4) 45 秒训练。这 45 秒主要是节奏训练。

(5) 1 分钟的训练。一分钟训练要注意前面 45 秒训练的节奏，但是最后 15 秒或者 10 秒是一个冲刺过程，如果最后没有加速是不可能有好的成绩的。

(6) 1 分 10 秒的训练。用以提高学生的腰腹肌肉耐力。

(7) 按次数训练。此种方法与以上时间训练法基本原理类似，即逐渐延长每组的练习数量和缩短相应数量的每组所用时间。如：每次练习 30 个仰卧起坐，计时 3 组。

五、立定跳远方法与指导

(一) 立定跳远概述

立定跳远是指不用助跑从立定姿势开始的跳远，是集弹跳、爆发力、身体的协调性和技术等方面的身体素质于一体的运动。从人体运动素质方面分析，立定跳远是测试学生在最短时间内能爆发出的最大力量，是力量素质（爆发力）的一种表现，还能测定学生的身体柔韧素质和速度素质。立定跳远可用以评估分析大学生身体力量和速度综合发展情况。

(二) 立定跳远项目分析

立定跳远是测试下肢水平方向爆发力的经典动作。立定跳远基本技术要求从立定姿势开始，双脚起跳，离地后到落地前身体不能再接触地面。整个动作过程中，上肢协调摆动与下肢自然蹬伸相配合，需要协调、快速用力。其动作过程看似简单，实则技术细节非常复杂，考验每名学生对于技术的理解掌握及身体素质综合能力。立定跳远成绩主要受以下两个方面因素影响。首先，受上下肢力量、爆发力及协调性影响；其次，对立定跳远技术教学的细致程度的理解，不同程度影响了最终的成绩提升。

1. 动作要领

完整的立定跳远技术动作由预摆、起跳、腾空、落地四个部分组成。双脚要踮起脚尖，膝盖弯曲，双手前后摆动，整个人要有往前、往上提的感觉；起跳时要用力蹬地，双手向上把人往外带；落地时人身体根据惯性向下蹲，不能直直地落地，否则脚容易向后。

(1) 预摆：两脚左右开立，与肩同宽，两臂前后摆动。前摆时，两腿伸直，后摆时，屈膝降低重心，上体稍前倾，手尽量往后摆。要点是上下肢动作协调配合，摆动时一伸二屈降重心，上体稍前倾（见图 9-24）。

图 9-24 立定跳远预摆姿势

（2）起跳腾空：两脚快速用力蹬地，同时两臂稍屈由后往前上方摆动，向前上方跳起腾空，并充分展体。要点是蹬地快速有力，腿蹬和摆手要协调，空中展体要充分，强调离地前的前脚掌瞬间蹬地动作（见图9-25）。

图 9-25 立定跳远起跳腾空

（3）落地缓冲：收腹举腿，小腿往前伸，同时双臂用力往后摆动，并屈膝落地缓冲。要点是把握好小腿前伸的时机，屈腿前伸臂后摆，落地后往前不往后（见图9-26）。

图 9-26 立定跳远落地缓冲

2. 易犯错误及改进方法

(1)预摆不协调。

改进办法:反复做前摆直腿后摆屈膝的动作,由慢到快。

(2)上体前倾过多,膝关节不屈,重心降不下去,形成鞠躬动作。

改进办法:做屈膝动作,眼睛往下看,垂直视线不超过脚尖,熟练后就可不用眼睛看了。

(3)腾空过高或过低。

改进办法:利用一定高度或一定远度的标志线来纠正这类错误效果很好。

(4)收腿过慢或不充分。

改进办法:反复做收腹跳的练习,注意是大腿往胸部靠而不是小腿往臀部靠,动作要及时。

(5)落地不稳,双腿落地区域有较大的差异。

改进办法:多做近距离的起跳落地动作,手臂的摆动要协调配合。地面设置标志物,双脚主动有意识地踩踏标志物。

(三)立定跳远发展方法

1. 练习步骤(见图 9-27)

(1)利用沙坑练习起跳、腾空和落地技术。

(2)练习多级跳和多种跳跃练习,增加下肢弹性。

(3)练习深蹲、蹲跳等力量练习动作。

(4)注意不要在硬地上跳跃太多,防止膝关节损伤。

图 9-27　沙坑练习立定跳远技术

2. 立定跳远发展方法

(1) 提高专项力量的方法。

1) 连续单脚跳。主要发展小腿、脚掌和踝关节力量。

动作方法：支撑腿前脚掌触地支撑，摆动腿屈髋屈膝抬离地面，双臂成跑步姿势前后摆臂，或双手叉腰，支撑腿踝关节发力快速蹬地跳跃前进，腾空落地后迅速跳起，脚掌接触地面的时间要短促，两脚交替进行。

2) 蹲起跳。主要发展腿部肌肉力量和踝关节力量。

动作方法：双脚与肩同宽站立，双手直臂放于身体两侧，屈膝屈髋下蹲至膝关节接近120度左右，双臂在体侧后伸，下肢蹬伸的同时，积极摆臂，用力向上跳起，落地后注意屈膝缓冲。依次重复练习。

3) 纵跳摸高。主要用来发展腿部肌肉力量和踝关节力量。

动作方法：身体处于半蹲位起跳，同时双臂发力上摆向上跳起，腾空时自然放松，双手触够提前设置的目标物，然后屈膝落地缓冲。依次重复练习。

4) 收腹跳。主要是发展腹肌爆发力及快速团身技术。

动作方法：动作准备阶段与纵跳摸高相似，跳起时需要屈髋屈膝团身收腹，背部保持平直状态，尽可能用双膝去触碰胸部，两手臂在身体两侧维持平衡。落地后迅速跳起。循环练习。

(2)提高立定跳远技术的方法。

1)预摆技术练习。将预摆技术分解为两个节奏,首先双臂上摆展腹,其次双臂下摆屈蹲,重复进行练习即可。要注意的是在进行这项练习时,体会肩关节的放松,摆臂与身体重心降低是否协调,还要关注躯干前屈的角度及下蹲的深度。

2)起跳技术练习。主要练习方法为挺身跳、垂直纵跳、跳台阶等。需要注意的是在进行这些练习时,要体会快速用力蹬地、蹬摆结合、控制起跳角度。

3)腾空技术练习。腾空时身体的方向应该是向前上方的、空中展体要充分。主要练习方法为收腹跳练习、仰卧两头起等练习。

4)落地技术练习。落地时收腹举腿,小腿往前伸,同时双手用力向后摆并屈膝缓冲,保持身体重心继续向前,防止向后跌倒。主要练习方法为连续纵跳、蛙跳、收腹跳等。

3. 练习方法

建议每周练习2~3次。具体练习内容如下。

(1)腾空练习。

1)从跳台跳下做腾空展体动作,不要急着收腹。

2)原地做腾空展体动作。

3)距单杠30~100厘米跳抓单杠做腾空展体动作。

4)跳过20厘米的高度做腾空展体动作。

5)原地收腹跳。

(2)收腹练习。

1)仰卧起坐30次×6组,每组不超过28秒为宜。

2)仰卧两头起20次×6组,每组不超过18秒为宜。

3)俯卧两头起20次×6组,每组不超过18秒为宜。

4)抱膝跳8次×6组,每次跳膝盖必须贴近胸部。

5)仰卧屈膝上抬20次×6组,每组不超过18秒为宜。

6)悬垂屈膝举腿20次×6组,每组不超过18秒为宜。

(3)伸腿练习。

1)伸腿跳8次×6组,要求:越过20厘米高度。

2)俯卧后踢腿,要求:在脚踝处系上皮筋。

3)坐姿负重伸小腿,要求:在脚踝处系上沙袋或重物。

第六节 速度素质和灵敏素质的理论与方法

扫码观看
同步慕课

一、速度素质的理论与方法

(一)速度素质的概念

速度素质是指快速运动的能力,它包括反应速度和运动速度,而运动速度又可分为动作速度和移动速度。影响速度的因素很多,除中枢神经系统外,还有肌肉的收缩特征、能力和其他协调性、机体的各种技能和技能状况。

50米跑可以有效地反映学生移动速度、反应速度、灵敏素质及神经系统灵活性。从人体运动素质分析,50米跑主要测试学生速度素质,是评价学生速度素质的常用指标,其成绩与体育锻炼程度有关。50米短跑是国际通用的测试体质项目,通过较短的高强度跑主要测试学生的速度素质,也可测试学生的灵敏素质和力量素质。

(二)速度素质的发展与提高

不同的运动项目有不同的速度特征,因此速度素质的培养有明显的专项特点。对学生来说,在不同的年龄阶段,对速度训练也有不同的侧重。例如,奔跑速度主要取决于步频和步长,而影响步频的一个最主要的因素是神经系统灵活性和协调性。速度素质展现人体快速移动能力(见图9-28)。

图9-28 速度素质展现人体快速移动能力

提高速度素质的建议如下：①以发展力量和柔韧等来促进速度素质；②合理安排速度练习的顺序与时间；③注意速度练习时人体处在适宜的工作状态；④发展速度素质应重视肌肉放松；⑤正确预防和消除"速度障碍"；⑥掌握正确的动作发力顺序和练习方法。

(三)50米跑项目分析

50米跑属于典型的以 ATP-CP 供能为主的练习，其输出的功率最大，需要很强的无氧能力和下肢爆发力以及稳定的起跑反应能力。50米跑主要经历起跑、途中跑两个过程，大概在20~25米会从起跑阶段进入途中跑，对起跑能力和加速能力要求很高，需要稳定的反应能力，因此优秀的起跑和途中跑技术是十分必要的。有研究表明普通人在50米跑的过程中，基本上在30米左右达到最大速度，所以剩余的20米需要想办法保持速度，这就需要良好的肌肉放松能力和后程的速度保持能力。

1. 动作要领

50米跑技术包括起跑技术、加速跑技术、途中跑技术和终点跑技术。

(1)起跑。起跑采用站立式起跑技术。

动作要领：预备时，双脚前后开立，惯用脚在前，两脚前后间距是1个脚的距离，左右间距是与肩同宽或微比肩宽；屈膝降重心，身体微前倾，以右脚在前为例，左侧臂屈肘在前，右侧臂屈肘于身后。听到发出起跑口令，学生需两脚用力蹬地，迅速向前冲出去，起跑后注意不要突然抬头或提高重心。

(2)加速跑。起跑后的加速跑是从蹬离起跑器到途中跑开始的一个跑段，一般为30米左右(优秀运动员略长)。它的任务是尽快加速达到自己的最高速度。

动作要领：起跑后第一步落地不要有停顿或跳动的现象；后蹬要用力，摆动腿积极前摆下压；前脚掌撑地，两臂配合双腿快速地前后摆动；注意身体慢慢抬起，保持前倾。

(3)途中跑。途中跑指经起跑、加速跑后转入高速度跑的一段跑程。由于50米跑距离较短，完成加速跑之后，途中跑的距离也就非常短。

动作要领：途中跑时，后蹬腿的髋、膝、踝关节要尽可能充分蹬直，积极送髋；摆动腿积极向前上方摆动，小腿随惯性折叠，并将同侧髋带出；重心尽量保持在同一条水平线上，头部保持正直，下颌微收，身体前倾；双臂以肩为轴前后摆动，前摆稍向内，高度不要超过下颌，不要超过人体中线。

(4)终点跑。终点冲刺跑方式主要有两种。

第一种采用冲刺技术。在接近终点线的几步，身体逐渐前倾，最后一步加大前倾，用胸部或肩部加速鞭打终点线做冲刺动作。

第二种是直接跑过去。把终点定在终点线 6~8 米后,保持高速跑过终点,避免减速冲刺。切记要尽全力跑过终点后再放松。此外,终点冲刺跑时还要注意安全,那就是冲刺后要在自己的跑道上继续跑。

2. 易犯错误及改进方法

(1)50 米跑易犯错误。

起跑阶段易犯错误:不能集中注意力听起跑发令,造成起跑慢;第一步跨出太大,造成第一步跑出后有一个停顿。

加速跑阶段易犯错误:起跑时两臂同时向后摆动,身体重心不稳;起跑后加速跑时上体抬得太快,摆臂无力。

途中跑阶段易犯错误:身体重心靠后形成"坐着跑"的姿势;跑的动作幅度小,步长太小;左右摆臂,摆臂太紧张;跑的时候身体上下起伏,没有沿着直线跑。

冲刺跑阶段易犯错误:没有到终点就开始减速,应冲过终点再开始减速。

(2)50 米跑改进方法。

正确跑姿十分重要。跑的动作平稳,重心起伏较小;上下肢动作配合协调,上肢摆臂积极有力并能做到"前不露肘后不露手",下肢蹬摆结合、以摆促蹬;跑姿要略有向前性和平稳的直线性,并且全程有良好的节奏感,跑的过程中要保持放松状态并能充分打开髋关节;在前 20 米要保持身体的前倾。

(四)50 米跑发展方法

1. 练习步骤

(1)重视短跑的技术练习。可以进行摆臂和下肢蹬伸的技术练习。

(2)多做全程跑练习。在跑的过程中体会技术,以及增加身体的适应性。一般 5 次为一组,练习三组即可。当前期很多学生如达不到这么大的练习量,跑量可慢慢增加。

(3)完成 10~20 米的起跑练习。提高起跑反应的稳定性和加速跑阶段的技术。

(4)进行 60~80 米的途中跑练习。提高后程速度的保持能力和无氧耐力。

(5)安排阻力跑练习,通过这项练习来提高蹬伸能力。

2. 50 米跑发展方法

(1)原地摆臂练习:主要发展摆臂的技术、力量和协调性。

练习方法:两脚前后开立,上体前倾,肩关节放松,两臂屈肘于体侧,前摆时手不要超过身体正中线和下颌,并且整个手臂稍向内,后摆时手摆至腰间,手不超过躯干。若提升难度可以双手持重物练习,每组 100~200 次,重复 3~4 组。

(2)高抬腿跑:短跑的辅助技术练习。

练习方法：上体正直或稍前倾，两臂前后摆动。大腿积极向前上方摆至水平，并稍稍带动同侧髋向前，大小腿尽量折叠，脚跟贴近臀部。在抬腿的同时，另一条腿的大腿积极下压，伸膝呈前脚掌着地，重心要迅速上提，落地后通过踝关节来缓冲。进行30米高抬腿跑练习后接加速跑，跑至最高速后放松减速。每次完成3～5组，组间休息1～2分钟。

(3)弓箭步走：主要是发展下肢力量和增大步幅。

练习方法：迈步行走时，前腿向前方跨出，落地时成90度，后腿屈膝90度，同时挺胸直背，重心下降，两腿前后距离尽量大一些。两腿交换时，前腿用力蹬地，后腿屈膝前摆，向前送髋。若想增加难度可以负重，手持哑铃或肩负杠铃。每组20～30米，做3～4组，组间休息30～60秒。

(4)单脚跳：单脚跳练习可增加踝关节的力量，有助于50米跑的加速。

练习方法：身体保持直立，两臂同时向前和向后摆动。支撑腿屈膝降低身体重心，单脚起跳时，髋、膝、踝三关节迅速蹬伸向上跳起，腾空落地后前脚掌着地缓冲，着地后缓冲连续跳起。左右脚各跳20次为一组，每次练习6～12组，组间休息2分钟。

(5)跑楼梯：跑楼梯练习能增加踝关节的支撑力量，提高跑步频率。

练习方法：上体挺直，目视前方，两臂前后摆臂，踝关节发力，用前脚掌蹬台阶，以较快的频率爬楼梯，要求每次上一个台阶。练习时主要强调完成动作的频率。20个台阶为一组，每次练习8～12组，组间休息2分钟（根据自己体能情况来定，体能稍差的学生可休息3～5分钟）。

(6)蹬阶练习：有助于发展下肢力量，提高步频。

练习方法：一只脚的全脚掌放在凳子上（凳子的高度根据身高来调整），此时膝关节呈90度，另一条支撑腿在凳子下方伸直。上体挺直，目视前方，两臂前后摆臂。置于凳子下方的脚掌蹬地发力向上蹬起，凳子上的腿迅速蹬伸至伸直状态，凳子下的腿向上提膝90度完成一次练习。每组左右腿各做10～20次。每次练习完成4～6组，组间休息1分钟，具体根据体能情况来定，体能稍差的可休息2分钟。

3.练习建议

每周进行3～5次如下练习。

(1)原地摆臂练习——持哑铃摆练习，3～5组，30秒/组。

(2)原地提腿练习——行进间提腿练习，3～5组，30米/组。

(3)原地快速高抬腿练习——行进间高抬腿练习，3～5组，30～50次/组。

(4)扶墙快速后蹬跑练习——行进间后蹬跑练习，3～5组，30米/组。

(5)折返跑20~40米、30~50米、60~80米,1~2组。

二、灵敏素质的理论与方法

(一)灵敏素质的概念

灵敏素质是指人体在变换的环境中,迅速改变位置、变换动作的能力,其目的是为适应外界环境变化或者主动影响环境的变化。在运动过程中,灵敏素质有着相当重要的作用,它是各项身体素质和运动技能在运动过程中的综合表现,衡量灵敏素质的因素有平衡能力及速度、力量和协调能力等(见图9-29)。灵敏素质包括反应灵敏、动作灵敏两个方面。评定灵敏素质至少应考虑三个方面的因素:

(1)是否具有快速信息收集、判断、决策能力,即反应时。

(2)神经系统对信息的传导,即接收信息之后身体的反应,是否能自如地操纵自己的身体。

(3)维持运动平衡,同时把力量、速度、耐力、协调、柔韧、节奏感等素质和技能通过动作表现。

图9-29 脚步的灵敏性练习

对于灵敏素质的发展,设计的练习方法主要从快速变换动作和变换位置这两个方面入手。通过练习首先能发展自己的本体感觉,掌握熟练的动作,同时能刺激神经系统的发展,由此来全面发展学生的灵敏素质。

(二)灵敏素质发展方法

(1)练习方法1:滑步横移抛接球。

练习功能:主要发展练习者的灵敏素质,辅助发展练习者的速度素质。

第九章　基本运动技能与体质健康——践行科学健身，收获健康体质

场地器材：锥形筒、反应球。

起始姿势：两人一组，一人为练习者，一人为辅助练习者。左右相距四米放置两个锥形筒，练习者在右侧锥形筒后方，站立，两脚左右分开略宽于肩膀，膝盖弯曲，上身前倾，两手置于膝盖前方，保持背部挺立，眼睛注视辅助练习者。辅助练习者在两个锥形筒正前方3米左右距离，站立，两脚左右分开略宽于肩膀，膝盖弯曲，上身前倾，两手分别拿一个反应球，眼睛注视练习者。

练习步骤：发出开始指令后，辅助练习者将左手的反应球抛向地面，球经过地面反弹给练习者，练习者接住反应球后迅速再将球反弹回辅助练习者，同时迅速滑步移动至左侧锥形筒后。辅助练习者在接住练习者抛过来的球的同时，将右手中的反应球反弹给练习者，练习者接住球后再反弹回辅助练习者，并迅速滑步返回起始位置。教师可以用具体的数字作为口令，口令给出后，练习者做出相应数字的折返练习。

注意事项：练习者要保持低重心，上身保持稳定，控制上下起伏和前后左右晃动的幅度，两臂同时前后摆动。注意节奏的变化，初期练习时，辅助练习者可以等练习者移动到位后再抛球，熟练后逐渐加快抛接球的节奏。

（2）练习方法2：影子侧滑步。

练习功能：主要发展练习者的灵敏性。

场地器材：标志桶。

起始姿势：两位练习者在最左侧标志桶两侧面对面站立，听到"准备"口令后，屈膝降低中心，两脚距离比肩略宽，上身前倾，两手自然下垂于体前，眼睛注视对方。两人分配角色，一人为行动者，另一人为影子。

练习步骤：听到"开始"口令后，练习者迅速滑步移动至任意一个标志桶后方，稍作停留等待影子同样移动到位后，再迅速滑步至另一个随机标志桶位置。影子要努力争取在最短的时间内做出判断，再以最快的速度跟随练习者的脚步。

注意事项：练习者之间保持一定距离，避免碰撞。

（3）练习方法3：米字跳。

练习功能：主要发展练习者的灵敏素质和身体控制能力。

场地器材：标志线。

起始姿势：练习者以立正姿势站在米字区内。

练习步骤：听到"开始"口令后，练习者双脚起跳，可按照顺时针或逆时针循环跳跃，循环的次数根据练习者的体能情况适当安排。

注意事项：保持身体面向前方，跳跃过程中，不要转体，保持身体平衡，要有节奏感。

(4)练习方法4:三角跳跃。

练习功能:主要发展练习者的灵敏素质,辅助发展练习者的协调和速度素质。

场地器材:标志线。

起始姿势:练习者以立正姿势站在三角线外。

练习步骤:听到开始口令后,练习者顺时针或逆时针绕三角线跳跃。

注意事项:保持身体面向前方,跳跃过程中,不要转体,保持身体平衡,要有节奏感。

拓展练习:①可改变跳跃的速度和节奏,或者通过计时完成的方法来进行;②可以通过改变跳跃的边线顺序来拓展练习。

(5)练习方法5:2—1—2跳。

练习功能:发展学生跳跃能力、灵敏素质及协调能力等。

场地器材:能量圈。8个圈为一组,设置2~4组。

练习步骤:①将能量圈按2个、1个、2个、1个的顺序摆放,成一直线排列,间隔适宜。②练习者面向能量圈站立,开始后,按2双腿跳、1单腿跳、2双腿跳的顺序跳跃,依次完成。③在练习过程中碰倒或踢乱圈则为步伐错误,重新开始。

注意事项:单脚落地,可交替换脚,为增加难度可以加大间距。圈如果发生移动,需要摆回原位。

(6)练习方法6:Z字跳。

练习功能:发展学生的弹跳能力、快速变向能力及全身的灵活性。

场地器材:标志线8~10条,每组6~8条。

练习步骤:学生从开始处向前方跳跃过标志线,接着向侧方跳过标志线,依次向前、侧方跳跃完所有的标志线。

注意事项:跳跃时保持距离和姿势,标志线如果发生移动,需要摆回原位。

拓展练习:①可以通过改变动作的频率、节奏以及计时完成的方式来拓展此练习;②可以在练习过程中变换跳跃的姿势,如单个跳跃、向后跳跃等;③可以以小组为单位进行接力比赛;④加大距离和目标线数量来进行练习。

附　　录

附录一

关于全面加强和改进新时代学校体育工作的意见

(2020年10月15日)

中共中央办公厅、国务院办公厅

学校体育是实现立德树人根本任务、提升学生综合素质的基础性工程,是加快推进教育现代化、建设教育强国和体育强国的重要工作,对于弘扬社会主义核心价值观,培养学生爱国主义、集体主义、社会主义精神和奋发向上、顽强拼搏的意志品质,实现以体育智、以体育心具有独特功能。为贯彻落实习近平总书记关于教育、体育的重要论述和全国教育大会精神,把学校体育工作摆在更加突出位置,构建德智体美劳全面培养的教育体系,现就全面加强和改进新时代学校体育工作提出如下意见。

一、总体要求

1. 指导思想。以习近平新时代中国特色社会主义思想为指导,全面贯彻党的教育方针,坚持社会主义办学方向,以立德树人为根本,以社会主义核心价值观为引领,以服务学生全面发展、增强综合素质为目标,坚持健康第一的教育理念,推动青少年文化学习和体育锻炼协调发展,帮助学生在体育锻炼中享受乐趣、增强体质、健全人格、锤炼意志,培养德智体美劳全面发展的社会主义建设者和接班人。

2. 工作原则

——改革创新,面向未来。立足时代需求,更新教育理念,深化教学改革,使学校体育同教育事业的改革发展要求相适应，同广大学生对优质丰富体育资源的期盼相契合，同构建德智体美劳全面培养的教育体系相匹配。

——补齐短板，特色发展。补齐师资、场馆、器材等短板，促进学校体育均衡发展。坚持整体推进与典型引领相结合，鼓励特色发展。弘扬中华体育精神，推广中华传统体育项目，形成"一校一品"、"一校多品"的学校体育发展新局面。

——凝心聚力，协同育人。深化体教融合，健全协同育人机制，为学生纵向升学和横向进入专业运动队、职业体育俱乐部打通通道，建立完善家庭、学校、政府、社会共同关心支持学生全面健康成长的激励机制。

3. 主要目标。到2022年，配齐配强体育教师，开齐开足体育课，办学条件全面改善，学校体育工作制度机制更加健全，教学、训练、竞赛体系普遍建立，教育教学质量全面提高，育人成效显著增强，学生身体素质和综合素养明显提升。到2035年，多样化、现代化、高质量的学校体育体系基本形成。

二、不断深化教学改革

4. 开齐开足上好体育课。严格落实学校体育课程开设刚性要求，不断拓宽课程领域，逐步增加课时，丰富课程内容。义务教育阶段和高中阶段学校严格按照国家课程方案和课程标准开齐开足上好体育课。鼓励基础教育阶段学校每天开设1节体育课。高等教育阶段学校要将体育纳入人才培养方案，学生体质健康达标、修满体育学分方可毕业。鼓励高校和科研院所将体育课程纳入研究生教育公共课程体系。

5. 加强体育课程和教材体系建设。学校体育课程注重大中小幼相衔接，聚焦提升学生核心素养。学前教育阶段开展适合幼儿身心特点的游戏活动，培养体育兴趣爱好，促进运动机能协调发展。义务教育阶段体育课程帮助学生掌握1至2项运动技能，引导学生树立正确健康观。高中阶段体育课程进一步发展学生运动专长，引导学生养成健康生活方式，形成积极向上的健全人格。职业教育体育课程与职业技能培养相结合，培养身心健康的技术人才。高等教育阶段体育课程与创新人才培养相结合，培养具有崇高精神追求、高尚人格修养的高素质人才。学校体育教材体系建设要扎根中国、融通中外，充分体现思想性、教育性、创新性、实践性，根据学生年龄特点和身心发展规律，围绕课程目标和运动项目特点，精选教学素材，丰富教学资源。

6. 推广中华传统体育项目。认真梳理武术、摔跤、棋类、射艺、龙舟、毽球、五禽操、舞龙舞狮等中华传统体育项目，因地制宜开展传统体育教学、训练、竞赛活动,并融入学校体育教学、训练、竞赛机制,形成中华传统体育项目竞赛体系。涵养阳光健康、拼搏向上的校园体育文化,培养学生爱国主义、集体主义、社会主义精神,增强文化自信,促进学生知行合一、刚健有为、自强不息。深入开展"传承的力量——学校体育艺术教育弘扬中华优秀传统文化成果展示活动",加强宣传推广,让中华传统体育在校园绽放光彩。

7.强化学校体育教学训练。逐步完善"健康知识＋基本运动技能＋专项运动技能"的学校体育教学模式。教会学生科学锻炼和健康知识,指导学生掌握跑、跳、投等基本运动技能和足球、篮球、排球、田径、游泳、体操、武术、冰雪运动等专项运动技能。健全体育锻炼制度,广泛开展普及性体育运动,定期举办学生运动会或体育节,组建体育兴趣小组、社团和俱乐部,推动学生积极参与常规课余训练和体育竞赛。合理安排校外体育活动时间,着力保障学生每天校内、校外各1个小时体育活动时间,促进学生养成终身锻炼的习惯。加强青少年学生军训。

8.健全体育竞赛和人才培养体系。建立校内竞赛、校际联赛、选拔性竞赛为一体的大中小学体育竞赛体系,构建国家、省、市、县四级学校体育竞赛制度和选拔性竞赛(夏令营)制度。大中小学校建设学校代表队,参加区域乃至全国联赛。加强体教融合,广泛开展青少年体育夏(冬)令营活动,鼓励学校与体校、社会体育俱乐部合作,共同开展体育教学、训练、竞赛,促进竞赛体系深度融合。深化全国学生运动会改革,每年开展赛事项目预赛。加强体育传统特色学校建设,完善竞赛、师资培训等工作,支持建立高水平运动队,提高体育传统特色学校运动水平。加强高校高水平运动队建设,优化拓展项目布局,深化招生、培养、竞赛、管理制度改革,将高校高水平运动队建设与中小学体育竞赛相衔接,纳入国家竞技体育后备人才培养体系。深化高水平运动员注册制度改革,建立健全体育运动水平等级标准,打通教育和体育系统高水平赛事互认通道。

三、全面改善办学条件

9.配齐配强体育教师。各地要加大力度配齐中小学体育教师,未配齐的地区应每年划出一定比例用于招聘体育教师。在大中小学校设立专(兼)职教练员岗位。建立聘用优秀退役运动员为体育教师或教练员制度。有条件的地区可以通过购买服务方式,与相关专业机构等社会力量合作向中小学提供体育教育教学服务,缓解体育师资不足问题。实施体育教育专业大学生支教计划。通过"国培计划"等加大对农村体育教师的培训力度,支持高等师范院校与优质中小学建立协同培训基地，支持体育教师海外研修访学。推进高校体育教育专业人才培养模式改革，推进地方政府、高校、中小学协同育人，建设一批试点学校和教育基地。明确高校高职体育专业和高校高水平运动队专业教师、教练员配备最低标准，不达标的高校原则上不得开办相关专业。

10. 改善场地器材建设配备。研究制定国家学校体育卫生条件基本标准。建好满足课程教学和实践活动需求的场地设施、专用教室。把农村学校体育设施建设纳入地方义务教育均衡发展规划，鼓励有条件的地区在中小学建设体育场馆，与体育基础薄弱学校共用共享。小规模学校以保基本、兜底线为原则，配备必要的功能教室和设施设备。加强高校体育场馆建设，鼓励有条件的高校与地方共建共享。配好体育教学所需器材设备，建立体育器材补充机制。建有高水平运动队的高校，场地设备配备条件应满足实际需要，不满足的原则上不得招生。

11. 统筹整合社会资源。完善学校和公共体育场馆开放互促共进机制，推进学校体育场馆向社会开放、公共体育场馆向学生免费或低收费开放，提高体育场馆开放程度和利用效率。鼓励学校和社会体育场馆合作开设体育课程。统筹好学校和社会资源，城市和社区建设规划要统筹学生体育锻炼需要，新建项目优先建在学校或其周边。综合利用公共体育设施，将开展体育活动作为解决中小学课后"三点半"问题的有效途径和中小学生课后服务工作的重要载体。

四、积极完善评价机制

12. 推进学校体育评价改革。建立日常参与、体质监测和专项运动技能测试相结合的考查机制，将达到国家学生体质健康标准要求作为教育教学考核的重要内容。完善学生体质健康档案，中小学校要客观记录学生日常体育参与情况和体质健康监测结果，定期向家长反馈。将体育科目纳入初、高中学业水平考试范围。改进中考体育测试内容、方式和计分办法，科学确定并逐步提高分值。积极推进高校在招生测试中增设体育项目。启动在高校招生中使用体育素养评价结果的研究。加强学生综合素质评价档案使用，高校根据人才培养目标和专业学习需要，将学生综合素质评价结果作为招生录取的重要参考。

13. 完善体育教师岗位评价。把师德师风作为评价体育教师素质的第一标准。围绕教会、勤练、常赛的要求，完善体育教师绩效工资和考核评价机制。将评价导向从教师教了多少转向教会了多少，从完成课时数量转向教育教学质量。将体育教师课余指导学生勤练和常赛，以及承担学校安排的课后训练、课外活动、课后服务、指导参赛和走教任务计入工作量，并根据学生体质健康状况和竞赛成绩，在绩效工资内部分配时给予倾斜。完善体育教师职称评聘标准，确保体育教师在职务职称晋升、教学科研成果评定等方面，与其他学科教师享受同等待遇。优化体育教师岗位结构，畅通体育教师职业发展通道。提升体育教师科研能力，在全国教育科学规划课题、教育部人文社会科学研究项目中设立体育专项课题。加大对体育教师表彰力度，在教学成果奖等评选表彰中，保证体育教师占有一定比例。参照体育教师，研究并逐步完善学校教练员岗位评价。

14.健全教育督导评价体系。将学校体育纳入地方发展规划，明确政府、教育行政部门和学校的职责。把政策措施落实情况、学生体质健康状况、素质测评情况和支持学校开展体育工作情况等纳入教育督导评估范围。完善国家义务教育体育质量监测，提高监测科学性，公布监测结果。把体育工作及其效果作为高校办学评价的重要指标，纳入高校本科教学工作评估指标体系和"双一流"建设成效评价。对政策落实不到位、学生体质健康达标率和素质测评合格率持续下降的地方政府、教育行政部门和学校负责人，依规依法予以问责。

五、切实加强组织保障

15.加强组织领导和经费保障。地方各级党委和政府要把学校体育工作纳入重要议事日程，加强对本地区学校体育改革发展的总体谋划，党政主要负责同志要重视、关心学校体育工作。各地要建立加强学校体育工作部门联席会议制度，健全统筹协调机制。把学校体育工作纳入有关领导干部培训计划。各级政府要调整优化教育支出结构，完善投入机制，积极支持学校体育工作。地方政府要统筹安排财政转移支付资金和本级财力支持学校体育工作。鼓励和引导社会资金支持学校体育发展，吸引社会捐赠，多渠道增加投入。

16.加强制度保障。完善学校体育法律制度，研究修订《学校体育工作条例》。鼓励地方出台学校体育法规制度，为推动学校体育发展提供有力法治保障。建立政府主导、部门协同、社会参与的安全风险管理机制。健全政府、学校、家庭共同参与的学校体育运动伤害风险防范和处理机制，探索建立涵盖体育意外伤害的学生综合保险机制。试行学生体育活动安全事故第三方调解机制。强化安全教育，加强大型体育活动安全管理。

17.营造社会氛围。各地要研究落实加强和改进新时代学校体育工作的具体措施，可以结合实际制定实施学校体育教师配备和场地器材建设三年行动计划。总结经验做法，形成可推广的政策制度。加强宣传，凝聚共识，营造全社会共同促进学校体育发展的良好社会氛围。

附录二

国家学生体质健康标准(2014年修订)

(2014年7月7日)

教　育　部

一、说明

1.《国家学生体质健康标准》(以下简称《标准》)是国家学校教育工作的基础性指导文件和教育质量基本标准,是评价学生综合素质、评估学校工作和衡量各地教育发展的重要依据,是《国家体育锻炼标准》在学校的具体实施,适用于全日制普通小学、初中、普通高中、中等职业学校、普通高等学校的学生。

2.本标准的修订坚持健康第一,落实《国家中长期教育改革和发展规划纲要(2010—2020年)》、《国务院办公厅转发教育部等部门关于进一步加强学校体育工作若干意见的通知》(国办发〔2012〕53号)和《教育部关于印发〈学生体质健康监测评价办法〉等三个文件的通知》(教体艺〔2014〕3号)有关要求,着重提高《标准》应用的信度、效度和区分度,着重强化其教育激励、反馈调整和引导锻炼的功能,着重提高其教育监测和绩效评价的支撑能力。

3.本标准从身体形态、身体机能和身体素质等方面综合评定学生的体质健康水平,是促进学生体质健康发展、激励学生积极进行身体锻炼的教育手段,是国家学生发展核心素养体系和学业质量标准的重要组成部分,是学生体质健康的个体评价标准。

4.本标准将适用对象划分为以下组别:小学、初中、高中按每个年级为一组,其中小学为6组、初中为3组、高中为3组。大学一、二年级为一组,三、四年级为一组。

5.小学、初中、高中、大学各组别的测试指标均为必测指标。其中,身体形态类中的身高、体重,身体机能类中的肺活量,以及身体素质类中的50米跑、坐位体前屈为各年级学生共性指标。

6.本标准的学年总分由标准分与附加分之和构成,满分为120分。标准分由各单项指标得分与权重乘积之和组成,满分为100分。附加分根据实测成绩确定,即对成绩超过100分的加分指标进行加分,满分为20分;小学的加分指标为1分钟跳绳,加分幅度为20分;初中、高中和大学的加分指标为男生引体向上和1 000米跑,女生1分钟仰卧起坐和800米跑,各指标加分幅度均为10分。

7. 根据学生学年总分评定等级:90.0分及以上为优秀,80.0~89.9分为良好,60.0~79.9分为及格,59.9分及以下为不及格。

8. 每个学生每学年评定一次,记入《〈国家学生体质健康标准〉登记卡》(附表1~6)。特殊学制的学校,在填写登记卡时可以按规定和需求相应地增减栏目。学生毕业时的成绩和等级,按毕业当年学年总分的50%与其他学年总分平均得分的50%之和进行评定。

9. 学生测试成绩评定达到良好及以上者,方可参加评优与评奖;成绩达到优秀者,方可获体育奖学分。测试成绩评定不及格者,在本学年度准予补测一次,补测仍不及格,则学年成绩评定为不及格。普通高中、中等职业学校和普通高等学校学生毕业时,《标准》测试的成绩达不到50分者按结业或肄业处理。

10. 学生因病或残疾可向学校提交暂缓或免予执行《标准》的申请,经医疗单位证明,体育教学部门核准,可暂缓或免予执行《标准》,并填写《免予执行〈国家学生体质健康标准〉申请表》,存入学生档案。确实丧失运动能力、被免予执行《标准》的残疾学生,仍可参加评优与评奖,毕业时《标准》成绩需注明免测。

11. 各学校每学年开展覆盖本校各年级学生的《标准》测试工作,《标准》测试数据经当地教育行政部门按要求审核后,通过"中国学生体质健康网"上传至"国家学生体质健康标准数据管理系统"。测试和数据上传时间由教育行政部门确定。

12. 本标准由教育部负责解释。

二、单项指标与权重(仅摘取大学生部分)

单项指标	权重/(%)
体重指数(BMI)	15
肺活量	15
50米跑	20
坐位体前屈	10
立定跳远	10
引体向上(男)/1分钟仰卧起坐(女)	10
1 000米跑(男)/800米跑(女)	20

注:体重指数(BMI)=体重(千克)/身高^2(米^2)。

三、评分表(仅摘取大学生部分)

表1　体重指数(BMI)单项评分表(单位:千克/米^2)

等级	单项得分	大学男生	大学女生
正常	100	17.9～23.9	17.2～23.9
低体重	80	≤17.8	≤17.1
超重		24.0～27.9	24.0～27.9
肥胖	60	≥28.0	≥28.0

表2　肺活量单项评分表(单位:毫升)

等级	单项得分	大一大二		大三大四	
		男生	女生	男生	女生
优秀	100	5 040	3 400	5 140	3 450
	95	4 920	3 350	5 020	3 400
	90	4 800	3 300	4 900	3 350
良好	85	4 550	3 150	4 650	3 200
	80	4 300	3 000	4 400	3 050
及格	78	4 180	2 900	4 280	2 950
	76	4 060	2 800	4 160	2 850
	74	3 940	2 700	4 040	2 750
	72	3 820	2 600	3 920	2 650
	70	3 700	2 500	3 800	2 550
	68	3 580	2 400	3 680	2 450
	66	3 460	2 300	3 560	2 350
	64	3 340	2 200	3 440	2 250
	62	3 220	2 100	3 320	2 150
	60	3 100	2 000	3 200	2 050

续表

等　级	单项得分	大一大二		大三大四	
		男生	女生	男生	女生
不及格	50	2 940	1 960	3 030	2 010
	40	2 780	1 920	2 860	1 970
	30	2 620	1 880	2 690	1 930
	20	2 460	1 840	2 520	1 890
	10	2 300	1 800	2 350	1 850

表3　50米跑单项评分表(单位:秒)

等　级	单项得分	大一大二		大三大四	
		男生	女生	男生	女生
优秀	100	6.7	7.5	6.6	7.4
	95	6.8	7.6	6.7	7.5
	90	6.9	7.7	6.8	7.6
良好	85	7.0	8.0	6.9	7.9
	80	7.1	8.3	7.0	8.2
及格	78	7.3	8.5	7.2	8.4
	76	7.5	8.7	7.4	8.6
	74	7.7	8.9	7.6	8.8
	72	7.9	9.1	7.8	9.0
	70	8.1	9.3	8.0	9.2
	68	8.3	9.5	8.2	9.4
	66	8.5	9.7	8.4	9.6
	64	8.7	9.9	8.6	9.8
	62	8.9	10.1	8.8	10.0
	60	9.1	10.3	9.0	10.2

续表

等级	单项得分	大一大二		大三大四	
		男生	女生	男生	女生
不及格	50	9.3	10.5	9.2	10.4
	40	9.5	10.7	9.4	10.6
	30	9.7	10.9	9.6	10.8
	20	9.9	11.1	9.8	11.0
	10	10.1	11.3	10.0	11.2

表4 坐位体前屈单项评分表(单位:厘米)

等级	单项得分	大一大二		大三大四	
		男生	女生	男生	女生
优秀	100	24.9	25.8	25.1	26.3
	95	23.1	24.0	23.3	24.4
	90	21.3	22.2	21.5	22.4
良好	85	19.5	20.6	19.9	21.0
	80	17.7	19.0	18.2	19.5
及格	78	16.3	17.7	16.8	18.2
	76	14.9	16.4	15.4	16.9
	74	13.5	15.1	14.0	15.6
	72	12.1	13.8	12.6	14.3
	70	10.7	12.5	11.2	13.0
	68	9.3	11.2	9.8	11.7
	66	7.9	9.9	8.4	10.4
	64	6.5	8.6	7.0	9.1
	62	5.1	7.3	5.6	7.8
	60	3.7	6.0	4.2	6.5

续表

等级	单项得分	大一大二		大三大四	
		男生	女生	男生	女生
不及格	50	2.7	5.2	3.2	5.7
	40	1.7	4.4	2.2	4.9
	30	0.7	3.6	1.2	4.1
	20	−0.3	2.8	0.2	3.3
	10	−1.3	2.0	−0.8	2.5

表5 立定跳远单项评分表(单位:厘米)

等级	单项得分	大一大二		大三大四	
		男生	女生	男生	女生
优秀	100	273	207	275	208
	95	268	201	270	202
	90	263	195	265	196
良好	85	256	188	258	189
	80	248	181	250	182
及格	78	244	178	246	179
	76	240	175	242	176
	74	236	172	238	173
	72	232	169	234	170
	70	228	166	230	167
	68	224	163	226	164
	66	220	160	222	161
	64	216	157	218	158
	62	212	154	214	155
	60	208	151	210	152

续表

等级	单项得分	大一大二		大三大四	
		男生	女生	男生	女生
不及格	50	203	146	205	147
	40	198	141	200	142
	30	193	136	195	137
	20	188	131	190	132
	10	183	126	185	127

表6 男生一分钟引体向上、女生一分钟仰卧起坐单项评分表(单位:次)

等级	单项得分	大一大二		大三大四	
		男生	女生	男生	女生
优秀	100	19	56	20	57
	95	18	54	19	55
	90	17	52	18	53
良好	85	16	49	17	50
	80	15	46	16	47
及格	78		44		45
	76	14	42	15	43
	74		40		41
	72	13	38	14	39
	70		36		37
	68	12	34	13	35
	66		32		33
	64	11	30	12	31
	62		28		29
	60	10	26	11	27

续表

等级	单项得分	大一大二		大三大四	
		男生	女生	男生	女生
不及格	50	9	24	10	25
	40	8	22	9	23
	30	7	20	8	21
	20	6	18	7	19
	10	5	16	6	17

表7 男生一千米跑、女生八百米跑单项评分表(单位:分·秒)

等级	单项得分	大一大二		大三大四	
		男生	女生	男生	女生
优秀	100	3′17″	3′18″	3′15″	3′16″
	95	3′22″	3′24″	3′20″	3′22″
	90	3′27″	3′30″	3′25″	3′28″
良好	85	3′34″	3′37″	3′32″	3′35″
	80	3′42″	3′44″	3′40″	3′42″
及格	78	3′47″	3′49″	3′45″	3′47″
	76	3′52″	3′54″	3′50″	3′52″
	74	3′57″	3′59″	3′55″	3′57″
	72	4′02″	4′04″	4′00″	4′02″
	70	4′07″	4′09″	4′05″	4′07″
	68	4′12″	4′14″	4′10″	4′12″
	66	4′17″	4′19″	4′15″	4′17″
	64	4′22″	4′24″	4′20″	4′22″
	62	4′27″	4′29″	4′25″	4′27″
	60	4′32″	4′34″	4′30″	4′32″

续表

等级	单项得分	大一大二		大三大四	
		男生	女生	男生	女生
不及格	50	4'52"	4'44"	4'50"	4'42"
	40	5'12"	4'54"	5'10"	4'52"
	30	5'32"	5'04"	5'30"	5'02"
	20	5'52"	5'14"	5'50"	5'12"
	10	6'12"	5'24"	6'10"	5'22"

附表内容略。

附录三

高等学校体育工作基本标准

(2014年6月11日)

教 育 部

为落实立德树人根本任务,加强高等学校体育工作,切实提高高校学生体质健康水平,促进学生全面发展,根据国家有关规定,制定本标准。本标准适用于普通本科学校和高等职业学校的体育工作。

一、体育工作规划与发展

1.全面贯彻党的教育方针,服务立德树人根本任务,将学校体育纳入学校全面实施素质教育的各项工作,认真执行国家教育发展规划、规章制度及各项要求。创新人才培养模式,使学生掌握科学锻炼的基础知识、基本技能和有效方法,学会至少两项终身受益的体育锻炼项目,养成良好锻炼习惯。挖掘学校体育在学生道德教育、智力发展、身心健康、审美素养和健康生活方式形成中的多元育人功能,有计划、有制度、有保障地促进学校体育与德育、智育、美育有机融合,提高学生综合素质。

2.统筹规划学校体育发展,把增强学生体质和促进学生健康作为学校教育的基本目标之一和重要工作内容,纳入学校总体发展规划,全面发挥体育在学校人才培养、科学研究、社会服务和文化传承中不可替代的作用。制订阳光体育运动工作方案，明确工作目标、具体任务、保障措施和责任分工，并落实各项工作。

3. 设置体育工作机构，配备专职干部、教师和工作人员，并赋予其统筹开展学校体育工作的各项管理职能。实行学校领导分管负责制（或体育工作委员会制），每年至少召开一次体育工作专题会议，有针对性地解决实际问题。学校各有关部门积极协同配合，合理分工，明确人员，落实责任。

4. 加强学校体育工作管理，在学校体育改革发展、教育教学、教研科研、竞赛活动、社会服务等各项工作领域制订规范文件、健全管理制度、加强过程监测。建立科学规范的学校体育工作评价机制，并纳入综合办学水平和教育教学质量评价体系。

二、体育课程设置与实施

5. 严格执行《全国普通高等学校体育课程教学指导纲要》，必须为一、二年级本科学生开设不少于 144 学时（专科生不少于 108 学时）的体育必修课，每周安排体育课不少于 2 学时，每学时不少于 45 分钟。为其他年级学生和研究生开设体育选修课，选修课成绩计入学生学分。每节体育课学生人数原则上不超过 30 人。

6. 深入推进课程改革，合理安排教学内容，开设不少于 15 门的体育项目。每节体育课须保证一定的运动强度，其中提高学生心肺功能的锻炼内容不得少于 30%；要将反映学生心肺功能的素质锻炼项目作为考试内容，考试分数的权重不得少于 30%。

7. 创新教育教学方式，指导学生科学锻炼，增强体育教学的吸引力、特色性和实效性。建立体育教研、科研制度，形成高水平研究团队，多渠道开展以提高学生体质健康、教学质量、课余训练、体育文化水平等为目标的战略性、前瞻性、应用性项目研究，带动学校体育工作整体水平提高。

三、课外体育活动与竞赛

8. 将课外体育活动纳入学校教学计划，健全制度、完善机制、加强保障。面向全体学生设置多样化、可选择、有实效的锻炼项目，组织学生每周至少参加三次课外体育锻炼，切实保证学生每天一小时体育活动时间。

9. 学校每年组织春、秋季综合性学生运动会（或体育文化节），设置学生喜闻乐见、易于参与的竞技性、健身性和民族性体育项目，参与运动会的学生达到 50% 以上。经常组织校内体育比赛，支持院系、专业或班级学生开展体育竞赛和交流等活动。

10.注重培养学生体育特长,有效发挥体育特长生和学生体育骨干的示范作用,组建学生体育运动队,科学开展课余训练,组织学生参加教育和体育部门举办的体育竞赛。

11.加强校园体育文化建设,促进中华优秀体育文化传承创新。学校成立不少于20个学生体育社团,采取鼓励和支持措施定期开展活动,形成良好的校园体育传统和特色。开展对外体育交流与合作。通过校报、公告栏和校园网等形式,定期通报学生体育活动情况,传播健康理念。

12.因地制宜开展社会服务。支持体育教师适度参与国内外重大体育比赛的组织、裁判等社会实践工作。鼓励体育教师指导中小学体育教学、训练和参与社区健身辅导等公益活动。支持学校师生为政府及社会举办的体育活动提供志愿服务。

四、学生体质监测与评价

13.全面实施《国家学生体质健康标准》,建立学生体质健康测试中心,安排专门人员负责,完善工作条件,每年对所有学生进行体质健康测试,测试成绩向学生反馈,并将测试结果经教育部门审核后上报国家学生体质健康标准数据管理系统,形成本校学生体质健康年度报告。及时在校内公布学生体质健康测试总体结果。

14.建立健全《国家学生体质健康标准》管理制度,学生测试成绩列入学生档案,作为对学生评优、评先的重要依据。毕业时,学生测试成绩达不到50分者按结业处理(因病或残疾学生,凭医院证明向学校提出申请并经审核通过后可准予毕业)。毕业年级学生测试成绩及格率须达95%以上。

15.将学生体质健康状况作为衡量学校办学水平的重要指标。将体质健康状况、体育课成绩、参与体育活动等情况作为学生综合素质评价的重要内容。

16.建立学生体质健康状况分析和研判机制,根据学生体质健康状况制定干预措施,视情况采取分类教学、个别辅导等必要措施,指导学生有针对性地进行体育锻炼,切实改进体育工作,提高全体学生体质健康水平。

五、基础能力建设与保障

17.健全学校体育保障机制,学校体育工作经费纳入学校经费预算,并与学校教育事业经费同步增长。加强学校体育活动的安全教育、伤害预防和风险管理,建立健全校园体育活动意外伤害保险制度,妥善处置伤害事件。

18.根据体育课教学、课外体育活动、课余训练竞赛和实施《国家学生体质健康标准》等工作需要,合理配备体育教师。体育教师年龄、专业、学历和职称结构合理,健全体育教师职称评定、学术评价、岗位聘任和学习进修等制度。

19.将体育教学、课外体育活动、课余训练竞赛和实施《国家学生体质健康标准》等工作纳入教师工作量,保证体育教师与其他学科(专业)教师工作量的计算标准一致,实行同工同酬。

20.体育场馆、设施和器材等符合国家配备、安全和质量标准,完善配备、管理、使用等规章制度,基本满足学生参加体育锻炼的需求。定时维护体育场馆、设施,及时更新、添置易耗、易损体育器材。体育场馆、设施在课余和节假日向学生免费或优惠开放。

附录四

全国普通高等学校体育课程教学指导纲要

(2002年8月6日)

教 育 部

为了全面贯彻党的教育方针,促进学生的健康发展,使当代大学生成为社会主义事业的建设者和接班人,根据《中共中央国务院关于深化教育改革全面推进素质教育的决定》和国务院批准发布实行的《学校体育工作条例》的精神,在总结高等学校体育课程建设和教学改革经验的基础上,特制定本纲要。

本纲要是国家对大学生在体育课程方面的基本要求,是新时期普通高等学校制订体育课程教学大纲,进行体育课程建设和评价的依据。

一、课程性质

第一条 体育课程是大学生以身体练习为主要手段,通过合理的体育教育和科学的体育锻炼过程,达到增强体质、增进健康和提高体育素养为主要目标的公共必修课程;是学校课程体系的重要组成部分;是高等学校体育工作的中心环节。

第二条 体育课程是寓促进身心和谐发展、思想品德教育、文化科学教育、生活与体育技能教育于身体活动并有机结合的教育过程;是实施素质教育和培养全面发展的人才的重要途径。

二、课程目标

第三条　基本目标

基本目标是根据大多数学生的基本要求而确定的,分为五个领域目标。

运动参与目标:积极参与各种体育活动并基本形成自觉锻炼的习惯,基本形成终身体育的意识,能够编制可行的个人锻炼计划,具有一定的体育文化欣赏能力。

运动技能目标:熟练掌握两项以上健身运动的基本方法和技能;能科学地进行体育锻炼,提高自己的运动能力;掌握常见运动创伤的处置方法。

身体健康目标:能测试和评价体质健康状况,掌握有效提高身体素质、全面发展体能的知识与方法;能合理选择人体需要的健康营养食品;养成良好的行为习惯,形成健康的生活方式;具有健康的体魄。

心理健康目标:根据自己的能力设置体育学习目标;自觉通过体育活动改善心理状态、克服心理障碍,养成积极乐观的生活态度;运用适宜的方法调节自己的情绪;在运动中体验运动的乐趣和成功的感觉。

社会适应目标:表现出良好的体育道德和合作精神;正确处理竞争与合作的关系。

第四条　发展目标

发展目标是针对部分学有所长和有余力的学生确定的,也可作为大多数学生的努力目标,分为五个领域目标。

运动参与目标:形成良好的体育锻炼习惯;能独立制订适用于自身需要的健身运动处方;具有较高的体育文化素养和观赏水平。

运动技能目标:积极提高运动技术水平,发展自己的运动才能,在某个运动项目上达到或相当于国家等级运动员水平;能参加有挑战性的野外活动和运动竞赛。

身体健康目标:能选择良好的运动环境,全面发展体能,提高自身科学锻炼的能力,练就强健的体魄。

心理健康目标:在具有挑战性的运动环境中表现出勇敢顽强的意志品质。

社会适应目标:形成良好的行为习惯,主动关心、积极参加社区体育事务。

三、课程设置

第五条　普通高等学校的一、二年级必须开设体育课程(四个学期共计144学时)。修满规定学分、达到基本要求是学生毕业、获得学位的必要条件之一。

第六条　普通高等学校对三年级以上学生(包括研究生)开设体育选修课。

四、课程结构

第七条　为实现体育课程目标,应使课堂教学与课外、校外的体育活动有机结合,学校与社会紧密联系。要把有目的、有计划、有组织的课外体育锻炼、校外(社会、野外)活动、运动训练等纳入体育课程,形成课内外、校内外有机联系的课程结构。

第八条　根据学校教育的总体要求和体育课程的自身规律,应面向全体学生开设多种类型的体育课程,可以打破原有的系别、班级建制,重新组合上课,以满足不同层次、不同水平、不同兴趣学生的需要。重视理论与实践相结合,在运动实践教学中注意渗透相关理论知识,并运用多种形式和现代教学手段,安排约10%的理论教学内容(每学期约4学时),扩大体育的知识面,提高学生的认知能力。

第九条　要充分发挥学生的主体作用和教师的主导作用,努力倡导开放式、探究式教学,努力拓展体育课程的时间和空间。在教师的指导下,学生应具有自主选择课程内容、自主选择任课教师、自主选择上课时间的自由度,营造生动、活泼、主动的学习氛围。

第十条　应把校运动队及部分确有运动特长学生的专项运动训练纳入体育课程之中。对部分身体异常和病、残、弱及个别高龄等特殊群体的学生,开设以康复、保健为主的体育课程。

五、课程内容与教学方法

第十一条　确定体育课程内容的主要原则是:

健身性与文化性相结合。紧扣课程的主要目标,把"健康第一"的指导思想作为确定课程内容的基本出发点,同时重视课程内容的体育文化含量。

选择性与实效性相结合。学校应根据学生的特点以及地域、气候、场馆设施等不同情况确定课程内容,课程内容应力求丰富多彩,为学生提供较大的选择空间。要注意课程内容对促进学生健康发展的实效性,并注意与中学体育课程内容的衔接。

科学性和可接受性相结合。教学内容应与学科发展相适应,反映本学科的新进展、新成果。要以人为本,遵循大学生的身心发展规律和兴趣爱好,既要考虑主动适应学生个性发展的需要,也要考虑主动适应社会发展的需要,为学生所用,便于学生课外自学、自练。

民族性与世界性相结合。弘扬我国民族传统体育,汲取世界优秀体育文化,体现时代性、发展性、民族性和中国特色。

充分反映和体现教育部、国家体育总局制定的《学生体质健康标准（试行方案）》的内容和要求。

第十二条 教学方法要讲究个性化和多样化，提倡师生之间、学生与学生之间的多边互助活动，努力提高学生参与的积极性，最大限度地发挥学生的创造性。不仅要注重教法的研究，更要加强对学生学习方法和练习方法的指导，提高学生自学、自练的能力。

六、课程建设与课程资源的开发

第十三条 体育教师是课程教学的具体执行者和组织者。学校应当在上级行政部门核定的教师总编制内，按照体育课程教学计划授课、开展课外体育活动以及完成培养优秀体育人才训练的任务，配备相应数量合格的体育教师。

第十四条 体育教师要与时俱进，努力提高自身的政治、业务素养。学校应当有目的、有计划地安排体育教师定期接受教育培训，不断完善他们的知识结构、能力结构，逐步提高学历水平，从而提高体育师资队伍的整体水平，以适应现代教育的需要。

第十五条 体育教师在强化培养人才职能的基础上，逐步加强学校体育科学研究的职能和社会服务（含社区体育）的职能，开展经常性的科学研究和教育教学的研究，不断推广优秀教学成果。

第十六条 学校应当按照教育部发布的"普通高等学校体育场馆设施、器材配备目录"及有关规定进行规划和建设，创造条件满足体育课程的实际需要，采取措施延长体育场馆、设施的开放时间，提高对各项体育设施的利用率。

第十七条 要建立、健全体育课程的各项规章制度和教师培养聘任制度；各类教学文件和教师、学生考核资料须归档立案；建立《学生体质健康标准》测试管理系统；建立体育场馆设施、器材的管理系统；逐步实现体育课程管理的科学化、系统化和计算机网络化。

第十八条 各校应根据本纲要和学校的实际情况制订教学大纲，自主选择教学内容，有的放矢地进行教学改革和试验，加强教学过程控制，防止以改革之名行无政府主义之实的不良现象发生。根据体育课程的实际情况，为确保教学质量，课堂教学班人数一般以30人左右为宜。

第十九条 体育课程教材的审定工作由教育部全国高校体育教学指导委员会统一规划与组织。本着"一纲多本"的原则，博采众长编写高质量的教材。未经全国高校体育课程教学指导委员会审定通过的体育课程教材，各地、各高校均不得选用，以杜绝质量低劣的教材进入课堂。

第二十条 因时因地制宜开发利用各种课程资源是课程建设的重要途径。如：充分利用校内外有体育特长的教师、班主任、校医、家长、学生骨干等，开发人力资源。

充分利用校内外的体育场馆设施，合理布局，合理使用有限的物力和财力，开发体育设施资源。

做好现有运动项目的改造和对新兴、传统体育项目的利用，开发运动项目资源。

充分利用各种媒体（广播、电视、网络等）获取信息，不断充实、更新课程内容。

充分利用课外时间和节假日，开展家庭体育、社区体育、体育夏（冬）令营、体育节、郊游等各种体育活动，开发课外和校外体育资源。

充分利用空气、阳光、水、江、河、湖、海、沙滩、田野、森林、山地、草原、雪原、荒原等条件，开展野外生存、生活方面的教学与训练，开发自然环境资源。

七、课程评价

第二十一条 体育课程评价包括对学生的学习、教师的教学和课程建设等三个方面。学生的学习评价应是对学习效果和过程的评价，主要包括体能与运动技能、认知、学习态度与行为、交往与合作精神、情意表现等，通过学生自评、互评和教师评定等方式进行。评价中应淡化甄别、选拔功能，强化激励、发展功能，把学生的进步幅度纳入评价内容。教师的教学评价内容主要包括教师业务素养（专业素质、教学能力、科研能力、教学工作量）和课堂教学两个方面，可通过教师自评、学生评价、同行专家评议等方式进行。课程建设评价的内容主要包括课程结构体系、课程内容、教材建设、课程管理、师资配备与培训、体育经费、场馆设施以及课程目标的达成程度等，采用多元综合评价的方式进行。评价过程中，应重视学生的学习效果和反应，重视社会有关方面的评价意见。

第二十二条 体育课程建设的评价由教育部组织进行。各省、自治区、直辖市教育行政部门应根据教育部有关规定制定评价方案，定期表彰和奖励有突出贡献的个人和成绩优秀的单位。教育部在四年一次的全国大学生运动会上进行全国性表彰和奖励，充分发挥教育评价的导向和激励作用。

八、附则

第二十三条 本纲要适用于全国普通高等学校。普通高等学校体育类专业不适用本纲要。

参 考 文 献

[1] 体育概论编写组.体育概论[M].北京:北京体育大学出版社,2013.
[2] 胡小明,虞重干.体育休闲娱乐理论与实践[M].北京:高等教育出版社,2004.
[3] 徐林.大众运动处方[M].北京:中国铁道出版社,2014.
[4] 余万斌.健康运动处方[M].成都:西南交通大学出版社,2006.
[5] 陈荣.科学健身与运动处方[M].南昌:江西高校出版社,2015.
[6] 岳慧灵.体育课程运动处方教学模式[M].长春:吉林人民出版社,2020.
[7] 杨静宜.运动处方[M].北京:高等教育出版社,2005.
[8] FARRELL S W, DEFINA L F, RADFORD N B, et al. Relevance of fitness to mortality risk in men receiving contemporary medical care[J]. Journal of the American College of Cardiology, 2020, 75(13): 1538-1547.
[9] WATSON A W S. Physical fitness and athletic performance:a guide for students, athletes and coaches[M]. London:Routledge, 2014.
[10] 汪映川,郑国祥,成守允.大学生体育运动自律行为培养研究[J].高教学刊,2021,7(20):171-176.
[11] 陈婧,周涛,李仕明.健康体适能课程对大学生身体素质的影响[J].福建体育科技,2021,40(3):75-77,87.
[12] 王健,何玉秀.健康体适能[M].北京:高等教育出版社,2010.
[13] 胡辉.大学生体质健康指导[M].北京:北京体育大学出版社,2013.
[14] 沈建国,施兰平,王西蒙,等.健康体适能[M].杭州:浙江工商大学出版社,2013.
[15] 矫伟.运动损伤学双语教程[M].北京:北京体育大学出版社,2016.
[16] 杨桦,池建,谢敏豪,等.运动康复技术[M].北京:北京体育大学出版社,2015.
[17] 杨桦,池建,谢敏豪,等.运动医学[M].北京:北京体育大学出版社,2016.
[18] 姚鸿恩.体育保健学[M].北京:高等教育出版社,2001.
[19] 王琳,方子龙.运动膳食与营养[M].北京:北京体育大学出版社,2016.
[20] 张钧,张蕴琨.运动营养学[M].北京:高等教育出版社,2010.

[21] 王瑞元,苏全生.运动生理学[M].北京:人民体育出版社,2012.
[22] 贝纳多特.高级运动营养学[M].北京:人民体育出版社,2011.
[23] 邱烈峰.维生素与运动研究进展[J].中国老年学杂志,2016,36(9):2287-2290.
[24] 葛可佑.中国营养师培训教材[M].北京:人民卫生出版社,2005.
[25] 冯诺.运动营养与健康和运动能力[M].曹建民,苏浩,许春艳,译.北京:北京体育大学出版社,2011.
[26] 美国国家体能协会,坎贝尔,斯帕诺.美国国家体能协会运动营养指南[M].黎涌明,邱俊强,译.北京:人民邮电出版社,2018.
[27] 张蕴琨,金其贯.运动营养学[M].北京:高等教育出版社,2019.
[28] 斯帕诺,克鲁斯卡,托马斯.运动营养全书[M].张雪峰,汪婧琪,译.北京:人民邮电出版社,2020.
[29] 李洪滋.运动与健康[M].郑州:河南科学技术出版社,2004.
[30] 王安利.健身运动的误区[M].北京:北京体育大学出版社,2003.
[31] 聂东风,徐耀铎,王小乐."双奥之城"北京与奥林匹克[M].西安:西北工业大学出版社,2021.
[32] 吕庆祝.国家学生体质健康标准实用教材[M].北京:中国传媒大学出版社,2008.
[33] 张一民.中国学生体质健康测试中心规范指南[M].武汉:武汉大学出版社,2021.